토마스 머튼과 함께 하는
선과 영성수련

정호안 · 최근자

토마스 머튼과 함께 하는
선과 영성수련

인쇄일 2020년 10월 15일
발행일 2020년 10월 15일

글쓴이 정호안 · 최근자
펴낸곳 조　은
발행인 김화인
편집인 박 다니엘라
디자인 김진순
　주소 서울시 중구 을지로20길 12 대성빌딩 405호(인현동)
　전화 (02)2273-2408
　팩스 (02)2272-1391
출판등록 1995년 7월 5일 신고번호 제1995-000098호
　ISBN 979-11-88146-77-2

잘못된 책은 바꾸어 드리겠습니다.
책값은 뒤표지에 있습니다.

추천사 (1)

　교회 내의 대부분의 사람들은 서구석인 영성으로 교육받고 배운 대로 열심히 기도하면서도 내적인 변화가 너무나도 느리고 가끔씩은 다람쥐가 쳇바퀴 도는 듯한 느낌을 피할 수가 없었을지도 모릅니다.
　하느님, 교회, 사람에 대한 사랑에 매료되어 교회에 봉사하기 위해 부제품을 받으시고, 더 잘 말씀에 봉사하기 위해 끊임없이 연구를 계속하면서 신학을 공부하시고, 당신이 체험하고 알게 된 하느님의 사랑을 교회와 나누기 위해 만들어진 이 책에서 저는 한 영혼의 하느님을 향한 사랑과 열정을 보며 저절로 머리가 숙여집니다.
　이성의 빛 만으로는 하느님을 만날 수 없음을 알고 지혜의 빛으로 하느님을 발견하고자 길을 걷고 있는 나그네를 보는 듯합니다. 하지만 이 나그네는 외롭지만 외롭지 않고 님이 허락하시는 시간까지 성실히 걸어갈 것이라는 믿음이 있습니다. 그 길에서 얻어낸 한 줄기의 빛을 길을 헤매고 있는 다른 형제자매들과 나누고자 기도하시며, 당신의 지식과 지혜를 이 책 안에 담아 주신 모세 부제님께 깊은 존경과 사랑의 마음을 전하며 잔잔한 감동과 가슴 뛰게 하는 설렘을 느낍니다.
　하느님께 나아가는 길을 안내해 주신 많은 성인 성녀들과 교회의 은사님들이 계십니다. 하지만 바쁜 일상 안에서 늘 쫓기며 살아가는 현대인들에게 좀 더 가깝게 그리고 현실에 비추어서 영적인 삶에 관심을 가지고 함께 노력해 가자는 초대로 써 내려 가신 글들이, 보다 편안하게 영적인 삶에 대해 숙고하고 노력하도록 초대해 주고 계시다고 믿습니다.

  부제님의 책은, 깊은 신학적인 통찰과 아주 직선적이고 투명하고 날카로운 비판과 가슴 아린 교회에 대한 사랑이 느껴져 늘 곁에 두고 되돌아가 읽고 싶은 내용입니다. 특히 부제님의 글에서는 아무런 사심이 없고 오직 내가 어렴풋이 알게 된 하느님의 자비와 사랑을 세상에 알리고 싶은 거룩한 욕심만 느껴질 뿐입니다.

  하느님을 사랑하는 사람은 이웃을 사랑하게 될 수밖에 없다는 말씀을 우리 모두가 깨닫게 된다면 우리가 살아가는 이 세상은 좀 더 나은 모습으로 변화되지 않을까 싶습니다.

  어머니이신 교회와 하느님의 사랑하는 자녀들을 위한 부제님의 사랑과 모든 노력에 감사의 마음을 전합니다.

- 뉴욕 메리놀, 김 알퐁소 신부

추천사 (2)

하느님의 말씀으로 20년 동안 교회에 봉사하시면서 하느님께 대한 그리고 교회에 대한 깊은 사랑에 빠진 한 영혼을 만납니다. 우리들을 위한 하느님의 자비와 사랑에 모든 이들이 좀 더 가까이 다가가고 깨우칠 수 있도록 구체적인 방법들로 그 길에 도움을 주고자 하시는 따뜻한 형제적인 사랑을 느낄 수 있습니다.

기도에 대한 교회의 전통과 방법을 잘 소개하시면서 현대세계의 신학의 흐름을 꿰뚫는 해박함과 동양인으로서 우리의 영성 안에 배제할 수 없는 귀한 동양영성과 지식들을 전달함과 동시에, 무의식적으로 틀에 박힌 신앙생활을 반복하기보다 깨어서 우리가 하느님을 좀 더 깊이 알고 체험해 갈 수 있도록 기도의 방법과 지혜를 알려 주십니다.

당신이 만난 하느님이 너무 좋아서 남은 생애를 통해 하느님의 좋으심을 노래하며 살 수밖에 없노라 고백하시는 듯합니다.

동서양의 지식과 지혜를 함께 꿰뚫어 보며 그 안에서 우리가 필요한 지혜를 얻고, 하느님께서 만들어 주신 우리 본연의 아름다움을 살아낼 수 있도록 이 책을 통해 우리를 '깊은 데로 저어 나가서 그물을 내려라.'고 이끌어 주시는 듯합니다.

우리 안에 흐르고 있는 문화와 지혜를 통해 하느님의 뜻을 살아가고자 하는 우리에게 유익한 것을 얻고, 모든 인간은 하느님의 모상을 닮아 만들어졌기에 서로 사랑하고 섬기며 깨어 살 수 있도록 초대해 주심에 감사와 존경을 표합니다.

이 책은 영성생활에 관심이 있고 하느님과의 깊은 만남을 얻고자 노력하는 분들을 위해 아주 훌륭한 길잡이가 될 것이라 믿습니다.

  하느님을 향한 깊은 사랑에 빠진 영혼들의 숫자가 늘어나면 세상이 좀 더 맑아지고 밝아지지 않을까 싶습니다.

  부제님의 꿈과 소망이 이루어지기를 소망하며….

- 원주민 보호구역, 이 소피아 수녀

차 례

추천사 (1) / 3
추천사 (2) / 5

서론 / 9

제1강 영성수련이란? / 15
제2강 영성과 내적 생활 / 27
제3강 기도 / 43
제4강 하느님과의 순례 / 61
제5강 하느님의 사랑(원리와 기초) / 77
제6강 하느님을 만남(체험) / 91
제7강 영적 자유 / 107
제8강 에덴동산 / 115
제9강 한 많은 세상과 죄 / 129
제10강 참 나와 거짓 나 / 141
제11강 이냐시오 관상기도 / 155
제12강 여러 관상기도들 / 163
제13강 선(禪) / 177

제14강   선을 이용한 영성수련 / 189
제15강   그리스도의 탄생 / 203
제16강   하느님의 나라로 부르심 / 213
제17강   그리스도의 공생활 / 223
제18강   그리스도를 따라서 / 231
제19강   그리스도의 마음 / 239
제20강   성체성사 / 249
제21강   그리스도의 수난 / 257
제22강   십자가의 신비 / 265
제23강   그리스도의 부활 / 275
제24강   마리아 막달레나 / 283
제25강   모든 것에서 하느님 만남 / 291

후론 / 298

감사문 / 300

부록 / 301

참고문헌 / 314

서론

우리가 살고 있는 21세기는 동양과 서양이 급격히 만나고 있으며 종교 간에 대화도 활발히 일어나고 있습니다. 진리가 하나라고 고집하지 않고 여러 문화와 전통에 따라 표현방법이 다름을 인정하고 서로 많이 배우고 알아야 할 때입니다. 하느님은 모든 종교의 궁극적인 실재이기 때문에 우리가 어떤 종교를 접하면 그 종교를 통하여 하느님의 다른 면을 배울 수 있습니다. 그래서 서양은 동양을 부지런히 배우려 합니다. 하느님, 예수 그리스도, 하느님의 나라, 그리스도의 몸, 기도, 침묵, 사랑, 참 나, 거짓 나, 삶, 죽음, 이와 같은 말들은 머리로만 취급하기에는 너무나 넓고 높고 그리고 깊은 뜻을 가지고 있습니다. 주체-객체를 형성하는 직선적인 인식으로 취급하기에는 신비스러운 단어들입니다. 머리보다는 가슴으로 받아들여야 합니다.

이 책에서 다루는 영성수련은 가톨릭 교회의 전통적인 이냐시오 영신수련에 기반을 두고 있으며, 현대를 살아가는 한국 사람들에게 맞도록 두 가지를 감안하였습니다.

하나는, 토마스 머튼(Thomas Merton)의 책에서 인용한 많은 문장들이 묵상의 바탕이 되고 토론의 길잡이가 되었습니다. 토마스 머튼은 불교의 공(空) 사상과 연기설을 가톨릭 영성에 들여온 현대 영성가입니다. 머튼은 전통적인 가톨릭 영성을 마스터한 후 불교, 유다교, 힌두교, 이슬람교를 접촉하였고 특히 이것과 저것을(either/or) 구별하는 필체를 사용하면서도 '하나로 전체(both/and)'인 진리를 추구했습니다. 머튼의 영성 여정은 종교적, 사회적인 면에서 머튼이 살던 20세기를 말해줍니다.

다른 하나는, 영성신학을 앞서 가는 많은 신학자들 중에 래이몬 파니카(Raimon Panikkar)와 리차드 로어(Richard Rohr)의 의견을 존중했습니다. 파니카의 인식의 영역과 공의 영역의 비교, 하느님-사람-우주 연결론을 이용하였고 로어의 그리스도론, 비이원론, 그리고 거짓 나와 참 나의 비교를 참조하였습니다. 따라서 우리가 준비하는 영성수련은 주체-객체의 인식 방법에 의존하는 외향적인 관념과 논리를 떠나 선 수행을 통하여 우리 안에 이미 와 계시는 그리스도를 만남으로써 마음 안으로 초점을 맞추는 새로운 인식(a new consciousness)을 개발하는 데 중점을 두고 있습니다.

가톨릭 영성과 선을 연결하는 근거는 하느님과 사람과 세상 만물이 연결되어 있다는 사실입니다. 하느님이 우리 안에 계시고, 우리는 땅을 거닐며 살아가고 있기 때문에 하느님과 사람과 세상 만물은 서로 떨어질 수 없는 관계를 맺고 있습니다. 천지인(天地人)의 아름다운 조화를 이루면서 말입니다. 래이몬 파니카의 하느님-사람-우주 연결론(cosmotheandrism)은 삼위일체이신 하느님에 기반을 두고 있으며 모든 세상 만물에 적용됩니다. 성자이신 예수 그리스도는 하느님의 성사(sacrament)로서 세상 만사의 중심이고 세상 만물의 주인이신 알파요 오메가입니다. 따라서 선에서 추구하는 불성(佛性)을 보는(see) 것이 우리 안에 계신 그리스도로 하여금 쉽게 이루어진다면, 선과 영성수련을 통하여 모든 사람과 세상 만물에서 그리스도를 만나게 됩니다. 이렇게 만나는 그리스도는 우리와 '하나이고 전체'입니다.

토마스 머튼은, 그리스도교와 선을 비교한다면 그것은 테니스와 수학 같다 하였습니다. 그만큼 비교할 수 없이 다르다는 뜻입니다. 그리스도교는 하느님과 인간 사이에 그리스도가 누구인가를 다룬다면, 선은 우리 안에 있는 불성을 어떻게 찾을 수 있는 가를 다룬다 하겠습니다. 실천 방법에 관하여 가톨릭의 기본적인 영성은 주로 밖에서 주어지는 하느님의 은혜를 구하려 한다면 선은 우리 안에 있는 불성, 즉 우리 안에 이미 와 계신 그리스도를 만나러 한다고 말할 수 있습니다. 그래서 선과 가톨릭 영성을 합치는 일이 쉽지 않습니다.

하지만 공통된 점도 있습니다. 선은 생각과 관념을 멀리하지만 마음속으로 깊이 들어가 참 나를 찾아야 합니다. 가톨릭 영성은 초보자들에게는 생각과 관념이 필요하지만, 기도가 성숙해지면 생각과 관념을 떠나 고독한 침묵 가운데 마음 깊은 곳에서 그리스도를 만나야 합니다. 그리고 선과 가톨릭 영성은 모두가 마음 깊은 곳에서 주체-객체의 분리가 없는 비이원론(nondualism)의 인식을 통하여 마음을 비우는 것(kenosis, self-emptying), 즉 십자가가 바로 선과 영성수련을 연결하는 중요한 공통 인수입니다.

다른 하나의 공통점은 둘 다 지식보다 지혜가 중요합니다. 불성을 보기 위해서는 프라즈나-지혜(prajna-wisdom)가 필요하고, 그리스도를 만나기 위해서는 소피아-지혜(sophia-wisdom)가 필요합니다. 두 지혜가 서로 같지는 않으나 우리 스스로의 노력이 아닌 믿음(faith), 즉 하느님의 은혜와 비슷합니다.

하느님의 지혜이신 나자렛 예수는 자신을 완전히 비워 하느님과 일치된 삶을 사심으로써 하느님이 사랑이심을 보여주셨습니다. 그래서 우리는 나자렛 예수가 그리스도라고 신앙고백을 합니다. 그러나 하느님은 아직도 깊은 침묵을 지키고 계십니다. 오직 예수 그리스도를 통하여 하느님을 만날 수 있습니다. 침묵이신 하느님을 만나기 위해서는 우리 안에 이미 와 계신 그리스도를 우리 마음의 주인이 되게 하여야 합니다. 그러기 위해서는 우리도 나자렛 예수처럼 우리 자신을 비워야 합니다.

우리 자신을 비우는 것은 거짓 나를 버리고 참 나를 찾아 우리 안에 계신 그리스도를 마음의 주인으로 삼는 것입니다. 선 수행은 우리로 하여금 고요한 침묵 속에 잡생각을 버리고 '지금 여기'에 머물면서 자아(ego)를 떠나 그리스도를 만나게 도와줍니다. 동시에 마음속 깊이 있는 신비의 지혜를 일깨워(actualize) 내적 생활(interiority)을 건전하게 합니다. 이렇게 몸과 마음을 훈련시켜 그리스도를 만나는 '선을 이용한 영성수련'은 성성적적한 침묵을 통하여 참 나를 찾게 합니다. 이때에 우리 안에 존재하는 그리스도와 만나게 됩니다.

우리가 만나는 그리스도는 멀리 떨어져 있는 어떤 객체로서의 대상이 아니라 신비한 지혜로서 우리의 일상생활에서 말과 생각과 판단과 행동의 근원(source)이고 기반(foundation)이고 원천(principle)입니다. 우리는 하느님과 우리와의 관계를 잘 알려주는 성스러운 순종(the divine passivity) 안에서 그리스도를 만납니다. 하느님은 몸이고 우리는 몸짓입니다. 몸은 홀로 있을 수 없고 몸짓으로 나타나지만 언제나 몸짓을 포함하며 초월합니다. 몸짓은 몸의 표현으로 독립된 본성(essence)이 없고 항상 몸에 연관되어 존재합니다. 따라서 우리는 모든 지식과 지혜를 초월하는 하느님 안에 언제나 포함되어 있습니다.

전통적인 기도는 우리가 어떠한 의도를 가지고 인식의 주체가 되어 하느님께 은혜를 구한다고 하면, '선을 이용한 영성수련'은 분별 의식이 없는 성성적적한 상태에서 이미 내재하시는 그리스도를 비이원론적(nondual)으로 만나 성스러운 순종 안에 머물도록 하는 수행입니다. 그리스도가 우리 인식의 주인이 되면 주체-객체의 이원론의 인식에서 벗어나 무지(無知)를 면할 수 있으며 이 일은 우리가 해야 할 일입니다. 바로 선 수행을 통하여 우리의 끈질기고 영리한 자아를 다루어 마음을 비우는 일입니다. 이 일은 하느님이 해주시지 않습니다. 우리가 나자렛 예수를 본

받아 마음을 비우면 마음속 깊은 곳에 이미 와 계시는 그리스도의 신비를 깨우쳐서 그리스도와 우리는 '하나로 전체'가 됩니다. 그리고 '선을 이용한 영성수련'이 성숙해지면 그리스도가 우리 안에 계심을 더 확실히 알게 되어 우리는 고귀하고 신성한 하느님의 자녀임을 깊이 깨닫게 됩니다.

이냐시오 영신수련을 토대로 하여 영성신학과 참선의 기초를 다루는 14강의로 된 긴 준비 과정은 나자렛 예수의 탄생과 공생활로 시작됩니다. 계속해서 그리스도의 수난과 죽음을 앞둔 예수님의 마음을 상상한 다음 성찬의 전례를 통하여 하느님의 선물-그리스도의 몸과 피를 묵상합니다. 이어서 항상 존재하는 인간의 악(evil)을 기억한 다음 십자가의 신비를 묵상합니다. 그리고 그리스도의 부활을 체험한 다음 성녀 마리아 막달레나를 만나봅니다. 마지막으로, 세상에 나아가 모든 사람과 세상 만물과 사랑을 나누는 묵상으로 '선을 이용한 영성수련'이 끝납니다.

신학적인 토론에 있어서 특히 예수 그리스도의 말씀과 행적에 관한 묵상들은(15-25강) 약간 색다른 내용이라 하겠습니다. 예수님의 탄생은 전통적으로 하느님이 사람이 되신 것에 대한 단순한 기쁨과 즐거움보다 예수 그리스도가 어떠한 사람으로 태어났느냐에 치중하였습니다. 예수님의 공생활에서는 우리 모두가 그리스도라는 사실을 언급했고, 성체성사에서는 성체와 성혈은 나자렛 예수의 몸과 피가 아니고 그리스도의 몸과 피임을 언급했습니다. 예수님의 수난에서는 예수님의 십자가 상의 죽음을 르네 지라드(Rene Giraud)의 '남 따르는 욕심'이라는 이론을 토대로 설명했으며 우리 모두에게 적용되는 십자가의 원리를 묵상했습니다. 그리스도의 부활은 모든 사람과 세상 만물이 하나가 되는 믿음과 희망임을 설명했습니다. 마리아 막달레나에 관한 논의는 변해 가는 시대의 흐름에 따른 성경해석을 제시하였습니다.

이러한 신학적인 관점들은 '오직 그리스도를 통하여 하느님을 만난다.'는 진리를 깊이 체험하기 위해서입니다.

  모든 강의는 내용과 연관되는 성경구절이나 간단한 문장이나 짧은 시로 시작합니다. 각 강의 끝에는 묵상기도나 관상기도에 필요한 성경구절이 나옵니다. 이론 전개에 있어서 자세한 자료가 필요할 것에 대비하여 참고문헌을 실었습니다. 토마스 머튼의 경우에는 약자로 된 책 이름을 표시했습니다(NSC=New Seeds of Contemplation). 정확한 의미를 한국말로 표현하기가 어려운 경우와 영어로 된 의미를 그대로 보존할 필요가 있는 경우에는 영어 단어나 영어 어휘를 괄호 안에 넣어 두었습니다. 본문에 토마스 머튼과 다른 신학자들의 말을 인용하는 경우, 그분들의 원래 영어 문장들을 부록에 실었습니다.

  참선하는 자세를 취하고 그리스도의 말씀을 마음속에 간직하며 맑고 고요하게 머물고 있으면 우리 안에 계신 그리스도를 만나 아늑한 본향(home)에 와 있음을 알 수 있습니다. 이렇게 본향에 머물고 있으면 우리 모두는 고귀하고 신성한 존재임을 깨닫게 되는 것이 이 조그만 책자의 시작이며 끝입니다.

제1강
영성수련이란?

하느님께서는 그리스도 안에서 하늘의 온갖 영적인 복을 우리에게 내리셨습니다. 세상 창조 이전에 **그리스도** 안에서 우리를 선택하시어, **우리**가 당신 앞에서 거룩하고 흠 없는 **사람**이 되게 해 주셨습니다. 사랑으로 예수 **그리스도**를 통하여 **우리**를 당신의 자녀로 삼으시기로 미리 정하셨습니다. 이는 **하느님**의 그 좋으신 뜻에 따라 이루어진 것입니다.

(에페 1, 3-5)

제 1 강 영성수련이란?

　우리는 외형적인 면과 내면적인 면이 있어서 육체의 훈련도 중요하고 마음의 훈련도 중요합니다. 이천 년 역사의 교회는 다양한 영성수련 방법을 가지고 있습니다. 여러 영성수련들은 성경이 보여주는 예수님을 따르기 위해 자신을 반성하고 회개하여 예수님의 수난과 십자가에 동참하는 여정이며, 궁극적인 목적은 예수님의 부활의 영광을 체험함으로써 일상 삶 안에서 그리스도와 함께 사는 데 있습니다. 그중에서 가장 활발하게 오늘날까지 널리 알려진 방법은 이냐시오 성인의 영신수련입니다.
　이냐시오 영신수련은 성경에 쓰여 있는 그리스도의 말씀과 행동을 묵상함으로써 성령의 도움으로 예수 그리스도를 알고 사랑하고 따르는 방법입니다. 이냐시오 영신수련은 성인께서 스스로 회심한 후 예수 그리스도를 따랐던 경험을 토대로 쓰인 것입니다. 우리들이 운동을 통하여 신체를 단련하듯이 영혼을 다루는 영신수련도 비슷한 훈련이 필요하기 때문에 준비운동부터 시작하여 끝맺음까지 순서와 체계가 있는 영성수련입니다.[1]
　우리가 다루는 영성수련은 이냐시오 영신수련의 순서를 따르고 있으나 온몸과 마음과 영을 이용하는 기도 방법에 있어서 참선의 좋은 점을 많이 받아들였습니다. 똑바로 앉는 자세를 취하고 숨 쉬기를 통하여 마음을 정돈하는 것뿐만 아니라 토마스 머튼이 선 불교에서 들여온 참 나, 거짓 나, 공, 허점 그리고 불성 같은 용어를 사용합니다. 따라서 우리가 다루는 영성수련은 전통적인 '이냐시오 영신수련'과 구분하여 '영성수련' 혹은 '선을 이용한 영성수련'이라 부릅니다.
　예수 그리스도는 자신을 완전히 비워 하느님의 나라를 이 땅 위에 건설하심으로써 하느님의 얼굴을 보여주었습니다. 그리고 당신의 삶과 죽음으로 사람답게 사는 것이 무엇인가를 보여주심으로써 온 인류를 구원하셨습니다. 그래서 우리가 하느님을 알고자 하면 예수 그리스도를 알아야 합니다. 또한 우리가 사람답게 살려면 예수 그리스도를 따라야 합니다.

그리스도의 제자는 그리스도를 스스로 따르는 사람입니다. 남들이 그리스도를 따른다기에 그 사람들을 따르는 것은 진정한 따름이 아닙니다. 나의 배경, 나의 위치, 나의 처지에 따라 그리스도를 따라야 합니다. 그러기 위해서 그리스도가 누구인가를 알고 사랑해야 합니다. 그동안 해온 기도도 더 깊게 해야 합니다. 그래서 영성수련은 머리와 가슴, 즉 지식과 지혜를 동시에 사용하는 기도입니다. 사람의 생각이나 느낌은 말이나 글자로 완전히 표현될 수 없습니다. 예를 들면, 우리들의 대화는 많은 부분이 몸짓과 눈빛으로 나타납니다. 더구나 이천 년 이상 오래된 유다인의 습관과 전통이 포함된 성경의 내용을 우리가 완전히 이해할 수는 없습니다. 성경은 "인간의 지혜가 가르쳐 준 것이 아니라 성령께서 가르쳐 주신 말로 쓰여 있습니다. 영적인 것을 영적인 표현으로 설명하는 것입니다"(1코린 2, 13).

이냐시오 영신수련은 예수 그리스도의 제자들이 원래 실천했던 방법과 비슷합니다. 나자렛 예수가 그리스도(Christ, Messiah)인 줄 알고 따르던 제자들은 나자렛 예수가 십자가에서 처형됨으로써 세상이 무너지는 실망을 겪었습니다. 그런데 놀랍게도 하느님 아버지께서 나자렛 예수를 부활시켰습니다. 그제서야 제자들(넓은 의미의)은 나자렛 예수가 그리스도, 즉 구원자이심을 알아차리고 그리스도의 뜻을 세상에 알리고 실천하기 위해 자기들의 기억을 되살려 나자렛 예수의 말씀과 행적을 글로 표현했던 것이 성경이 쓰인 동기입니다. 다시 말씀드리면, 나자렛 예수를 따르던 사람들이 그리스도의 삶과 죽음과 부활을 통해 하느님을 알게 되고, 그래서 자기들도 하느님의 삶을 살아갈 수 있었던 경험을 기록으로 남긴 것이 성경입니다. 반대로 우리들은 성경을 묵상하며 예수님을 알고 예수님의 행동을 따라함으로써 제자들이 겪었던 영성적인 경험을 되살림으로 그리스도를 만나는 것이 영성수련입니다. 예수님을 만나면 우리들도 나자렛 예수의 제자들 같이 하느님의 삶을 살아갈 수 있습니다.

나자렛 예수와 그리스도의 호칭

예수님의 호칭들에 대한 설명이 필요합니다. 예수님은 하느님의 아들로서 완전한 사람 그리고 완전한 하느님입니다. 그래서 예수님을 묘사하는 데 문제가 있습니다. 예수님을 어떻게 표현할 것인지 우리들 각자가 가지고 있는 사람의 관념 그리고 하느님의 이미지에 따라 그 뜻이 달라지기 때문입니다. 더구나 인간성을 강조할 경우에나 신성을 강조할 경우에는 각각 다른 호칭이 필요합니다.

나자렛 예수(the earthly Jesus)는 이천 년 전에 팔레스틴에서 살았던 사람을 의미합니다. 나자렛 예수는 우리처럼 어떤 사람들은 좋아했고, 어떤 사람들은 별로라고 생각했으며, 가끔은 골치가 아팠고, 몸도 불편한 때가 있었던 것으로 추측이 되는 젊은 유다인 청년입니다. 모든 면에서 우리와 똑같이 유혹을 받으신 그러나 죄를 짓지 않으신(히브 4, 15) 사람입니다.

나자렛 예수는 우리와 똑같은 사람으로서 예수님의 인간성을 강조한 말입니다. 인간 예수를 강조하는 이유는 우리들이 예수님과 가까운 정서를 느끼기 위해서입니다. 나아가 인간 예수가 스스로 가지고 있었던 하느님 아버지에 대한 믿음을 직접 체험할 필요가 있습니다. 눈먼 사람들, 병든 사람들, 귀신들린 사람들, 가슴이 멍든 사람들… 이렇게 수많은 사람들이 나자렛 예수를 통하여 하느님을 만날 수 있었기 때문입니다. 나자렛 예수는 많은 비천하고 보잘것없는 사람들을 따뜻한 하느님의 구원의 길로 인도하였습니다.

사도 바오로는 그리스 문화의 영향을 받은 지식인이었으나, 나자렛 예수는 시골에서 태어나고 자랐기 때문에 유다인의 생각과 전통을 그대로 보존한 사람입니다. 나자렛 예수는 '사람의 아들'이라는 호칭을 즐겨 사용했고, 공생활을 시작하기 전에 보통 사람과 같은 세례를 받았으며, 사막에서 시련(피정)을 받아야 했던 사람입니다. 성경에 나오는 나자렛 예수는 제자들에게 "나를 따르라."고 했지 "나를 숭배하라."고 하지 않았습니다. 그리고 안식일에 의무적으로 회당에 가라고 부탁하지도 않았습니다.[2]

반면에 그리스도(the faith of Christ)는 하느님이고 동시에 사람입니다. 그리스도는 하느님의 아들이라 부르는 구세주입니다. 그러나 그리스도는 부활하신 예수님일뿐만 아니라, 세상이 창조될 때부터 계셨던 하느님의 아들입니다.[3] 그리스도가 나자렛 예수에게 태어나셔서 예수 그리스도가 되었습니다. 나자렛 예수가 그리스도가 됨으로써 세상이 창조될 때부터 계셨던 그리스도가 누구인가를 알려 주었습니다. 그리고 하느님이 나자렛 예수를 부활시켰기 때문에 그리스도는 지금 우리와 함께 계십니다. 그리스도는 예수님의 성이 아닙니다. 다른 종교에는 그리스도가 다른 이름으로 나타난다고 합니다. 그러므로 예수님은 그리스도이지만, 그리스도는 예수님만이 아닙니다.[4]

우리들이 잘 알고 있는 요한복음에 나오듯이 "그리스도는 한 처음에 하느님과 함께 계셨습니다"(요한 1, 1-2). 이 성경구절에 나오는 그리스도는 우리가 알고 있는 예수 그리스도의 그리스도가 아닙니다. '그분'이라는 단어는 '말씀(Logos)'이 남성이기 때문입니다. 그리고 서문에 나오는 요한 세례자에 관한 부분(6-8, 15절)은 어느 편집자가 나중에 집어넣은 것입니다. 그 부분을 빼고 머리글을 읽어보면 14절에 와서야 "한처음에 하느님과 함께 계셨던 그리스도"가 나자렛 예수임을 알 수 있습니다. 요한복음 머리글 처음부터 14절 전까지 나오는 '그분'은 세상이 창조될 때부터 계신 그리스도를 말합니다.

세상이 창조될 때부터 그리스도는 계셨습니다. 하느님께서는 "세상 창조 이전에 그리스도 안에서 우리를 선택하시어 우리가 당신 앞에서 거룩하고 흠 없는 사람이 되게 해 주셨습니다."라고 사도 바오로도 알려주고 있습니다(에페 1, 5). 요한복음 1장, 콜로새서 1장, 그리고 에페소서 1장에 나오는 내용들은 세상창조 때부터 존재하는 그리스도, 즉 우주적인 그리스도(the Cosmic Christ)를 묘사합니다. 그러므로 그리스도라는 말은 예수 그리스도에만 국한되지 않고, 범종교적으로 세상 만물을 주관하시는 하느님이라는 뜻으로 사용할 수 있습니다.

그리스도는 언제나 성부와 성령을 동반합니다. 그리스도는 삼위일체이신 하느님과 떨어져 홀로 존재할 수 없습니다. 성체분배 때에 "예수님의 몸."이라 하지 않고, "그리스도의 몸."이라고 성체 분배자가 말하면 우리는 "아멘."하고 응답합니다. 모든 전례기도는 "예수님을 통하여, 아멘."이 아니고 "그리스도를 통하여, 아멘."으로 끝을 냅니다. 마찬가지로 성찬의 전례 때에도 "예수님과 함께, 예수님 안에서, 예수님을 통하여."라고 하지 않고 "그리스도와 함께, 그리스도 안에서, 그리스도를 통하여."라고 합니다. 우리는 예수님이라는 말을 자주 쓰지만, 엄격한 면에서 그리스도와 다른 의미가 있습니다.

예수님, 예수 그리스도, 그리스도 예수님은 완전한 사람이고 동시에 완전한 하느님입니다. 그러나 실용적으로 하느님/사람이 무엇을 의미하는지 사람마다 서로 다릅니다. 사람들이 가지고 있는 하느님의 이미지에 따라 다르고 또 쓰이는 문장의 구조에 따라 의미가 달라집니다. 대부분의 사람들은 예수님 안에 완전한 하느님과 완전한 사람이 동시에 존재한다고 생각하지 않고 예수님을 하느님이라고 생각하기 때문에 이러한 호칭들은 하느님을 뜻한다고 할 수 있습니다.

예수님이 하느님이라고만 생각한다면 영성수련에 문제가 있습니다. 예수 그리스도가 인류의 구원자라는 말은 그분이 그리스도로서 우리와 하느님과의 관계를 정상으로 회복했다는 것을 의미합니다. 그리고 예수 그리스도가 사람이 아니었다면 우리의 구원은 불가능했었습니다. 따라서 예수님이 온전히 하느님의 뜻을 알았던 완전한 사람인 것을 묵상하는 것이 영성수련의 중요한 부분입니다.

영성과 교리와의 관계

영성과 성경과 교리와의 관계를 고찰합니다. 그리스도교는 원래 나자렛 예수를 따르는 영성으로 시작되었습니다.[5] 나자렛 예수와 제자들은 크리스천이 아닌 유다교를 믿는 사람들이었습니다. 하느님이 그리스도를 보내셨고(mission), 나자렛 예수는 복음을 선포하도록 제자들을 보내셨습니다. 예수님이 죽임을 당하신 후 제자들은 하느님 아버지가 누구인지 하느님의 얼굴을 보여주신 나자렛 예수를 널리 알리는 운동, 즉 예수운동(the Jesus Movement)을 시작했습니다. 이러한 사명으로 시작된 교회가 나중에는 체계가 잡히고 성경들이 써졌습니다. 그렇게 되기까지 수십 년의 세월을 거쳐야 했고 그리스-로마 문화와 더 깊은 교류를 맺게 되었습니다. 그러므로 복음성경에 나오는 어떤 이야기들은 몇십 년 아니면 몇백 년이 지난 후에 각자 자기들의 형편과 처지에 따라 써졌습니다. 그래서 네 개의 복음서들은 서로 색깔과 논조가 다릅니다. 우리가 미사 때마다 외우는 사도신경과 삼위일체 교리는 4~5세기에 와서 완성되었고 그리스 철학(neo-Platonism)이 깊이 스며들어 있습니다.

그리스도를 따르는 영성이 구체적인 교리나 교회법보다 우선하다는 것을 말씀드리는 이유는, 성경을 통하여 예수님과 예수님의 제자들이 애초에 경험했던 영성이 어떠한지를 아는 것이 중요하기 때문입니다. 교리나 교회법에 의하여 이미 해석된 영성보다는 원래 예수님과 제자들이 아버지 하느님을 대하였던 영성을 성경을 통하여 직접 접하는 것이 중요합니다. 그래서 성경을 읽을 때 쓰여 있는 글자 그대로 해석하기보다 저자의 원래 의도를 중요시하고 그 당시 문화와 전통을 고려합니다. 다음 단계는, 성경에 쓰여 있는 예수님 제자들의 경험을 현재의 삶에 어떻게 적용하느냐입니다.

우리는 과거에 발목이 잡히지 않고 현재를 사는 것이 필요합니다. 따라서 영성수련 중에 제가 말씀드리는 것이 여러분이 알고 계시는 교리와 맞지 않는 것처럼 오해하실 수도 있습니다. 영성은 교리보다 더 넓고 깊고 또한 말과 글자로 다 표현하기가 어려우니 그러한 경우에는 우리 서로가 사랑과 인내로써 풀어 나갈 수 있기를 바랍니다. 이태리 사람들은 자기들의 영성이 있고, 불란서 사람들도 자기들의 영성이 있고, 미국 사람들도 자기들의 영성이 있습니다. 우리들은 서양사람들이 가르쳐준 교리와 영성을 고집하지 않고 우리들에게 합당한 영성을 찾아야 합니다. 토마스 머튼(Thomas Merton)의 말에 귀를 기울여 봅니다.

교의적인 공식, 교회법적인 질서, 그리고 전례적인 정확함에 묶인 사람들은 가톨릭의 핵심이 그리스도와 하나가 되어 살아가는 경험이고 그리고 그 경험은 어떤 개념으로 표현된 공식들을 훨씬 초월한다는 것을 흔히 잊어버리고 있다(부록 1, p. 39, NSC).

우리들은 무엇인가 허전하고 무엇인가 더 채우고 싶은 갈망이 있습니다. 이 갈망은 우리들을 불안하고 초조하게 만듭니다. 이것은 우리들 깊은 마음속에 하느님에 대한 그리움이 도사리고 있다는 것을 말해 줍니다. 하느님은 우리의 그리움과 허전함을 채워 주십니다. 우리들이 스스로 우리 자신을 바라보게 함으로써 우리로 하여금 자유스러운 합당한 결정을 하게 하시어 그 그리움과 부족함을 채워 주십니다. 이것이 바로 하느님의 사랑을 느끼고 하느님을 만나는 과정입니다. 그리하여 우리들은 각자 내가 누구이며 무엇을 해야 하는지를 알 수 있습니다.

우리는 하느님을 가까이하고 싶은 본능을 가지고 있기 때문에 그 본능을 살려 하느님의 삶을 살기를 원합니다. 우리는 성인(聖人)이 되고 싶어 하고, 즐겁고 행복하게 살기를 원하며, 구원되기를 원합니다. 이것이 영성의 기본입니다. 영성은 우리의 마음속 깊이 들어오기를 원하시는 하느님을 알아보고 하느님 안에 머물러 하느님과 함께 생활하는 것입니다.

영성수련은 내가 누구인지를 아는 것

토마스 머튼은 다음과 같은 말을 합니다.

나로서는 성인이 된다는 것은 나 자신이 되는 것이다. 그렇기 때문에 성스러움이나 구원에 관한 문제는 사실상 내가 누구인가 알고 그리고 나의 진정한 나를 찾는 문제와 동일하다(부록 2, p. 31, NSC).

내가 누구인가 질문하고 진정한 나를 찾는 것이 영성수련입니다. 하느님이 창조하신 진정한 나를 알아야 하느님을 알 수 있습니다. 진정한 나를 찾는 것은 나 혼자만이 아니라 세상 안에서 모든 사람과 연결되어 있는 하느님 자녀로서의 내적인 나, 진정한 나를 찾는 것입니다. 내가 보는 '나'가 아니라, 남이 생각하는 '나'가 아니라, 하느님이 보시는 '나'입니다. 그러기 위해서는 하느님이 우리 안에 계심을 알아야 하고 또 우리 안에 계신 하느님과의 관계를 정립시켜 인격적으로 완성된 하느님의 삶을 살고 싶은 각오와 믿음이 있어야 합니다. 따라서 내가 누구인지를 알아야 하느님을 알 수 있습니다. 성경이 번개치듯 하늘에서 내려온 것이 아니듯 우리가 구원된다는 것은 우리 영혼이 하늘로 올라간다는 것이 아니라 이 세상에서 전체적으로 완성된 삶을, 즉 하느님의 삶을 사는 것입니다.

우리 각자가 그러한 삶을 살 때 지금 살아가고 있는 이 세상 안에서 하느님의 뜻이 이루어집니다. 2세기 성인 아레니우스는 "하느님께 영광이 되는 것은 온전한 사람이 되는 것이다."고 하였습니다. 영성수련은 우리들의 몸 안에 갇혀 있는 영을 일깨워 그 영의 움직임을 관찰하는 것이 아니라, 우리 안에 이미 와 계신 성령의 힘으로 참다운 사람이 되려는 일체의 기도와 행동을 향상시키는 수련입니다. 영성수련은 우리 안에 존재하는 조용하고 신비스러운 성령께서 우리 생활의 활발한 요소가 되어 우리가 누구이며 또한 우리가 하는 모든 행동에 관하여 구체적인 의미와 방향을 제시하도록 하는 마음의 수련입니다. 영성수련은 우리가 누구인지 정확히 알아가는 과정입니다.

영성수련은 그리스도와의 만남

예수 그리스도가 승천하신 후 제자들은 나자렛 예수와 함께 했던 삶(the memory of Jesus)을 기억하고 상상함으로써 복음을 썼습니다. 이러한 과정을 거꾸로 하여 우리는 복음을 묵상하고 음미함으로써 제자들이 갖고 있었던 정(情, pathos)을 체험하여 예수님을 만나게 됩니다. 나자렛 예수를 만나면 당신이 누구인지 우리에게 보여주실 것입니다. 이때에 우리가 가슴을 열어 예수님을 받아들이면 우리 안에 이미 존재하는 성령의 힘으로 그리스도와 깊은 관계를 맺게 되며, 그리스도와의 관계가 깊어질수록 우리는 더 자유스러워집니다. 모차르트나 베토벤의 음악을 감상할 때 뜨거운 감동이 오는 것과 같은 이치입니다. 그들을 만난 적도 없고 이야기를 나눈 적도 없지만 그들의 작품을 통해 공감대를 형성할 수 있듯이, 성경에 쓰여 있는 나자렛 예수의 말씀과 행동이 우리들의 마음에 와 닿아 예수 그리스도의 인간성에 동참하게 되면 자연히 하느님의 뜻을 알게 되고 동시에 우리가 누구인지도 알게 됩니다. 우리는 '그리스도 안에서, 그리스도와 함께, 그리스도를 통하여' 하느님을 만납니다.

묵상할 성경

요한 1, 1-18
에페 1, 3-5

제2강
영성과 내적 생활

여러분이 하느님의 성전이고
하느님의 영께서
여러분 안에 계시다는 사실을
여러분은 모릅니까?

(1코린 1, 16)

우리는 사랑으로 진리를 말하고
모든 면에서 자라나
그분에게까지 이르러야 합니다.

(에페 4, 15)

제 2 강 영성과 내적 생활

"하느님의 나라는 밭에 숨겨진 보물과 같다. 그 보물을 발견한 사람은 그것을 다시 숨겨 두고서는 기뻐하며 돌아가서 가진 것을 다 팔아 그 밭을 산다"(마태 13, 44). 예수님의 가르침의 핵심인 하느님의 나라는 밭에 숨겨 둔 보물과 같습니다. 밭은 우리들의 마음입니다. 씨앗은 예수님의 말씀입니다. 우리들의 마음 안에 예수님의 말씀을 잘 가꾸면 바로 거기서 하느님의 나라를 이룬다는 말씀입니다. 하느님의 나라를 우리 마음 안에 이루면 우리는 진실하고 선하며 아름다운 사람이 될 수 있습니다. 우리가 생각하고 느끼고 기억하고 희망하는 모든 것들이 마음에서 일어나기 때문에 마음은 내적 생활(the inner life)의 중심이며 하느님의 나라가 이루어지는 곳입니다.

마음의 구조

우리들의 심리, 즉 마음은 여러 층으로 구성되어 있다 합니다. 의식은 우리가 알고 기억하고 표현할 수 있는 것들이지만, 무의식은 우리가 모르는 감정들과 처리되지 않은 생각들이 쌓이는 것입니다. 무의식의 세계를 지나면 큰 침묵과 참 나(the true self)를 거쳐 하느님의 경지에 도달합니다. 큰 침묵은 보통 침묵의 단계가 아니라 선 불교에서 이야기하는 큰 죽음(the Great Death)이나 십자가의 성 요한의 영혼의 어두운 밤입니다. 우리들의 마음이, 즉 내적 생활이 어떻게 유기적으로 연관이 있는지 윌리엄 존스톤(William Johnston, SJ) 신부의 설명을 인용해 봅니다.[6]

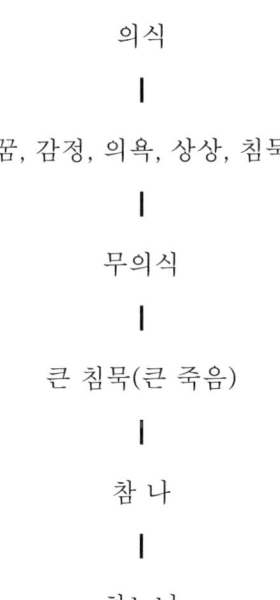

심리학을 이용한 이 도표는 영성수련의 여러 중요한 면을 이해하는 데 편리합니다.

첫 번째, 꿈, 감정, 의욕(aspire, desire), 상상(imagination) 그리고 침묵은 의식 세계와 무의식 세계에 걸쳐 있고 두 세계를 연결하는 역할을 합니다. 망상은 쓸데없고 부질없는 것을 원하지만, 의욕은 순수한 마음으로 필요한 것을 원함입니다. 순수한 의욕은 깊은 마음속에서 우러나옵니다. 우리는 간혹 무엇을 원하는지 모르고 기도하지만 그 안에는 하느님의 잔잔한 부르심이 있을 수 있습니다.

이냐시오 영신수련에서는 특별히 '구하는 은총'이 있습니다. 기도 중에 우리가 진실히 원하면 하느님께서 무엇이던 들어주십니다. 우리가 원하는 그대로는 아닐지라도 반드시 들어주십니다.

나자렛 예수의 제자들이 성경을 쓸 때에 그분과 함께 했던 기억을 상상했습니다. 우리도 상상을 통한 기도(imaginative prayer)를 함으로써 무의식 세계에 있는 무질서하고 어두운 것들을 다시 꺼내어 정리하여 새롭게 한다는 의미가 있습니다. 상상의 기도를 할 때는 머리와 가슴으로 합니다. 이냐시오 성인께서는 계몽주의의 인본사상으로부터 많은 영향을 입어 인간의 심리를 잘 이해하였습니다.[7]

두 번째, 하느님이 우리들의 마음 깊은 곳에 계십니다(the divine indwelling). 하느님은 안 계신 곳이 없이 어디에나 계시지만 하느님이 우리 안에 계신다고 강조하는 이유는, 우리가 우리 자신에 대해 적극적인 책임을 가지고 하느님과 하나가 될 수 있도록 노력하기 위함입니다.

세 번째, 내가 누구인가 진실히 알기 위해서는 오직 하느님 안에 있는 내적인 나(the inner self)를 찾아야 합니다. 내 마음 깊이 하느님이 계시기 때문에 큰 침묵을 통하여 자기의 본 모습, 하느님과 함께 있는 내적인 나, 즉 진정한 나를 찾아야 합니다.

내적인 나(inner self, interiority)

내적인 나에 관하여 토마스 머튼의 말을 빌려 봅니다.

> 내적인 나는 하느님 같이 신비스러워서 온갖 개념을 동원하여 붙잡으려 하면 하느님처럼 놓치고 만다. 내적인 나를 붙잡거나 공부할 수 있는 대상이 될 수 없는 이유는 그것은 물건이 아니기 때문이다(부록3, p. 7, IE).

내적인 나는 '영혼'이라는 말과 비슷하며 어떠한 물건이 아니어서 말이나 글자로 정확히 표현할 수 없습니다. 하지만 내적인 나는 하느님과 나와의 관계가 어떠한지 알려주고 또 어떤 실제(reality)를 그대로 알아보는 나입니다. 계속해서 머튼은, 내적인 나를 '얕은 나'와 '깊은 나'의 두 면으로 구분할 수 있고 깊은 나의 공변된(universal) 특징은 그리스도가 그곳에 함께 계신다는 중요한 말을 합니다.

> 개인주의의 얕은(shallow) 나는 소유할 수 있고 개발할 수 있고 만족스럽게 꾸밀 수 있으며 물질적이거나 영적이든 간에 무엇을 얻고 갈망하고 성취하고 싶은 의욕의 근원이다. 반면에 영성이 깊은(deep) 나는 영적이어서 침묵과 사랑에 연관되어 있기 때문에 소유할 수 없고 개발할 수 없고 만족스럽게 꾸밀 수 없다. 깊은 나는 그냥 존재하는 사람이 아니라 오직 하느님으로부터 오는 깊은 내면의 법칙에 따라 움직인다. 그래서 바람이 제멋대로 불듯이 성령의 움직임을 따를 뿐이다. 이 깊은 나는 언제나 홀로 있으며 모든 사람들에게 열려 있기 때문에 나의 침묵이 다른 사람들의 침묵 그리고 하느님의 침묵과 만날 수 있는 장이 된다. 그리고 이 깊은 나는 개인적인 욕심에 의해 제한되거나 구속되지 않고 그곳에서 그리스도의 사랑을 서로 나눌 수 있다. 이 깊디깊은 나는 하느님의 사랑과 영으로 사랑할 수 있고 또한 우리 안에 살아계신 그리스도이기 때문에 우리들은 오직 그분 안에서 하느님을 만날 수 있다(부록 4, p. 207, DQ).

깊디깊은 나는 참 나와 같으며 불교의 진아(眞我, the authentic self)라는 말에서 유래하였습니다. 참 나는 불자나 가톨릭 신자나 미국인이나 한국인이나 차별 없이 사람이면 누구나 다 가지고 있습니다. 하느님을 모르는 불자들은 그것을 무엇이라고 이름할 수 없다 하며 굳이 부른다면 '진아' 혹은 '본성' 혹은 '자성'이라고 부르지만, 예수 그리스도를 믿는 우리들은 진아가 내 안에 계신 하느님이라고 생각할 수 있습니다. 즉 참 나(the true self)는 내 안에 계시는 하느님을 만나 하느님의 뜻대로 살아가는 나를 말하고, 거짓 나(the false self)는 내가 주인이 되어 내 뜻대로 세상을 살아가는 나를 말합니다. 그래서 아빌라의 데레사 성녀는 우리가 하느님을 올바로 인식하기 전에는 참 나를 찾을 수 없다고 합니다.

영성수련

영성수련은 내적 생활(interior life)을 건전하게 가꾸는 기도를 통한 훈련입니다. 영성수련은 영혼을 맑고 향기롭게 간직하여 우리 안에 이미 와 계신 그리스도로 인하여 하느님의 이미지로 만들어진 내적인 나를 찾아 그리스도를 만나는 수련입니다.

영성수련을 통하여 우리 영혼이 우리 안에 계신 그리스도를 만나 그리스도가 우리들의 생각과 느낌과 판단과 사랑의 주인이 되게 합니다. 그리스도가 우리 인식의 주인이 되기 위해서, 하느님의 은혜를 받기 위해 수동적으로 기다리지 않고 우리 안에 이미 와 계신 그리스도를 만나려는 능동적인 마음의 준비를 해야 합니다. 우리 안에 이미 와 계신 그리스도는 나자렛 예수의 죽음과 부활로 인하여 주어진 하느님의 은혜입니다.

영성수련은 우리의 영혼이 하느님을 만나기 위해 조용한 곳에서 홀로 머물며 황홀한 무아지경의 상태에 들어가는 것이 아닙니다. 영성수련은 기도 중에 신비하고 이상한 영혼의 움직임을 관찰하여 그것을 똑바로 잡는 것도 아닙니다.

영성수련은 일상생활에서 우리 안에 이미 와 계신 그리스도를 만나는 내적 경험을 통해 자신을 새롭게 하여 참다운 사람이 됨으로써 이웃 사람과 함께 하느님의 나라를 이루는 전인격적인 수련입니다. 영성수련은 하느님의 얼굴을 보여주신 나자렛 예수를 따라서 이 세상을 살려는 우리들의 회심이며 희망이며 또한 삶의 변화입니다.

고독과 침묵

영성수련 중에 내 마음 깊은 곳에 계시는 하느님을 만나는 것은 나 홀로 하여야 합니다. 누구도 나와 함께 내 마음 깊고 어두운 곳으로 갈 수 없습니다. 그래서 영성수련은 고독함에 익숙해야 합니다. 고독(solitude)은 외로움(loneliness)이 아닙니다. 고독은 나 혼자 있으면서도 외로움을 느끼지 않는 은은한 평화로운 마음의 상태입니다. 고독은 내가 비워지고 하느님이 채워지는 공간입니다. 우리가 참으로 홀로 있을 때 하느님과 함께 있을 수 있으며, 참으로 고독할 때 하느님의 현존에 빠집니다. 그래서 고독은 침묵을 필요로 합니다.

침묵은 마음 깊은 곳에서 하느님을 만나기 위해 필요합니다. 침묵은 겉으로 조용히 있거나 소리를 내지 않는 것을 의미하지 않습니다. 침묵은 내적인 모든 감각과 생각과 판단을 정지시키는 것입니다. 침묵은 마음속 깊은 곳을 맑고 고요하게 간직함을 의미합니다(the purity of heart). 침묵은 소리내어 떠들고 난 후에 입을 다물어서 오는 조용함이 아니라, 태초 천지창조 이전에 있었던 침묵을 말합니다. 침묵은 진정한 진리를 품고 있습니다.

내적 침묵(the inner silence)은 하느님을 알아보려는 우리 영혼의 침묵입니다. 하느님은 침묵(Silence)이십니다. 나자렛 예수가 하느님을 '아빠(Abba)'라고 알려 주었지만 아버지 하느님은 지금도 깊은 침묵 안에 아무 말없이 계십니다. 우리가 침묵 안에서 진정한 고독을 껴안을 수 있을 때 생각과 관념을 떠나 어떤 실제를 그대로 알아볼 수 있어서 하느님이 우리 안에 계심을 느낄 수 있습니다. 홀로 진정한 침묵을 지킬 때 하느님의 목소리를 들을 수 있습니다. 고독과 침묵에 잠길 수 있으면 마음을 비울 수 있습니다. 고독과 침묵에 잠길 수 있으면 '지금 여기(here and now)'에서 하느님과 함께 머무를 수 있습니다. 우리 안에 계시는 하느님을 인식하고 만나고 받아들이기 위해서는 절대적으로 고독한 침묵이 필요합니다.

우리는 고귀하고 성스러운 존재

영성수련을 시작하면서 확실하게 짚고 가야할 점이 있습니다. 그것은 우리들은 고귀하고 성스러운 존재라는 사실입니다. 우리들은 사실 한편으로는 고귀하고 성스러운 존재이지만, 다른 한편으로는 완전하지 못하고 죄를 지을 가능성을 항상 가지고 있습니다. 이 두 면을 따로 분리할 수 없기 때문에 우선은 다음과 같은 이유들로 전자에 관심을 두기로 합니다.

- 하느님은 사람을 당신의 모습으로 창조하셨습니다(창세 1, 27).
- 우리 신앙의 선조이신 아담과 하와는 원죄로 인하여 낙원에서 추방당하였으나, 새로운 아담이신 예수 그리스도의 탄생으로 인하여 우리는 더 복에 넘치는 사람이 되었습니다.
- 하느님은 나자렛 예수에게 주신 모든 은총을 우리에게도 똑같이 베푸십니다. 한 그루의 진달래가 꽃을 피우면 온 산이 붉게 물들지요. 하나의 돌멩이는 다른 많은 돌멩이와 같이 지구가 겪어온 역사를 이야기하고 있습니다. 한 사람인 나자렛 예수가 그리스도라는 사실은 모든 사람도 그리스도라는 뜻을 품고 있습니다.
- 예수 그리스도의 죽음과 부활로 인하여 성령께서 혹은 그리스도

의 영께서 우리 안에 항상 계십니다(에페 3, 16-17; 로마 5, 5: 8, 9-10; 갈라 2, 20: 4, 6; 콜로 1, 27; 요한 14, 17; 1요한 4, 13; 1코린 3, 16; 1티모 1, 14; 2티모 1, 14).

따라서 우리들은 천사보다 더 귀하고 신성한 존재입니다. 천사는 천사로서 그대로 남아 있지만, 우리는 하느님과 하나가 될 가능성을 품고 있기 때문입니다. 그리고 우리 영혼 깊은 곳에는 하느님의 성품 같은 것이 있어서 우리가 하느님을 만나더라도 그것은 변하지 않습니다(부록 14). 아무리 죄인이고 방탕한 생활을 한다 해도 그것은 변하지 않습니다. 물론 우리는 부끄럽고, 속되고, 때로는 악한 면이 있습니다. 그러나 어두운 면을 보류(bracketing)하고 밝은 면을 강조하면 어두운 면이 치유될 수 있습니다. 그리스도를 믿는 사람뿐만이 아니라 그리스도를 모르는 사람을 포함한 모든 사람이 완전하지 않으나 고귀하고 신성합니다. 성경에 "우리는 빛과 소금이다."(마태 5, 13-14)라고 쓰여 있지 "빛과 소금이 되라."고 쓰여 있지 않은 것과 같은 이치입니다. 그리고 밀밭에 있는 가라지를 당장 뽑아버리지 않고 수확할 때까지 기다리는 것도 같은 이치입니다(마태 13, 24-30).

우리들은 '아담과 하와의 원죄'라는 고질적인 컴플렉스에 걸려 우리가 성스럽다는 사실을 깜빡 잊고 살아왔으나 이제는 영성수련을 통하여 우리가 고귀하고 신성함을 다시 깨닫게 됩니다. 하느님이 우리 안에 계시는데 어떻게 우리가 귀하고 신성하지 않을 수 있겠습니까?

하느님이 우리 안에 계시기 때문에 우리는 거룩함으로 부르심을 받았습니다. 레위기에 나오는 "내가 거룩하니 너희도 자신을 거룩하게 하여 거룩한 사람이 되어야 한다."(레위 11, 44)는 하느님 아버지의 말씀은 마태오복음에 나오는 "너희 아버지께서 완전하신 것처럼 너희도 완전한 사람이 되어야 한다"(마태 5, 48). 그리고 루카복음에 나오는 "너희 아버지께서 자비하신 것처럼 너희도 자비스러운 사람이 되어라."(루카 6, 36)라는 예수님의 말씀으로 이어집니다. 다시 말하면, 성경 전체가 하느님께서 우리를 당신과 똑같은 거룩함으로 부르시고 있다는 사실입니다.

우리의 거룩함은 다른 사람과 비교할 수 없는 우리 각자의 고유한 거룩함입니다. 거룩함에는 높고 낮음이 없습니다. 우리의 거룩함은 어느 성인이나 성녀를 따르는 거룩함이 아니라 다른 사람들의 거룩함에 상관없이 우리들 개개인이 보호하고 가꾸어야 할 특이한 거룩함, 신성함, 그리고 성스러움입니다.[8]

또 한 가지 기쁜 소식은, 예수 그리스도께서 우리를 악함과 죄에서 이미 구원하셨다는 사실입니다. 따라서 우리가 잘못과 죄를 진실히 통회하여 하느님께 바치면 하느님은 언제나 우리의 죄를 용서해 주십니다. 우리들이 죄가 있다 할지라도 예수님이 우리를 구원하기 위해 십자가에서 죽으셨으니 우리는 하느님의 자녀로 항상 남아 있습니다. 우리가 죄를 범하고 있는 순간에도 우리는 하느님의 자녀입니다. 우리들이 모르고 하느님께 반항할 수 있지만 예수님이 찾으러 나섰던 잃어버린 한 마리의 양이 바로 우리들이기 때문에 하느님은 우리를 항상 안아 주십니다.

마지막으로, 아버지 하느님은 예수님의 부활로 인하여 인간이 가지고 있는 모든 것을 당신 것으로 만드셨기 때문에 우리들은 성령 안에 그리스도와 함께 존재합니다. 성령은 부활하신 그리스도의 영입니다. 그래서 우리들은 고귀하고 성스럽습니다. 성부께서 우리를 창조하셨고, 성자께서 우리를 구원하셨고, 성령께서 우리 안에 항상 계시는데 어떻게 우리가 귀하고 신성하지 않을 수 있겠습니까?

하느님은 언제나 우리를 있는 그대로 받아주십니다. 하느님은 우리들이 죄가 없어야만 받아주시지는 않습니다. 하느님은 자비와 사랑이시기에 홍성남 신부의 말대로 우리를 '너덜너덜한' 채로 그대로 받아 주십니다. 예수님이 가진 신성(sanctity, divinity)과 우리가 가지고 있는 신성은 똑같은 신성이기 때문입니다.

동양과 서양의 만남

인류의 역사에서 기원전 4~6세기를 축의 시대(the Axial Period)라고 부르는 것은 노자, 공자, 석가모니, 그리스 철학자들, 그리고 구약의 예언자들 같은 많은 영성가들이 갑자기 나타났기 때문입니다. 지금 우리는 두 번째의 축의 시대(the Second Axial Period)에 살고 있다고 합니다. 지구가 점점 좁아지고 있어서 여러 색다른 문화와 사상들이 서로 교류하고 있습니다. 그래서 사상가들은 국가 간의 경계, 민족 간의 경계, 대륙 간의 경계가 무너지고 온 지구가 하나가 되어 가는 범지구적인 인식(the global consciousness)이 확립되어 간다고 합니다.[9]

어떠한 문화든지 인간의 근본적인 좋은 점을 다 가지고 있지는 않습니다. 유럽문화가 인류의 장점을 모두 가지고 있지 않습니다. 그리고 유럽문화가 온 인류를 통합하여 하나의 문명을 이룰 수 있는 역량이 없다 합니다. 다른 문화들은 유럽문화에서 찾아볼 수 없는 인간의 다른 좋은 점을 가지고 있습니다. 여러 문화들이 접촉하고 교류하는 두 번째의 축의 시대에서 각 문화가 가지고 있는 고유한 장점들을 배워야 하겠습니다.

과거 400년 동안 서양문화는 온 인류의 운명을 걸머진 듯이 지구 전체를 지배해 왔는데 이제는 한계점에 도달했다고 합니다. 영국의 유명한 역사 학자인 아놀드 토인비(Arnold Toynbee)는 앞으로 몇 세기 후에 인류 역사를 돌이켜보면 20세기에 일어난 사건들 가운데 공산주의 혁명이나 베트남 전쟁은 별로 중요하지 않고 오히려 기독교와 불교가 어떻게 만나느냐가 더 중요하다 했습니다. 기독교는 외향적인 사회정의와 정치개혁에 경험이 많으나 불교는 내향적인 마음의 움직임에 치중하기 때문에 기독교와 불교의 만남은 인류의 사상 발전에 중요한 계기가 될 것입니다. 서로 부족한 점을 보충하기 때문입니다.

서양의 사고방식은 지식과 이성을 토대로 하여 사물을 이해하고 판단하고 분리한 결과를 말과 글자로 표현하는 이원론 혹은 이분법(dualism)이 특징입니다. 이것과 저것을 구분하는 서양의 사고방식은 근대철학의 아버지인 르네 데카르트(Rene Descartes)의 영과 물질을 갈라놓는 철학에서 더 굳어졌습니다. 이원론의 사고방식은 강한 자아(ego)를 동반하여 물질적인 문명을 발전시켜 사람을 생각하는 기계로 만들었습니다. 더구나 이삭 뉴톤(Isaac Newton)의 역학에 의하면 하느님이 아니라 물질적인 원리(physical principles)가 온 세상을 움직이고 있기 때문에 하느님에 관한 인식이 흐려졌습니다. 직선적인 이원론의 사고방식에 익숙한 계몽주의(the Enlightenement)와 산업혁명은 자연과학과 손을 잡아 인류문명을 물질적인 면에서 크게 향상시켜 왔으나 불행하게도 영성적인 면을 등한시했습니다. 그래서 사람은 더 이상 자연에 속하지 않을뿐더러, 자연은 오직 인간을 위하여 자원을 제공하는 대상으로 전락하였습니다. 이와 같이 지식과 이성에 기반을 둔 이원론의 사고방식은 개인주의와 결탁하여 인간의 존엄과 자연의 신비를 무시한 물질문명을 이룩하였으나 이젠 그 물질문명이 온 인류를 위협하고 있습니다.[10]

반면에 동양은 머리로만 따지지 않고 지혜를 사용하여 사물을 있는 그대로 받아들입니다. 동양은 기원전부터 사람의 관계(人間)를 중요시하였는데 서양은 17세기부터 인간관계를 중요시합니다. 동양은 기원전부터 사람이 사물을 주관적 혹은 객관적으로 생각하고 인식하는 가를 구분하였으나, 서양은 18세기 칸트에 와서야 사람은 스스로 해석하여 인식한다는 것을 알았습니다. 동양의 유교사상은 옛날부터 "인간이 본성에는 하늘이 새겨 있다."는 내재적이고 포괄적인(inclusive) 사상을 가지고 있고, 동양의 불교는 "삶이 죽음이다(생즉사, 生即死)."와 같은 밖으로(extrinsic)가 아니고 안으로(intrinsic) 초월하는 철학이 있습니다. 그래서 서양의 많은 영성가들은 동양을 부지런히 알고 동양의 좋은 점을 배우려 합니다.

우리들은 서양교육을 받고 자랐기 때문에 하느님을 알고 사랑하는 사고방식과 인식에 변화가 와야 하겠습니다. 보이지 않는 것을 볼 수 있을 때 따뜻한 사랑을 할 수 있고, 들리지 않는 것을 들을 수 있을 때 잔잔한 하느님의 목소리를 들을 수 있습니다. 김수환 추기경께서 말씀하신 대로 우리들의 뼈에는 유교와 불교의 기가 흐르고 있으니 동양의 좋은 것을 잃지 말고 더 배워야 하겠습니다. 제2차 바티칸공의회는 "교회는 시대의 징표를 탐구하고 이를 복음의 빛으로 해석해야 할 의무를 지니고 있다."고 가르치고 있습니다.[11]

종교의 영성화

우리가 살고 있는 이 세상에는 많은 사람들이 종교가 일상생활에 절대적으로 필요하지 않다고 생각합니다. 물질적으로 풍요롭고 편리하게 사는 이유가 있지만 다른 이유는, 종교가 구태의연하게 제도적이고 교의적인 면을 고수하고 있는 이유도 있습니다. 그래서 많은 서양의 젊은 사람들은 종교보다 영성을 추구한다거나, 불교나 힌두교에 관심을 표시합니다.

모든 종교의 제도와 교리와 규칙들은 영성을 위하여 존재합니다. 그리고 종교가 성숙해지려면 영성이 종교를 앞서 가야 합니다. 따라서 이성적이고 합리적인 기독교의 여러 종파들은 기존의 관념과 습관을 떠나서 자기들의 고유한 전통적인 신비주의(mysticism) 개발에 신경을 쓰고 있습니다. 더구나 우리가 살고 있는 세상은 좁아지는 가운데 영성적인 교류가 활발히 일어나고 있기 때문에 머지않아 영성의 시대가 열리게 된다 합니다. 그래서 우리가 당면한 문제는, 한국의 고유한 영성적인 전통을 이용하여 어떻게 가톨릭 영성을 풍부하게 하느냐는 것입니다.

이 세상의 모든 것들은 변합니다. 하느님에 관한 사람들의 생각과 관념도 변합니다. 종교도 변하고 교회도 변합니다. 변하지 않는 것은 오직 침묵이신 하느님입니다. 가끔 어린아이 같이 단순하고 천진한 종교관을 가지고 있는 사람을 봅니다. 우리가 "아이였을 때에는 아이처럼 말하고 아이처럼 생각하고 아이처럼 헤아렸습니다. 그러나 어른이 되어서는 아이 적의 것을 그만두어야"(1코린 13, 11) 합니다.

세상은 변하고 있습니다. 유럽에는 이슬람교가 성하고 미국은 세계의 모든 종교들이 모인 가운데 더 이상 기독교 국가가 아니라 다수 종교 국가가 되어 가고 있다 합니다. 그리고 한국이 기독교 국가가 되리라는 예측은 반갑기만 한 것이 아닙니다. 이러한 변화들은 여러 복잡한 인류문명의 근본적인 문제들을 내포하고 있고 따라서 종교 간의 접촉과 대화를 필요로 하고 있습니다. 다른 종교들을 접촉하는 것은 하느님의 다른 면을 볼 수 있기 때문에 하느님의 크나큰 은총입니다. 다른 종교들을 통하여 우리가 가지고 있는 종교를 영성적으로 더 깊고 튼튼하게 할 수 있습니다. 이제 우리는 좁은 아집에서 깨어나야 합니다.

이러한 시대의 징표를 읽은 미국 외방선교회 김 알퐁소 신부는 일찍이 참선을 이용한 침묵기도를 널리 보급하고 있습니다. 더불어 침묵기도를 통하여 깨우침이 가져오는 용서, 화해, 그리고 힐링에 관한 언급은 영성수련에 많은 도움이 될 것입니다.

> 우리들은 인류의 영성이 전환되어 가고 있는 새 시대에 살고 있다. 그것은 참다운 영성을 찾고 경험하고자 하는 공통된 열망이며 새로운 추구이다. 우리가 하느님을 경험하는 것은 자신과의 화해를 통한 힐링으로부터 자신을 온전히 받아들이는 것이다. 오직 그런 다음에 다른 사람들을 용서, 화해 그리고 힐링하는 것이 가능하다. 남을 용서하기 전에 자신을 먼저 용서하여야 한다. 자신과의 화해는 자신을 자유롭게 하기 때문에 용서하고 새로운 삶을 살도록 치료해준다. 요즘 세상 사람들은 성스러움(Divine)에 신비한 갈증을 느끼고 있다. 우리한테 신비한 바람이 불어오고 있다. 이 신비스러운 갈증은 사람들이 알고 싶어 하고 깨달으려 하고 깨우치려 하는 욕구에서 나온다. 우리 모두는 우리 안에 계신 하느님을 목말라 하고 있다. 이제 우리 모두는 다른 어느 때보다 성스러움(하늘)의 신비와 하느님을 만나는 경험을 갈구하고 있다(부록 5).[12]

김 신부는 일찍이 일본에서 선을 접하고 인도에서 요가 수행을 공부한 다음 한국 간화선을 익혀 순천 송광사에서 인가를 받은 분입니다. 그 후 한국 여러 수녀원에 있는 수녀들 그리고 멕시코, 아프리카, 인도, 일본, 미국에 있는 신자들과 사제들을 위해 다양한 침묵피정을 지도하고 있습니다.

우리가 당면한 영성수련은 깊은 침묵 안에서 하느님과 대화하는 수행입니다. 침묵은 영성수련의 언어입니다. 우리들은 미사와 같은 공적인 전례기도에 몰입되어 하느님의 신비에 취해 있는 경우에도 자신을 영성적으로 정확히 알고 있어야 합니다. 현대철학에서 사용하는 '주체로 돌아옴(Kant's return to the subject)' 이라는 말처럼 모든 지식이 내가 스스로 받아들여 소화시킨 살아 있는 지식, 즉 스스로 경험한 지식이어야 합니다. 객관적인 지식이 주관적인 경험을 통해 우리 것이 되기 때문입니다. 이론으로 따져서 그럴듯한 신빙성이 있기 때문에 그것이 지식인 줄 알고 받아들이는 때는 지났습니다.

묵상할 성경
시편 139
에페 1, 3-6

제3강
기도

침묵은 하느님의 언어이다.
다른 것들은 모두
좋지 않은 번역이다.
(토마스 키팅)

우리가 가지고 있는
하느님에 관한 이미지는
(사실상) 하느님이라기보다
우리 자신에 관한 것입니다.
(토마스 머튼)

기도는 심연에 계시는 하느님이
마음의 문을 열어 주실때까지
기다리는 간절한 침묵이다
(칼 라너)

제 3 강 기도

　기도는 영성수련에서 가장 중요하고 언제나 필요한 영혼의 양식입니다. 기도를 통하여 하느님의 뜻을 알 수 있습니다. 기도는 하느님을 만나기 위해 우리 자신을 정화하는 수단입니다. 기도는 영성생활의 힘이고 또 영성생활 전체입니다. 예수님이 하느님의 신비스러운 얼굴을 보여주셨고 인간으로서 참다운 삶을 사셨기 때문에 우리는 예수님의 신비한 영성을 본받아 하느님의 뜻을 알고 실천하기 위해 기도합니다. 기도함으로써 예수 그리스도를 통하여 하느님을 만납니다. 기도할 때에는 마음을 비워(self-emptying) 예수 그리스도로 채워야 합니다. 마음을 비우기 위해서는 하느님의 은총을 갈구하면서 자아(ego)를 순하게 함으로써 이기적인(selfishness) 욕심에서 벗어나 무아(無我, selfless)의 상태로 전향시켜야 합니다.

기도의 종류

　기도는 '하느님 안에 머문다.' 혹은 '하느님과 대화한다.'고 말할 수 있습니다. 기도의 궁극적인 그리고 원칙적인 목적은 나를, 나의 자아(ego)를 버리고(self-transcending) 대신에 하느님으로 채워야 합니다. 나의 생각, 나의 고집, 나의 과거, 나의 미래, 나 자신, 나의 모든 것이 비워진 상태에서 영혼이 정화되어 하느님의 뜻 안에서 세상의 모든 것을 얻는 것이 기도입니다.
　나를 비우는 것, 나의 자아를 버리는 것이 쉬운 일은 아니지만 가끔 일상생활에서도 순간적으로 나를 인식하지 못하는 경우가 많이 있습니다. 성당 안에서 십자가를 바라본다거나, 경문을 외우다가 조용히 멈춘다거나, 깊이 잠든 어린아이를 쳐다본다거나, 아무 생각 없이 성스러움에 싸여 그냥 앉아 있는 경우에나, 묵주신공을 어디를 하고 있는지 의식하지 못한 채 정신을 잃고 하는 경우에는 내상이 없는 순수한 인식(the pure consciousness)의 상태에 있다고 할 수 있습니다. 그러나 의식이 뚜렷한 깨어 있는 상태에서 나의 생각, 나의 주장이 없는 순간을 오랫동안 유지하는 것은 쉬운 일이 아닙니다. 침묵하는 동안에도 여러 잡념들이 동시에 엄습해 옵니다. 그래서 기도는 훈련이 필요합니다.

갈멜(Camelite) 수사인 아우구스티노 오쿠무라는 동양 사람들의 심성에 맞는 기도에 관하여 조그마한 책을 펴냈는데 그 책에 준하여 기도에 관한 여러 설명을 적어 보겠습니다.[13]

기도는;

- 하느님께 구한다.
- 하느님의 말씀을 듣는다.
- 하느님과의 대화이다.
- 내 마음과 가슴을 하느님께 바친다.
- 내 영혼의 숨이다.
- 진정한 나를 찾는 것이다.
- 내 안에 계신 하느님을 나타냄이다.
- 하느님 안에서 나를 찾고, 내 안에서 하느님을 찾는다.[14]

이러한 기도에 관한 여러 정의를 살펴보면, 어떤 기도는 하느님이 대상이 되어 우리와 대화하고 어떤 기도는 하느님이 대상이 되지 않고 우리와 하나가 되어 있습니다. 우리의 대부분은 하느님을 대상으로 하는 청원기도에 상당히 익숙해 있습니다. 물론 하느님과 사람 사이의 관계에서 청원기도는 사람의 근본을 하느님께 보여줍니다. 그러나 청원기도는 일반적으로 개인이 바라는 이익이 숨어 있고 보상을 요구하는 경향이 있습니다.

하느님과의 만남이 우리 마음에서 일어난다는 사실, 그리고 앞에서 말씀드린 바와 같이 하느님은 우리 안에 계신다는 여러 성경말씀을 고려하면 기도는 멀리 계신 하느님을 한 대상으로만 (to) 대하지 않고 하느님과 함께(with), 하느님 안에서(in) 기도한다는 것이 올바른 표현입니다. 기도는 하느님께 드리지만 하느님 안에서 하느님과 함께 합니다. 기도는 하느님에게 우리 뜻을 알리는 것이 아니라 우리가 하느님의 뜻을 알고 받아들이려는 우리의 말과 생각과 행동입니다. 우리가 기도하는 목적은 우리가 하느님의 마음을 바꾸기보다 하느님이 우리의 마음을 바꾸기 위함입니다.

하느님의 존재양상과 기도

기도가 우리 안에 계신 그리스도와 함께 하느님의 뜻을 아는 것이라면, 우리들이 가지고 있는 하느님의 존재양상을 살펴보아야 하겠습니다. 하느님은 안 계시는 곳이 없고 또 어느 한 곳에 계시지도 않습니다. 그리고 하느님은 우리 안에 계시지만 우리가 하느님을 절대로 알 수 없습니다. 우리들은 "하느님은 초월적인(transcendent) 존재라 절대 알 수 없고, 동시에 내재적인(immanent) 존재여서 내가 나에 가까운 것보다 더 나에 가까이 계십니다."라고 배웠습니다. 이렇게 하느님을 두(binary) 면으로 살펴보면, 하느님의 초월적인 면은 기도의 대상으로서 우리와 떨어져 있고 하느님의 내재적인 면은 기도의 대상이 될 수 있으나 우리와 함께 할 가능성이 있습니다.

초월적이면서도 내재적이란 상반되는 두 단어를 동시에 사용하여 하느님을 묘사하는데 사실 우리들은 항상 어느 한 쪽에 치우쳐서 하느님을 대합니다. 우리가 습관적으로 하는 기도들은 위에 언급한 오꾸무라 수사의 여러 기도에 관한 정의 중에서 어느 쪽에 치우쳐 있는지 각자 살펴보기 바랍니다.

어떤 기도는 하느님을 대상으로 여기기 때문에 우리와 하느님이 떨어져 있고 어떤 기도는 우리와 하느님 사이에 간격이 없습니다. 어떤 기도는 능동적이고 어떤 기도는 수동적입니다. 하느님은 초월적이고 동시에 내재적이기 때문에 기도는 상반되는 두 단어를 동시에 포함해야 하는데 그렇지가 않습니다. 이것이 바로 우리 두뇌의 한계입니다. 위와 같은 여러 기도들은 우리가 가지고 있는 하느님에 대한 관념과 밀접한 관계가 있으며 다음과 같이 정리할 수 있습니다. 일반적으로 초월적인 서양의 하느님은 한 대상으로서 떨어져 있어 관념적(conceptional)이고 이성적(speculative)이고 체계적(systematic)이지만, 반면에 내재적인 동양의 하느님은 사람과 가깝게 조화를 이루어서 직감적(intuitive)이고 관계적(relational)이고 추상적(abstractive)입니다.

우리는 균형 잡힌 하느님, 즉 초월적이며 동시에 내재적인 하느님께 기도해야 하는데 초월적인 하느님을 대상으로 하는 외향적인 기도를 많이 합니다. 우리는 하느님을 멀리 두고 외면적인 형식이나 전례를 매개체로 여기면서 하느님을 찾고 있습니다. 우리의 근본은 동양이고 동양의 하느님은 내재적입니다.

놀랍게도 성경이 보여주는 하느님, 즉 나자렛 예수가 말과 행동으로 가르쳐주신 하느님은 내재적인 하느님, 즉 우리 삶 안에 함께 하시는 하느님입니다. 그래서 우리 안에 이미 와 계신 하느님, 우리와 함께 계신 하느님을 찾으려 노력하고 기도해야 합니다. 예수님은 아시아 대륙에서 태어나고 자랐습니다. 서양화된 예수님보다 원래의 예수님, 성경이 말해주는 예수님, 아시아적인 예수님은 어떤 모습을 하고 있을까요?

우리들이 살아가는 21세기는 서양과 동양이 급히 만나고 있습니다. 온 세상이 하나로 되어 가는 가운데 외향적이고 직선적인 기도에서 벗어나지 않으렵니까? 하느님이 우리 안에 계심을 인식할 수 있도록 영성수련이 도움을 줄 것입니다.

나아가 우리는 기도할 때 오직 예수님과의 관계만을 강조하는 경향도 없지 않습니다. 그러나 기도는 '그리스도와 함께, 그리스도 안에서, 그리스도를 통하여' 성령과 함께 하느님 아버지께 하는 것임을 명심해야 합니다.

마음 (heart, mind, 가슴)[15]

우리는 말로 표현하는 것보다 더 많이 생각하고, 생각하는 것보다 더 많이 느끼고, 느끼는 것보다 더 많이 마음속에 담고 살아갑니다. 마음(心)은 mind나 heart라는 말로 번역이 되지만 성경에 나오는 마음은 대부분 무의식을 의미합니다. 동양의 마음은 서양의 mind라기보다 heart에 더 가깝습니다. 우리의 마음속은 영성의 핵심으로서 우리들의 가장 깊은 곳을 가리키며 그곳에서 감각과 감정과 지식을 초월하여 하느님을 만납니다. 머리는 습관화된 감각에 익숙하여 지적(intellectual)이고 이성적(reasonable)이지만, 마음(heart)은 말로 표현될 수 없는 신비한 무의식 세계를 다루고 있기 때문에 전체적(holistic)이고 직관적(intuitive)입니다. 마음은 판단이나 추리를 떠나서 즉감적인 정(情)을 다룹니다. 서양의 그리스 문명은 눈(감각)이 발달하여 이성을 중요시하지만, 동양문명은 마음에 중점을 두어 지혜를 중요시합니다. 이성과 지식(머리)은 분석하고 비교하고 경쟁하고 분열합니다. 그러나 마음은 융합하고 용서하고 있는 그대로 받아들입니다. 그래서 기도 중에 마음과 머리가 서로 조화를 이루어야 합니다. 깊은 기도는 머리를 통한 기도라기보다 마음, 즉 가슴속 깊은 곳에서 우러나오는 기도입니다.

가슴속 깊은 곳에서 우러나오는 정과 느낌은 말이나 글자로 다 표현할 수 없습니다. 하느님은 영이십니다(요한 4, 24). 머리와 이성만으로 하느님을 이해할 수 없습니다. 오직 가슴과 지혜는 하느님과 영적 대화를 가능하게 합니다.

시편 51, 10: "깨끗한 마음을 제게 만들어 주시고"
마태 5, 8:　　"행복하여라 마음이 깨끗한 사람들…"

위의 성경구절에 나오는 '마음'은 바로 heart를 의미하고 있습니다. 성경에 있는 '가슴속 깊은 곳(the inmost being)'이라는 말도 heart와 비슷한 말입니다. 가슴속 깊은 곳은 영성의 근원으로 그곳에서 안 보이는 것을 볼 수 있고 안 들리는 것을 들을 수 있습니다. 영성적인 신비는 가슴속 깊은 곳에서 일어납니다.

시편 51, 6:　　"당신은 가슴속 깊은 곳에 진리를 원하시고"
시편 139, 13: "당신은 나의 가슴속 깊은 곳을 만들어 주시고"

우리들이 흔히 쓰는 말 '영혼'은 마음속 깊은 곳에 있는 heart를 말하고, 마음이 깨끗하다는 말(the purity of heart, the poverty of spirit)은 하느님을 만나 욕심이 없는 상태를 묘사합니다. 우리의 영혼을 맑고 곱게 간직할 수 있으면 하느님이 우리 안에 계심을 알수 있고 그것이 에덴동산에 있었던 우리들의 본 모습입니다.

우리들의 가슴속 깊은 곳에는 무엇이 있습니까? 잊히지 않는 불미스러운 과거가 있습니까? 기대하기 어려운 즐거운 미래가 있습니까? 아니면 하느님 비슷한 그 무엇이 있습니까? 영성수련은 우리의 마음속 깊이 있는 무의식 세계를 정화시켜 줄 것입니다.

양심(conscience)

양심은 하느님과 홀로 만나는 가슴속 깊은 곳을 말합니다.[16] 양심은 신성하기 때문에 사람들은 각자 양심대로 도덕적인 결정을 할 수 있으며 자기 양심에 어긋나는 일에 강요당해서는 안 됩니다. 양심에 기반을 둔 결정은 사회법이나 교회법보다 우월할 수 있습니다(히브 9, 14; 1티모 4, 2; 로마 2, 15).

양심성찰(examination of conscience)은 이냐시오 영신수련의 특징입니다. 하루에 적어도 한 번 일상생활을 반성하며 하느님이 나의 행동에 계셨는가 아니면 가슴속 깊은 곳에 계셨는가 확인하고 반성하는 기도입니다. 그러나 양심성찰은 죄를 반성하기보다 하느님의 역사하심을 관찰하는 것이고 기도를 습관적으로 하는 조건을 전제하고 있습니다. 기도를 습관적으로 하지 않는 사람이 갑자기 양심성찰을 할 수는 없습니다. 규칙적인 양심성찰은 올바른 양심을 이루어 올바른 하느님과의 관계 속에 건전한 삶을 살아가도록 합니다(이냐시오 영신수련, Exx 24-43). 양심성찰은 묵상과 관상의 기도생활과 함께 이냐시오 영신수련의 3요소(성찰, 기도, 실행)를 이룹니다.

세 가지의 눈[17]

사람은 몸(body), 마음(mind), 영(spirit)으로 구성되어 있습니다. 몸, 마음, 영은 서로 분리될 수 없는 하나로서 사람 전체를 이룹니다. 우리는 몸을 가지고 있기 때문에 배가 고프고, 마음을 가지고 있기 때문에 알고 판단하며, 영을 가지고 있기 때문에 하느님을 만나려 합니다. 그리고 밖에서 오는 모든 자극은 이 세 가지의 기능을 통하여 두뇌로 선달된 다음에 지식(intellect)과 경험으로 전환됩니다.

　이와 비슷하게 우리들은 세 가지의 눈을 가지고 있습니다. 아니 세 개의 면을 가지고 있는 하나의 인식 말입니다. 즉 육신의 눈, 지식의 눈, 그리고 영성의 눈입니다. 여기서 눈은 인식을 형성하는 문입니다. 얼굴에 있는 눈은 감각적인 지식을 낳고, 뇌에 있는 눈은 지적인(이성적인) 지식을 낳고, 가슴속 깊이 있는 눈은 영성적인 지식을 낳습니다. 지식과 경험을 세 가지로 구분했으나 사실은 셋이 언제나 하나로 뭉쳐 있기 때문에 따로 분류할 수 없습니다. 예를 들면, 아름다운 시나 음악을 감상하는 것은 감각적, 지적, 영성적인 지식을 모두 포함하고 있습니다. 마찬가지로 하느님에 대한 믿음(faith)은 마음의 눈을 떠서 지적인 향상(assent)을 가져와 영성적인 신념으로 전환됩니다. 믿음은 "우리가 바라는 것들의 보증이며 보이지 않는 실제들의 확증이 되게 하는 것이다"(히브 11, 1) 라고 성경은 정의합니다.

　감각적인 경험과 지적인 경험은 생각과 관념을 수반하므로 말과 글자로 표현이 가능하여 래이몬 파니카가 말하는 인식(consciousness)의 영역을 형성합니다. 말과 글자로 표현된 주체-객체의 인식구조를 이원론(binary) 혹은 이분법(dual)이라 부릅니다. 그러나 심리적인 직감(intuition)이나 영성적인 경험은 영의 움직임을 묘사하기 때문에 뚜렷한 생각이나 관념이 부족하여 말과 글자로 정확히 표현할 수 없습니다. 상징적인(symbolic) 것으로 비슷한 표현을 하는 수밖에 없습니다.

신비의 지혜(wisdom)

우리의 인식을 초월하지만 우리가 경험할 수 있는 신비스러운 실제(reality) 혹은 실체(actuality)가 있습니다. 하느님의 침묵, 하느님이 사람이 된 것, 그리스도의 부활 그리고 사랑이신 성령의 움직임은 머리로 완전히 인식할 수 없으며 상징적인 말과 글자로 정확히 표현할 수 없고 믿음으로 받아들여야 합니다. 마찬가지로 우리가 고귀하고 성스럽다는 말도 신비스러운 말입니다. 우리의 믿음도 높고 낮음이 없고 깊고 얕음도 없을뿐더러 사실 있다 없다 간단히 말할 수도 없습니다. 우리들이 서로 사랑하는 것도 신비입니다. 하느님이 우리 안에 계시기 때문에 우리는 사랑의 신비입니다.

종교적인 신비는 원초적인 즉감으로 경험할 수 있으나 어떤 지식이 아닙니다. '신비의 지식'이라는 말을 쓰지만 '신비의 지혜'라는 말이 더 적합합니다. 신비의 지혜는 지식에 기반을 두고 또 지식을 포함하고 있으나 말과 글자로 혹은 다른 상징(symbol)으로 정확히 표현될 수는 없습니다. 따라서 신비의 지혜는 말과 문자를 사용한 주체-객체의 인식구조로 만족시킬 수 없습니다.

에덴동산에서 아담과 하와가 따 먹은 선악과는 지식에 속하지만 에덴동산 한가운데 있는 생명의 나무는 신비의 지혜에 속합니다. 가령 우리의 기도가 성숙하여 확실한 이미지가 없어지는 경우에는 우리와 하느님이 직선적인 주체-객체의 인식구조를 형성하지 않습니다. 하느님은 어떤 물건이나 객체가 아니어서 대상이 될 수 없기 때문에 하느님과 우리는 지식을 넘어선 성숙한 신비의 지혜를 통하여 하나가 됩니다. 이것은 하느님을 만나는 체험입니다. 종교적인 신비의 지혜는 믿음(faith)입니다.

믿음으로 받아들이는 신비의 지혜는 어떠한 인식을 거치지 않고 영(spirit)을 통하여 바로 실제(reality)를 알아봅니다. 미사전례에 나오는 모든 말과 행동들도 신비한 지혜를 설명하려고 애써서 표현하려는 상징(symbol)일 뿐 신비 자체는 아닙니다.

"귀가 있는 사람은 들어라."(마르 4, 9)는 예수님 말씀은 신비한 지혜를 얻어 새로운 사람이 되라는 말씀입니다. 모든 사람이 귀를 가지고 있지만 어떤 사람은 신비한 지혜의 말씀을 알아듣고 어떤 사람은 못 알아듣습니다.

우리는 "하느님을 만난다, 경험한다."는 말을 자주 쓰지만 하느님은 절대로 만날 수 없는 신비입니다. 하느님은 처음이고 마지막이며(the alpha and the omega) 무한히 영원하고(infinite and eternal) 완전(absolute)하십니다.

모든 존재는 하느님의 영역을 벗어날 수 없으며 바로 이것이 신비의 지혜입니다. 신비의 지혜는 머리로 완전히 터득할 수 없고 '하나의 전체'가 되는 실제입니다. 신비의 지혜를 가지면 "주님과 결합하여 그분과 한 영(spirit)이 됩니다"(1코린 6, 17). 가브리엘 천사가 마리아에게 전한 말은 어떤 지식이나 메시지가 아니라 신비의 지혜입니다. 마찬가지로 선불교에서 깨우침은 말이나 글자로 표현할 수가 없고 스승한테서 이어받는 인가도 마찬가지입니다. 따라서 신비의 지혜는 래이몬 파니카의 공(空, *sunyata*, emptiness)의 영역에 속합니다.

공(空)

공이란 개념은 아무것도 없는 텅 빈 것으로 생각하기 쉬우나 사실은 알 수 없는 많은 것으로 차 있어서 빈 것처럼 보인다는 뜻입니다. 달리 표현하면, 공은 모든 것이 서로 연결되어 있어서 한 실제의 본질(essence)을 독립적으로 알 수가 없다는(본무자성, 本無自性) 뜻입니다. 공은 수많은 인연으로 충만하여 어느 실제가 뚜렷이 나타나지 않습니다. 따라서 어떤 것이 공이라 함은 그것이 없다는 뜻이 아니라 공의 형식, 즉 인연의 형식으로 존재한다는 말입니다. 공의 영역에서는 모든 사물들과 모든 개념들이 자기 스스로의 본질이 없이 존재하기 때문에 변하지 않는 것이 없으며 이미 형성된 개인적인 혹은 절대적인 생각, 관념, 원칙 그리고 원리가 존재할 수 없습니다. 따라서 공은 허무(nihilism)한 것이 아니라 기존의 아무것도 없기 때문에 고정된 집착이 없이 있는 그대로 볼 수 있는 자유스러운 상태입니다.

공의 영역에서는 주체-객체의 이원론의 인식이 허용되지 않습니다. 공의 영역에서는 우리가 머리로 상상하고 마음으로 느끼고 의지로 원하는 대로 존재하지 않습니다. 공의 영역은 말과 글자로 표현되는 인식 이전에 일어나는 순수의식에 속하는 영성적인 즉감과 신비의 체험(mystical experience)을 다룹니다. 공의 영역은 상대적인 지식이 아닌 절대적인 진리를 취급함으로써 전체적(holistic, wholistic)으로 보아야 하는 신비한 지혜의 영역입니다. 공의 영역은 침묵이며 성스럽고 신비합니다.

공의 영역에서 모든 사물이 스스로의 본질이 없이 존재한다는 말은 하느님이 주관하신다는 말과 상통합니다. 공의 영역은 인간적인 모든 것이 영원히 보존될 수 없기 때문에 인간의 인식을 초월한 하느님의 영역이라 할 수 있습니다. 또한 사람이 만든 기존의 생각과 관념과 원리가 무너진 채로 하느님이 주관하시는 신비의 영역입니다. 공은 우리를 겸손하게 만드는 개념입니다. 우리 자신을 비우지 않고는 이해할 수 없는 개념입니다.

지식과 지혜의 비교

지식은 이미지가 뚜렷한 직선적인 이원론으로 인식되지만 신비한 지혜는 이미지가 모호하기 때문에 이원론으로 완전한 인식이 불가능합니다. 지식과 신비한 지혜는 각각 파니카의 인식의 영역과 공의 영역에 속합니다. 두 영역은 서로 분리되어 있지 않고 공의 영역이 인식의 영역을 포함하고 초월합니다. 신비한 지혜는 지식을 포함하고 초월하기 때문입니다. 다시 말하면, 지식은 말과 글자로 표현이 가능하여 인식의 영역의 내용(content)이 되고, 신비의 지혜는 지식에 기반을 두고 있지만 말과 글자로 분명히 표현될 수 없으나 우리가 직접 경험할 수 있기 때문에 공의 영역의 내용이 됩니다.

칼 라너(Karl Rahner)에 의하면 모든 경험은 '초월적인 면(transcendental experience)'과 '구분되는 면(categorical experience)'으로 구성되어 있다 합니다.[18] 이 두 면의 경험은 서로 분리할 수 없이 한 경험을 형성하고 '초월적인 경험'이 있기 때문에(the condition of possibility) '구분되는 경험'이 가능합니다. '구분되는 경험'이 '초월적인 경험'에 바탕을 두고 있고 동양의 유무상생(有無相生)과 비슷합니다.

일반적으로 우리는 보이는 경험을 통하여 사물을 판단하지만 사물의 실제는 '초월적인 경험' 안에 숨어 있습니다. 가령 우리가 이웃을 사랑한다면, 하느님이 우리를 사랑하기 때문입니다. 전자는 '구분되는 경험'이고, 후자는 '초월적인 경험'입니다. 따라서 '초월적인 경험'은 하느님으로부터 기인하기 때문에 우리들이 느끼고 알고 선택하고 행동하고 사랑하는 모든 일상생활의 경험들에서 하느님을 체험할 수 있습니다. 초월적인 경험으로 인하여 우리는 일상생활의 모든 경험에서 알 수 없고 보이지 않는 하느님을 경험할 수 있기 때문에 신비의 영성가가 됩니다.

두 신학자들의 의견을 요약하면 파니카의 지혜를 다루는 공의 영역은 라너의 전체적인 경험 혹은 초월적인 경험과 비슷하고,

파니카의 지식을 다루는 인식의 영역은 라너의 구분되는 경험과 비슷하다 하겠습니다.

이성(reason)은 지식에서 비롯하고 믿음(faith)은 지혜에서 비롯합니다. 지식은 지혜로 인도되어 삶의 중요한 문제들을 풀어줍니다. 지혜가 지식보다 더 소중합니다. 우리 삶의 목적이 부자나 학자가 되는 것이 아니라 행복하게 살고 구원되는 것이기 때문입니다. 지혜가 지식을 포함하고 동시에 초월합니다. 오늘날 인류문명이 위협을 받고 있는 이유는 사람들이 영성적인 신비한 지혜를 등한시하고 오직 지식에만 중점을 둔 합리주의, 물질주의, 그리고 개인주의의 문화를 이루었기 때문입니다.

지식과 지혜를 서로 비교해 봅니다.

지식	지혜
보이는 것	안 보이는 것
이성	영성
구분되는 경험	초월적인 경험
인식의 영역	공의 영역
차안	피안
상대적	절대적
색신	법신

나아가서 신비의 지혜인 믿음과 지적인 지식인 이성이 어떻게 합당한 조화를 이루느냐가 영성생활의 좌표를 결정합니다. "지식이 힘이다."라는 말은 지식과 이성이 지혜와 믿음의 기초가 된다는 뜻입니다. 사람은 인식하는 동물이지만 영을 가지고 있기 때문입니다. 사실 이성은 믿음을 얻는 데 필요하고, 이성이

더 이상 힘을 쓸 수 없을 때에는 믿음이 등장합니다. 텅 빈 지식 위에 지혜가 설 수 없고 구멍난 이성에서 믿음이 생길 수 없습니다. 이성의 또 하나의 역할은 믿음을 향상시키거나 전환시키는데 결정적인 역할을 한다는 것입니다. 그러므로 올바른 믿음을 갖기 위해서는 이성이 먼저 길을 닦아야 합니다. 신학적인 지식이 믿음을 향상시켜 건전한 영성을 가꿀 수 있습니다.

아담과 하와는 에덴동산에 있는 선악과를 자유의지로 따 먹을 수 있었으나, 하느님은 그들이 에덴동산 가운데 있는 생명의 나무를 따 먹지 못하도록 그들을 낙원에서 추방했습니다. 선악과는 지식을, 생명의 나무는 지혜를 상징합니다. 생명의 나무, 생명, 산다는 것, 사람… 이러한 말들은 너무나 크고 넓고 높고 깊기 때문에 지식으로 정확히 표현할 수 없는 신비한 말들입니다. 그리고 아담과 하와가 에덴동산에서 추방을 당하지 않았더라면 우리들은 신비한 것이 없는 세상을 살 뻔했습니다. 아담과 하와가 생명의 나무를 그냥 두지 않았을 것입니다. 그런데 우리가 살고 있는 이 세상은 이미 생명의 나무가 없는 세상이 아닌가요? 우리가 그리스도의 죽음과 부활로 인하여 에덴동산에 다시 갈 수 있다는 것이 기쁜 소식입니다.

겸손(humility)

영성생활에서 가장 중요한 덕은 겸손입니다. 겸손은 하느님과의 관계에서 나를 정확히 아는 것(self knowledge)입니다. 겸손은 나의 생각과 나의 욕심, 즉 나의 자아(ego)를 순하게 만듭니다. 나의 자아(ego)는 하느님을 하느님으로 놓아두지 않고, 내가 하느님이 되려는 본성이 있습니다. 그리하여 겸손한 사람은 조금 알고 있는 것을 밖으로 나타내지 않고(sobriety), 다른 사람들의 입장을 고려하며 단순한(simplicity) 생활을 합니다. 기도를 통하여 하느님의 마음을 바꾸려는 것보다 나의 정체를, 본 모습(참나)을 알기 위해 잊어버리고 용서하고 자신을 그대로 받아들이고(letting go, forgive, self acceptance) 회개(repent)해야 합니다. 반성하고 회개할수록 내 영혼이 맑아져서 이미 내재하시는 하느님을 알아볼 수 있습니다.

우리가 지향하는 기도

지금까지 기도를 이해하기 위해 도움이 되는 여러 가지 개념들을 살펴보았습니다. 예수 그리스도께서 "너는 기도할 때 골방에 들어가 문을 닫은 다음 숨어계신 네 아버지께 기도하여라." (마태 6, 6)고 말씀하셨습니다. 특히 여기에서 '골방'은 마음속 깊은 곳, 즉 heart를 의미하고 '문을 닫는다.'는 말은 큰 침묵(inner silence)을 의미하고 있습니다. 기도는 혼자 조용한 곳에서 큰 침묵을 지킬 때 마음속 깊은 곳에서 우러나옵니다.

예수님은 자주 홀로 기도하셨습니다. 열두 제자를 뽑는 것 같은 중요한 경우에는 밤새 기도하셨습니다. 요한 세자의 제자들이 기도하는 모습을 지켜본 제자들의 부탁으로 '주님의 기도'를 가르쳐 주셨습니다. 예수님의 광야에서의 유혹은 기도의 본질이 무엇인지 또한 가슴속 깊은 곳에서 우러나오는 기도가 무엇인지 잘 알려주고 있습니다. 예수님은 훌륭한 관상가였습니다. 우리들은 예수님처럼 그렇게 깊고 깊은 기도, 사탄의 유혹을 받고도 흔들리지 않은 텅 빈 기도를 할 수 있을까요?

모든 기도는 하느님을 향하여 우리 마음을 비우는 것이며 원칙적으로 좋고 나쁜 기도가 있을 수 없습니다. 그러나 위와 같이 기도에 관한 여러 요소를 고려하면 오꾸무라 수사의 기도에 관한 여러 표현 중에 어떤 대상이 있기 때문에 주체-객체를 형성하는 기도는 기초적인 기도라 할 수 있습니다. 가슴으로 하지 않고 머리로 하기 때문입니다. 물론 그러한 기도도 무르익으면 하느님과 일치하는 가슴으로 하는 기도가 됩니다. 그러므로 아빌라의 성녀 데레사에게 하신 예수 그리스도의 말씀 "내 안에서 네 자신을 찾아라. 그리고 네 안에서 나를 찾아라."는 우리 모두가 지향하는 기도라고 할 수 있습니다. 우리는 그리스도와 하나가 되는 이러한 기도를 통하여 우리의 인식이 변화되어 그리스도께 가까이 갑니다.

우리가 침묵을 지킬 때 우리 안에 깊숙이 와 계신 그리스도가 침묵하고, 우리가 기도할 때 우리 안에 계신 그리스도가 기도하십니다. 우리들의 인간성과 신성이 예수님의 인간성과 신성에 이미 합일되어 있으므로 우리는 그리스도의 무한한 신비 안에 존재합니다. 예수님이 아빌라의 성녀 데레사에게 하신 이 말씀을 우리 모두 가슴 안에 깊이 새겨야 하겠습니다.

기도는 하느님에 대한 절대적인 믿음과 신뢰에 기반을 두고 있습니다. 우리가 몸과 마음을 다하여 기도하면 하느님은 우리의 기도를 항상 들어주십니다. 기도의 열매는 하느님께 감사하는 마음입니다. 기도를 통하여 나자렛 예수처럼 참 사람이 될 수 있기 때문입니다.

묵상할 성경

시편 8
시편 62

제4강
하느님과의 순례

그리스도께서는 우리를
영광과 능력을 가지고 부르신 분을
알게 해 주심으로써,
당신이 지니신 하느님의 권능으로
우리에게 생명과 신심에 필요한
모든 것을 내려 주셨습니다.

(2베드 1, 3-4)

하느님은 모든 사람을
그리스도 안에서
당신과 하나가 되도록 부르십니다.

(토마스 머튼)

제 4 강 하느님과의 순례

영성수련은 예수 그리스도를 통해 하느님을 향하는 내적 순례입니다. 순례의 지도자는 성령이십니다(Exx 15). 우리들 마음속 깊이 계신 성령께서 우리들의 상상을 통하여 그리스도가 누구인가를 보여주실 것입니다. 영성수련은 종교의 이름으로 무엇을 요구(demand)하거나 강요(impose)하지 않습니다.

순례 방법에 있어서 성경의 대표적인 아브라함의 순례는 모든 사람의 심금을 울려 줍니다(창세 12-25). 그리고 나자렛 예수의 갈릴래아에서부터 예루살렘까지의 여정도 우리들의 표본이 되는 훌륭한 순례입니다. 그러나 21세기를 살고 있는 우리들은 아브라함과 똑같은 순례를 할 수는 없습니다. 우리들의 형편과 처지에 맞는 순례를 하기 위해 하느님에 대한 인식이 어떻게 변해 왔나 살펴봅니다.

성경이 알려주는 우주관

성경의 제일 처음에는 우리가 잘 알고 있는 천지창조에 관한 이야기가 나옵니다(창세 1장).

하느님이 우주 만물과 인간을 창조했다는 사실은 기독교의 가장 기본이 되는 신앙입니다. 예수님의 탄생과 부활이 이 창조 신앙 위에 서 있습니다.

성경에 나오는 일곱 번째 날은 하느님을 공경하는 도리가 사람으로서 해야 할 가장 중요한 의무임을 강조하는 뜻이 있습니다. 그러나 여기에 묘사되는 하느님은 세상 밖에 있는 아마도 하얀 수염을 가진 할아버지인 것 같고, 원격조종(remote control)으로 세상을 창조하신 듯한 인상을 느낍니다. 더구나 하느님의 창조사업이 일곱 번째 날에 중단되는 이유는 하느님이 좀 쉬신다는 인상을 감출 수 없습니다. 그래서 사람은 진흙이고 하느님은 사람을 빚으신 분이라고 자연스럽게 표현합니다(이사 64, 8).

세상을 하느님이 창조하셨다는 말은 시간적인 개념으로 맨 처음에 하느님이 세상을 창조하셨다기보다, 세상이 창조될 때 하느님이 계셨다는 뜻이고 또한 세상의 모든 만물이 하느님께 의존한다는 뜻입니다.[19]

시간은 사람이 만든 개념입니다. 하느님은 시간을 초월하신 분입니다. "하느님께는 하루가 천 년 같다."(2베드 3, 8) 합니다. 따라서 하느님의 창조사업은 시간적으로 어느 한 순간에 일어난 사건이 아니라 항상 계속되고 있습니다. 성경에 쓰여 있는 "누구든지 그리스도 안에 있으면 그는 새로운 피조물입니다."(2코린 5, 17)는 말은 하느님의 창조사업은 어느 순간에도 계속되고 있다는 뜻입니다.

창세기에 나오는 이와 같은 우주관은 몇천 년 동안 계속되어 사도 바오로의 편지에 나오는 대로 "하늘과 땅 위와 땅 아래"라는 3층으로 된 우주관을(필리 2, 5-11) 형성하였습니다. 그래서 16세기에 와서도 갈릴레오 갈릴레이의 지구가 태양을 돌고 있다는 사실을 받아들이기 어려웠습니다. 우리들은 21세기를 살고 있지만 아직까지도 천당과 지옥을 어떠한 장소로 알고 있는 우주관을 소중하게 간직하고 있지 않는지요?

(참고로, 믿음의 선조인 아브라함에서 시작된 여러 종교들 사이에 하느님에 대한 관념이 가지각색입니다. 이슬람교인들은 하느님은 상이 없다 하여 다른 사람의 불상을 견디지 못하여 폭파시키고, 상당한 부를 쌓은 유다교인들은 아직도 메시아를 기다리고 있으며, 동방정교와 서방교회는 성령에 관한 이론으로 갈

라진 후 지금도 삼위일체 교리에 의견을 달리하고 있습니다. 그리고 우리는 개신교 형제자매들과 '하느님'과 '하나님'을 두고 서로 옳다고 주장을 하고 있습니다. 하느님이 보시기에 구경거리가 만만치 않습니다).

21세기의 우주관

21세기의 우주는 다음과 같습니다. 우주는 백사십억 년 전에 생겨났고 태양과 지구는 오십억 년 전에, 지구에 있는 생명은 사십억 년 전에 생겼다 합니다. 너무 큰 숫자들이어서 감을 잡기 어려우니 일 년의 시간으로 따져 봅니다. 정월 초하루가 시작할 때에 빅뱅(the Big Bang)이 시작되었다면 태양과 지구는 9월 9일에 생겼고, 생명은 9월 25일에 그리고 사람은 12월 31일 오후 10시 반에 생겨났습니다. 사람은 겨우 1시간 30분 전에 생겨났습니다. 더구나 우주에는 은하계와 같은 갤럭시들이 수백만 개가 있다 하고, 은하계에는 수백만 개의 태양이 있다고 합니다. 더 놀라운 것은 이 우주는 빛의 속도로 지금도 계속 팽창하고 있다 합니다.[20]

우리들이 이와 같은 과학적인 사실을 받아들이지 못한다 해도 해는 동쪽에서 뜨고 서쪽으로 지는 사실이 변함이 없습니다만, 적어도 우리들이 가지고 있는 하느님에 대한 관념에는 변화를 가져와야 한다고 생각합니다.

하느님

하느님은 우주 밖에서 홀로 존재하시는 어떤 대상(object)이 아닙니다. 하느님은 하늘 멀리 구름 뒤에서 우리의 죄를 살피시는 산타클로스 같이 생긴 할아버지가 아닙니다.

- 하느님은 세상 모든 존재의 바탕(the Ground of Being)입니다.
- 하느님은 모든 존재의 원인이 되는 순수한 힘입니다.
- 하느님은 모든 존재를 연결시키는 인연입니다.
- 하느님은 모든 존재에 내재하는 원칙입니다.
- 하느님은 모든 생명의 에너지입니다.
- 하느님은 침묵입니다.
- 하느님은 영입니다.
- 하느님은 사랑입니다.
- 하느님은 사랑의 원천입니다.
- 하느님은 모든 만물의 성스러운 신비입니다.
- 하느님은 궁극적인 실제(the Ultimate Reality)입니다.
- 하느님은 궁극적인 우리의 관심(the Ultimate Concern)입니다.

하느님은 우리의 지식과 지혜와 자유의 궁극적인 한계(the Horizon)입니다. 그래서 무지개 잡으려듯 하느님을 찾으러 뛰어가면 하느님은 항상 지평선 너머 멀리 있기만 합니다. 성경에 "아무도 하느님을 보지 못 하였다"(요한 1, 18). 그리고 "사랑하는 사람은 하느님을 압니다."(1요한 4, 7)라는 말들은 하느님이 누구인지 아무도 알 수 없으나 이웃을 사랑하면 하느님의 존재를 마음으로 느낄 수 있다는 말입니다.

하느님은 숨 쉬는 공기와 같고 물고기가 헤엄치는 물과 같습니다. 하느님은 우리에게서 멀리 떨어져 홀로 계시지 않습니다. 그리고 "우리는 하느님 안에서 살고 움직이며 존재합니다"(사도 17, 28). 하느님은 우리가 죄를 짓나 안 짓나 멀리서 감시하는 하얀 수염을 가진 할아버지가 절대 아닙니다. 성경에서 하느님이 말하고 행동하지만 하느님은 사람이 아닙니다. "하느님은 인격적(personal)이다."는 말은 하느님이 사람 같다는 말이 아니라 우리가 하느님과 인격적인 관계를 형성한다는 말입니다. 하느님은 어느 순간에 발견하거나(find) 만날(encounter) 수 없고 일생 동안 찾아야(search for) 합니다. 이렇게 하느님에 대하여 계속해서 말씀드리는 이유는, 우리가 가지고 있는 하느님에 대한 이미지가 우리가 가지고 있는 예수님의 이미지를 형성하고, 우리가 가지고 있는 예수님에 대한 이미지는 우리가 가지고 있는 믿음과 영성생활을 형성하기 때문입니다.

하느님은 자연의 법칙을 마음대로 바꾸지 않습니다. 그렇기 때문에 한국의 홍수와 장마, 일본의 지진, 인도네시아의 쓰나미, 허리케인 카타리나, 오클라호마의 토네이도 그리고 캘리포니아의 산불과 진흙 사태와 같은 재난들을 하느님 탓으로 미루어 버릴 수 없습니다. 더구나 우리 자신을 돌아다보면 집안의 초상, 자식의 불운, 배우자와의 불화, 사업의 실패, 심지어 교통사고까지 하느님 탓으로 미루어 버립니다. 이러한 생각들은 책임을 회피하려는 자기 욕심의 표현이며 우리 자신을 우리 스스로가 구원하려는 이기심입니다. 오직 하느님만이 우리들을 구원한다는 사실, 그리고 하느님의 은혜가 우리를 변화시키기 전에 우리들이 스스로 비어 있어야 함을 잊어서는 안 됩니다. 성 아우구스티노가 말한 대로, 하느님은 우리 없이 우리를 창조하셨으나 우리 없이 우리를 구원하실 수 없습니다.

우리들이 하느님을 만나기 위해 야곱처럼 구름 다리를 타고 하늘로 올라가면 그 하느님은 우리 안에 이미 현존하심을 알게 됩니다. "진정 주님은 이곳에 계시는 데도 나는 그것을 모르고 있었구나!"(창세 28, 16)라고 야곱은 외칩니다. 아우구스티노 성인도 고백록에서 말합니다. "늦게서야 나는 주님을 찾을 수 있었습니다. 주님은 나와 같이 계셨으나 나는 나의 밖에서 주님을 찾고 있었습니다… 주님은 나와 같이 계셨지만 나는 주님과 함께 있지 못했습니다."[21]

하느님은 이미 우리와 함께 '지금 여기'에 계십니다. 소화 데레사 성녀는 우리들에게 경고합니다. 우리는 하느님을 찾아 높은 산으로 올라가지만 하느님은 다시 내려가라고 하십니다. 하느님은 평평한 겸손의 골짜기(the valley of humility)에서 우리를 기다리고 계십니다.

우리 안에 계시는 하느님

하느님이 우리 안에 계신다는 말은 우리가 생각하고 느끼고 행동하는 모든 것들의 근본(origin)과 원천(source)이 하느님이라는 뜻입니다. 하느님이 우리 안에 계신다는 말은, 우리를 통하여 하느님이 역사하신다는 뜻입니다. 하느님이 우리 안에 계신다는 말은, 우리들이 어둠에 싸여 있을 때 하느님이 멀리 계시지 않고 우리와 함께 계신다는 말입니다. 마치 어느 캄캄한 오후 먹구름이 거두어지기 전에도 태양은 항상 존재하고 있었던 것과도 같은 뜻입니다. 하느님이 우리 안에 계신다는 말은, 우리들이 하느님의 이미지로 창조되었고 그리스도로 인하여 구원되었으며 우리 안에 계신 성령의 도움으로 하느님 아버지의 뜻을 실행하기 위해 이웃을 사랑하며 살아가고 있는 존귀하고 성스러운 가톨릭 신자라는 말입니다. 하느님이 우리 안에 계시기 때문에 우리가 알고 느끼고 사랑하고 움직이는 모든 것들이 하느님의 신비와 연결되어 있습니다. 우리는 홀로 있을 수 없고 항상 하느님과 같이 있어야 합니다. 하느님은 우리 존재의 모든 것이기 때문입니다.

아우구스티노 성인은 자기 안에 있는 하느님을 알아보지 못하고 자기 밖에서 찾으려 했습니다. 끝내는 마음속 깊은 곳에 있는 찬란한 빛을 보았고, 그 빛은 내적인 모든 것을 주관하는 그리스도임을 고백합니다.

> 나는 깊은 마음속으로 들어가…내 영혼의 눈으로 변하지 않는 빛을 보았는데…그 빛은 너무나 찬란하여 마치 온 우주를 밝히는 듯했다(부록 6).

아우구스티노 성인의 이 말은 어느 선사가 깨우침 후에 부른 노래의 한 구절 같습니다.

십자가의 성 요한은 하느님의 내재하심을 다음과 같이 표현합니다.

> 하느님은 모든 영혼 안에 존재하심으로써 그 영혼을 살게 하신다. 이 사실은 세상에 가장 흉측한 죄인에게도 당연한 것이다. 하느님은 사랑 안에 더 진보한 영혼, 즉 하느님의 뜻에 더 합당한 영혼에게 더 소통하신다(부록 7).

칼 라너는 하느님(혹은 하느님의 은혜)은 하느님의 '자신의 통화(self-communication)'라고 표현하면서 하느님의 내재하심을 다음과 같이 설명합니다.

> '자신의 통화'라는 말은 하느님 자신이 사람의 깊디깊은 마음 속에 존재한다는 사실이 하느님의 가장 정확한 실상(reality)임을 뜻한다(부록 8).[22]

칼 라너의 말을 쉽게 번역하면 "하느님의 '스스로 통화'하심은 하느님이 우리 안에 계심을 말해 준다."라고 하겠습니다. 하느님이 우리 안에 존재하여 우리와 스스로 통화하고 계시는 것은 모든 사람 속에 무엇이라 이름 지을 수 없고 모호하고 아마도 심리적으로 눌려 있는(repressed) 그 무엇이 항상 하느님을 향해 존재하고 있기 때문입니다. 즉 하느님이 우리 안에 계시기 때문에 우리들은 시간의 구속을 받으나 영원한 것을 찾고, 장소에 제한을 받으나 끝없는 것을 느끼고, 인식에 한계가 있으나 무한한 영성적인 신비를 추구한다는 뜻입니다. 우리는 이렇게 성스럽고 신비스러운 존재입니다.

하느님이 우리 안에 계시는 사실을 토마스 머튼의 말을 빌려 표현합니다.

> 내 안에 계시는 그리스도는 나이고 동시에 그분이시다. 나는 한 사람이지만 그리스도는 내가 그분의 죽음과 부활에 참여할 때, 세례성사를 받을 때, 그리고 교회의 행사에 참여할 때마다 신비하게도 내 안에 성사적으로 머물러 계신다. 그리스도는 신자들에게 성령을 줌으로써 그들과 하나임을 보여준다. 그리스도가 내 안에 살아계시기 때문에 나를 온전히 알기 위해서는 그리스도를 알아야 한다. 그리스도를 알기 위해서는 그리스도가 아버지의 이미지이기 때문에 아버지를 알아야 한다(부록 9, pp. 168-170, NM).

우리가 찾고 있는 그리스도는 우리 안에, 깊은 우리 속에, 아니 깊은 우리 속 그 자체이지만 우리들을 엄청나게 초월한다. 우리는 그분 안에서 찾아져야 한다. 그리고 그분 이외 그분에 대한 어떠한 이미지로부터도 자유스러워져야 한다. 아시다시피 그것이 크리스천이티의 문제점이다. 사람들은 완전히 자유스러운 그리스도보다 자기들이 만들어낸 그리고 자기들이 스스로 밀어붙인(projected) 이미지나 아이디어들로 하느님의 자유를 가로막고 있기 때문이다. 우리는 그분을 따르고 찾고… 그러는 중에 그분이 사라져 버려도 우리는 그분이 없는 여정을 계속해야 한다. 왜냐하면 그분은 우리보다 우리에게 더 가깝게, 아니 그분 자신이 우리이기 때문이다(부록 10, p. 564, HGL).

하느님이 우리 안에 계신다는 말은 존재학적인 면에서보다 영성적인 면에서 당연한 필요성입니다. 하느님은 사람 없이 존재할 수 없고, 사람은 하느님 없이 성스러울 수 없습니다(6강). 우리가 이 사실을 절실히 느끼지 못하는 이유는 하느님이 우리와 분리된 기도에 오랫동안 습관되어 있기 때문입니다.

하느님이 우리와 함께, 우리 안에 계신다고 계속 말씀드리는 이유는, 나자렛 예수가 바로 그렇게 가르쳤다고 성경은 지적하고 있고 또한 성경을 썼던 많은 저자들이 그렇게 절실히 느끼고 알고 있었기 때문입니다. 성경에는 그리스도 혹은 성령께서 우리 안에 존재한다는 구절들이 수없이 많습니다(에페 3, 16-17; 로마 8, 9-10; 갈라 2, 20: 4, 6; 콜로 1, 27; 요한 14,17; 1요한 4, 13; 1코린 3, 16; 1티모 1, 14; 2티모 1, 14).

그리스도가 내재한다는 사실은 위와 같이 성경구절뿐만 아니라 교회의 많은 신학자와 영성가들이 지적하였습니다. 다시 정리하면, 우리 안에 계신 그리스도는:

- 세상 창조 때부터 계셨고(요한 1, 1-2),
- 나자렛 예수에게 나타나셨으며(콜로 1, 15-18; 에페 1, 4),
- 처음이며 마지막이시고(묵시 1, 8),
- 어제도 오늘도 또 영원히 계시며(히브 13, 8),
- 이 세상의 모든 것이며 모든 것 안에 계십니다(콜로 3, 11; 1코린 15, 28).

그리스도가 내재한다는 사실은 나자렛 예수가 그리스도여서 온 세상을 구원하셨다는 믿음에서 비롯되었으며 또한 그리스도로 인하여 온 인류가 똑같이 '하나'라는 요한 서가와 사도 바오로의 신학이 증명하고 있습니다. "유다인도 그리스인도 없고, 종도 자유인도 없으며, 남자도 여자도 없습니다."(갈라 3, 28)라는 고백은 그리스도의 부활로 인하여 종족이나 직분이나 성에 상관없이 그리스도 안에 모든 사람들이 하나라는 말입니다. 즉 모든 사람 안에 똑같은 그리스도가 내재하고 계심을 말하고 있습니다. 따라서 사람은 모두가 존귀하고 성스럽습니다.

수운 최재우 선생의 중요한 사상인 시천주(侍天主)라는 말은 "우리 마음속에 천주를 모신다."는 뜻이고 라너와 머튼과 크게 다를 것이 없습니다.

우리들은 서양의 초월적(transcendental)인 먼 구름 뒤 '하늘에 계신 하느님'에 익숙해 있기 때문에 하느님을 멀리 두고 습관적으로 위로부터 내려오는 하느님의 은혜를 받으려 합니다. 그러나 동양적인 내재한(immanent) 하느님에 중점을 두면 '우리는 누구인가? 우리는 무엇을 하고 있는가?'를 생각하게 합니다. 우리는 살아가면서 이러한 실존적인 질문들을 외면할 수 없습니다. 다시 말씀드리면, 밖에서 오는 신비스럽고 절대 알 수 없는 하느님의 은혜에만 의지하지 않고 자신을 솔직히 바라보고 힘들고 어려운 조건에 도전하여 내적인 나(interiority)를 향상시켜야 합니다. 나 홀로 하는 것이 아니라 이웃사람들과 슬픔과 기쁨 그리고 어려움과 즐거움을 함께 나누면서 말입니다. 우리 안에 계신 하느님을 만날 수 없으면, 즉 우리 마음 안에서 하느님을 만날 수 없으면 우리 밖에서, 우리 이웃에서 하느님을 만날 수 없습니다. 우리 자신을 알게 되면 하느님을 알게 되고, 하느님을 알게 되면 자동적으로 우리 자신과 이웃을 더 잘 알게 됩니다.

하느님의 은혜는 미사와 교회의 모든 전례를 통하여 참가자들에게 주어집니다. 또한 하느님의 은혜는 아베 마리아, 파니스 안

젤리쿠스, 아니면 다른 성스러운 음악을 감상할 때에도 주어집니다. 하느님의 은혜는 교회의 특정한 전례를 통하여 참가한 사람들에게만 주어지지 않고 모든 사람들에게 골고루 그리고 항상 주어집니다. 하느님의 은혜는 밖에서부터 기인하여 우리의 삶과 경험에 더해지지 않고 "마치 태양에서 광선이 내려오고 샘에서 물이 나오듯이"(Exx 237) 언제 어디서나 우리의 삶 안에서 넘쳐 흐르고 있습니다. 그러므로 칼 라너는 그리스도인은 신비의 영성가가 되어야 한다고 합니다. 매일매일 평범한 생활 안에서 우리 안에 이미 와 계신 하느님을 누구나 만날 수 있기 때문에 우리는 스스로 신비의 영성가가 될 수 있습니다.

하느님이 우리 안에 계신다는 사실(the divine indwelling)은 어느 곳에나 계시는 하느님은 분명히 우리 안에 계실 뿐만 아니라 하느님의 신비와 사람의 신비가 하나가 되어 있기 때문에 많은 영성적인 장점을 가지고 있습니다.

- 그리스도는 우리를 항상 포함하고 동시에 초월하여 계십니다. 그리스도는 우리 인식의 주인이 되어 외향적인 주체-객체 인식이 아닌 '하나의 전체'를 형성합니다.
- 그리스도가 내 안에 계시기 때문에 참된 나는 내 안에 계신 그리스도와 융합된 나를 말합니다. 그래서 멀리 떨어져 있는 그리스도와 대화(communication)하기보다, 내 안에 이미 와 계신 그리스도를 만나면(communion) 자동적으로 나를 비우고 참 나를 찾게 됩니다.
- 우리는 밖에서 오는(extrinsic) 초자연적 은혜(supernatural grace)에만 의지하지 않고 직접 하느님을 만나(the immediacy of God) 하느님의 창조사업에 참여할 수 있습니다.
- 우리의 구원은 이미 와 계신 그리스도를 성령의 힘으로 일깨워 (awaken, actualize) 우리 안에서(intrinsic) 일어납니다. 우리는 하느님의 구원사업의 도구가 될 수 있습니다.

- 우리는 생각과 말과 행동을 주관하고 책임지는 도덕적이고 영성적인 주체(agents)인 사실을 깨닫게 합니다.
- 우리 안에 계신 그리스도의 영, 즉 성령을 일깨워서 각자의 처지에 있는 하느님을 만나 하느님의 본성에 참여할 수 있습니다(2베드 1, 4).
- 우리 안에 그리스도가 계심을 알게 되면, 우리 이웃 안에도 똑같은 그리스도가 계심을 알게 됩니다(마태 25, 40). 그래서 일상생활에서 하느님의 존재를 느끼며 자동적으로 이웃을 사랑하는 영성을 개발합니다.
- 우리 안에 그리스도가 계시면 그리스도가 인식의 주인이 되어 우리는 자유스럽고 영원한 생명(요한 12, 50: 17, 2)을 얻을 수 있습니다. 그래서 우리는 고귀하고 신성한 존재입니다.

윤리적인 면에서 중요한 점을 살펴보겠습니다. 하느님이 멀리 있는 경우에는 가까이 갈 수 없는 하느님을 향하여 자기 스스로의 개발과 자기 발전에 필요한 개인 의견과 주장이 절대적인 가치를 가지고 있습니다. 그래서 개인주의가 범람하는 사회를 만들어 많은 다양한 진리를 주장하며 각각 자기 이익을 추구하고 경쟁하며 살아갑니다. 반면에 하느님이 우리 안에 계시는 경우에는 한 분이신 하느님을 모든 사람들이 만날 수 있기 때문에 모든 사람이 서로 존경하고 마음속에 있는 귀중하고 공통된 거룩함을 추구하며 살아갑니다. 하나이고 보편성이 있는 진리 앞에 모두가 연관되어 있음을 자각하며 서로 다르지만 근본적인 공통성을 인식하여 하느님을 찾으려 합니다. 끝으로, 하느님의 내재함을 받아들이는 것은 불자들이 불성을 찾는 것과 같아서 종교 간의 대화를 순탄하게 해 줍니다.

불가에 지월(指月)이라는 말이 있습니다. 스님이 달을 가리키고 있으면, 스님의 손가락을 보지 말고 달을 보라는 말입니다.

달은 진리, 즉 하느님입니다. 하느님을 가리키는 매개체인 손가락에 의존하지 않고 하느님을 바로 만나라는 뜻입니다. 우리는 사회적으로 연관을 맺으며 살아갑니다. 집안이 있고 도덕이 있고 교회가 있고 교리가 있기 때문에 이러한 전통의 울타리 안에서 조화를 이루고 살아갈 의무가 있습니다. 그러나 이러한 도덕, 의무, 법, 예식들은 진리이신 하느님과 비교하면 달을 가리키는 스님의 손가락에 비교할 수 있습니다. 성경도 달 자체가 아니고 달을 가리키는 스님의 손가락입니다. 교회도 스님의 손가락입니다. 나자렛 예수도 하느님 아버지를 가리키는 손가락입니다. 우리들은 스님의 손가락을 쳐다보지 말고 달, 즉 하느님을 쳐다보아야 합니다. 우리 안에 계신 하느님을 만나야 합니다.

하느님이 내재하신다는 말은 하느님의 역사하심이 마음 안에서 일어난다는 뜻입니다. 사람은 땅을 걸으며 살고 있지만 사람의 영(영혼)은 항상 하늘을 향해 있습니다(spirit in the world). 그래서 사람은 어느 것에도 만족하지 않고 항상 더 높은, 더 많은, 더 아름다운, 더 오래가는, 더 성스러운 그 무엇을 향해 있습니다. 하느님은 이러한 자기를 건너뛰고 초월하는(transcend) 본성을 가지고 있는 사람의 영혼을 당신의 은혜로서 보살펴야 합니다. 하느님은 스스로 당신을 항상 거저 주시는 사랑이기 때문입니다. 항상 밖으로 향해 있는(extrinsic) 사람의 꿈과 욕심을 다루기 위해서는 우리가 기도를 통하여 열심히 마음을 닦으면 (intrinsic) 우리 안에 와 계신 그리스도를 깨우쳐 우리 인식의 주인이 되게 할 수 있습니다.

하느님은 우리 마음을 초조하고 텅 비게 하시어 항상 채워주십니다. "하느님은 사랑이다."는 말은 하느님은 사랑을 하지 않고는 견딜 수 없다는 말입니다. 우리 안에 이미 와 계시는 하느님의 사랑을 느끼고 하느님을 만나며 하느님의 삶을 살아갈 수 있다는 말입니다. 우리가 이렇게 하느님을 생각하는 이유는 바로 하느님이 우리 안에 계시기 때문입니다. 이것이 바로 우리들이 성스럽게 되고 구원되어 그리스도 안에 머물고 끝내는 사도 바오로처럼, "이제는 내가 사는 것이 아니라, 그리스도께서 내 안에 사시는 것입니다."(갈라 2, 20)라고 신앙고백을 할 수 있습니다. 사도 바오로의 신학 전체를 한 마디로 표현하면 우리 안에 계신 "그리스도 안에 머문다(Being in Christ)."입니다.

이냐시오 영신수련에는 "하느님이 우리를 위해 힘써 일하신다(labor)."는 말이 자주 나옵니다(Exx 236). 우리는 하느님을 닮아 태어났고, 더 닮아갈 수 있도록 항상 도와주시며, 하느님과 함께 이 세상을 살아가도록 은혜를 베풀어 주십니다. 마지막 날에는 하느님께서 우리의 모든 것을 거두어들일 것입니다.

그리스도 공동체 안에서 여러 가지 전례들, 특히 미사를 통하여 찬양하고 기도하며(liturgical prayers) 그리스도의 몸과 피를 받아 모심은 훌륭한 하느님과의 만남입니다. 그러나 이러한 하느님과의 만남은 오직 하느님과 홀로 있을 수 있는 내적 경험에 근거한 개인적인 영성에서 시작됩니다. 개개인의 영성이 건전하면 우리는 더욱더 성숙한 공동체의 기도를 할 수 있습니다. 반대로 공동체의 기도가 성스럽지 않으면 개인적인 기도는 살아 있는 기도가 되기 어렵습니다.

묵상할 성경
요한 1, 35-39; 첫 제자들
마르 4, 1-20; 씨 뿌리는 사람의 비유

제5강
하느님의 사랑(원리와 기초)

필요한 것은 한 가지뿐이다.
(루카 11, 42)

우리가 서로 사랑하면,
하느님께서 우리 안에 머무르시고
그분 사랑이 우리에게서 완성됩니다.
(1요한 4, 12)

제 5 강 하느님의 사랑(원리와 기초)

하느님은 초월적이어서 구름 밖에 있는 어느 객체인 양 기도의 대상이 되며 동시에 내재적이라 우리와 같이 계십니다. 놀위치의 쥴리안(Julian of Norwich) 성녀는 "사람은 하느님에 의해(by God) 그리고 하느님의 성품으로(of God) 창조되었다."고 합니다. 성 아타나시오는(St. Athanasius) "하느님의 아들이 사람이 된 것은 사람이 하느님이 될 수 있기 위함"이라 합니다(15강).

이와 같이 사람과 하느님을 계속 연결시키는 이유는 사람의 고귀함과 신성함을 강조하기 위해서입니다. 창세기부터 시작하여 묵시록까지 성경의 전체 특히 예수님의 탄생, 죽음, 부활에 관한 모든 기록들은 사람의 고귀하고 신성한 가치를 알리기 위해서입니다. 따라서 그리스도 안에서 이 세상 모든 것이 우리에게 주어져 있기 때문에 우리가 할 수 있는 것은 다만 우리들이 이미 가지고 있는 것을 확인하는 것입니다. 그것은 바로 그리스도가 우리 안에 이미 와 계신다는 사실입니다. 그리고 이 세상이 끝나는 날에는 우리 모두가 하느님과 영원히 함께 있도록 불림을 받았습니다. 하느님은 인간의 모든 것을 그리스도 안에서 하느님의 것으로 만드셨기 때문입니다. 하느님은 사람을 위해 존재하십니다(God is for Us).[23]

인간의 고귀함과 신성함은 하느님의 사랑과 직접 관계가 있습니다. 창조주 하느님이 사랑이시기에 우리는 서로 사랑하고 또 사랑받고 싶어 합니다. 우리끼리의 사랑은 항상 조건이 있는 사랑입니다. 반면에 하느님의 사랑은 조건이 없는 사랑입니다. 창조주 하느님이 조건 없는 사랑이시기에 사람을 고귀하고 신성하게 만들었습니다. 영성수련에서 나자렛 예수의 인간성을 중요시하는 이유는 나자렛 예수의 인간성을 통해 그리스도의 신성, 즉 하느님의 사랑을 느낄 수 있기 때문입니다. 그리하여 우리 그리스도의 제자들은 하느님의 삶을 살 수 있습니다.

하느님은 사랑입니다. 사랑은 모든 덕의 근본이며(the mother virtue), 모든 덕은 사랑을 통하여 완성됩니다. 예를 들면, 인내라는 덕은 사랑이 없으면 인내가 아닙니다. 그러나 사랑이라는 말은 너무 시장화하여 상품처럼 흔해져 있습니다. 사랑의 본래의 뜻은 '남을 나와 같이 여긴다.' '나와 남이 하나가 되는 상황'을 의미합니다. 사랑의 반대는 미움이 아니라 두려움(fear)이고, 두려움은 개인의 이익이 위협을 느낄 때 생기는 본능입니다.

하느님은 우리 안에 계십니다. 우리가 사랑할 때는 우리 안에 계신 하느님이 일을 하십니다. 우리가 어떤 사람을 사랑할 때 우리 안에 계신 하느님이 그 사랑을 생성하실 뿐만 아니라 우리를 통하여 하느님이 그 사람을 사랑합니다. 다시 말해서, 우리가 누구를 사랑하면 우리 안에서 생성된 하느님 사랑과 우주 안에서 생성된 하느님의 사랑이 결합됩니다. 그래서 그 사랑은 그 사람과 우리가 우주 안에서 하느님과 하나가 되는 새로운 사랑입니다. 그러므로 우리가 누구를 사랑하면 우리는 완전한 사람이 되기 시작합니다. 이것은 굉장히 숭고하고 신성한 것입니다. 우리 안에 계신 하느님이 하시는 일이기 때문입니다.

하느님의 사랑이 예수 그리스도 안에 육화(enfleshment)되고 구체화(embodiment)되었습니다. 예레미야에게 하신 하느님 말씀 "나는 너를 영원한 사랑으로 사랑하였다."(예레 31, 3)가 예수 그리스도 안에 실현되었습니다. 예수 그리스도는 니코데모에게 "하느님께서는 세상을 너무 사랑하신 나머지 외아들을 내 주셨다."(요한 3, 16)라고 말씀하셨습니다. 요한사도가 복음을 쓸 때는 여러 공관복음서를 알고 있었는데, 예수님의 말씀과 행동을 통한 하느님의 구원사업을 결론지으면서 "하느님은 사랑이시다."(1요한 4, 8. 16)고 간단히 표현했습니다. 우리들은 하느님이 사랑이심을 확실히 받아들이는 것이 매우 중요합니다.

하느님의 입장에서 보면 우리 모두는 하느님이 끝없이, 조건 없이 사랑하시는 고귀하고 성스러운 존재입니다. 우리는 결함이 있고 죄지을 가능성이 항상 있을지라도 하느님은 우리 모두를 무조건 껴안으시고 사랑합니다. 지금 우리는 희미하게 알고 있으나 하느님의 사랑을 더 깊이 느낄 수 있게 되면 우리가 고귀하고 성스러운 존재임을 확실히 알게 될 것입니다. 그래서 우리가 하느님을 향해 가고 있는 영성수련은 찬란하고 복된 길입니다. 하느님은 우리를 끝없이 사랑하시기 때문입니다.

"하느님은 사랑이시다."라는 말은 무슨 표어나 계명이 아닙니다. 우리 하나하나가 하느님의 딸이고 아들이라는 말과 같기 때문에 마음 깊은 곳에서 받아들여야 합니다. 우리가 '하느님의 눈 알(apple of God's eye)'이라는 말은 우리 각자가 하느님의 눈에 새겨져 있다는 말입니다. 우리들이 참으로 겸손해지고 자신감을 되찾을 것입니다.

하느님이 사랑이시라는 말은 우리들의 원초적인 영혼의 바탕에서 우러나와야 하기 때문에 이 말을 받아들이는 데는 시간이 걸립니다. 특히 과거에 사랑을 받아보지 못하고 어렵게 사셨던 분들과 한이 많은 분들에게는 더욱 그렇습니다. 하느님에 대한 상(image)이 왜곡되어 있어 자존심을 되찾기에 긴 시간이 걸릴지도 모릅니다. 용서하고(forgive) 잊어버리고(let go) 또 용서하고 잊어버리는 가운데 있는 그대로 자신을 받아들이면(self acceptance) 끝내는 하느님의 사랑을 느낄수 있습니다. 마음속 깊이 자신을 용서하기에는 오랜 시간이 걸립니다.

하느님의 사랑을 알고 느끼고 나면 영성수련은 하느님의 사랑에 기반을 두고 있음을 잘 알 수 있습니다. 우리가 이웃을 사랑하는 것은 하느님이 이미 우리를 사랑하셨기 때문입니다. 그래서 하느님의 사랑을 받아들이지 못하면 자신의 가치를 인정하지 못하기 때문에 영성수련이 어려워집니다. 우선은 성경을 읽고 꾸준히 기도하면 하느님의 사랑을 점점 깊이 알게 됩니다.

사랑이신 하느님이 우리 안에 계셔서 우리가 소중하고 신성하다는 것을 받아들이면 영성수련에 크나큰 발전을 가져옵니다. 더불어 이웃을 바라보는 눈이 새로워지고 이 세상에서 하느님이 어떻게 현존하시나를 쉽게 느낄 수 있을 것입니다. 예수 그리스도가 하느님의 아들이며 가톨릭 교회가 예수님이 세우신 교회라는 것은 우리들이 머리로 충분히 되새긴 교리입니다. 교리는 '예수는 누구인가?'를 지식으로 알려 주지만, 영성은 '예수님의 삶을 어떻게 사나? 예수님을 어떻게 닮아가나?'에 관한 지혜입니다. 하느님이 우리 안에 계심을 가슴으로 받아들일 수 있으면 우리의 인식(consciousness) 구조는 달라질 것입니다.

이냐시오 영신수련의 원리와 기초

이냐시오 영신수련의 목표는 사랑을 얻는 것입니다. 영신수련의 원리와 기초는 도덕성을 강조한 신앙생활의 지침서나 교회에서 요구하는 교리가 아니고, 하느님 아버지께서 예레미야 예언자에게 하신 하느님의 사랑을 달리 표현한 것입니다. "네가 어머니의 뱃속에 생기기 전에 나는 너를 알고 있었고, 네가 태어나기 전에 너를 성화시켰다"(예레 1, 5). 그리고 "나는 너를 영원한 사랑으로 사랑하였다."(예레 31, 3)는 성경 말씀입니다. 한 마디로 요약하면, 하느님이 사람을 사랑하여 당신께 가까이 갈 수 있도록 창조하셨으니 하느님의 삶을 사는 것이 인생의 목적이라는 뜻입니다. 이나시오 영신수련의 원리와 기초는 도덕적으로 혹은 종교적으로 깊이 생각하기보다 주님의 현존을 느끼며 가볍게 묵상합니다.

> 사람은 우리 주 천주를 찬미하고 공경하고 그분께 봉사하며 또 그렇게 함으로써 자신의 영혼을 구하기 위하여 조성된 것이다. 그 외에 땅 위에 있는 모든 것들은 다 사람을 위하여, 즉 사람이 조성된 목적을 달성하는 데 도움이 되기 위하여 창조된 것이다. 따라서 사람은 사물이 이러한 목적을 달성하는 데 도움이 되면 그만큼 그것을 이용할 것이고 또 방해가 되면 그만큼 배척해야 한다. 그러므로 우리는 만물에 대해서 만일 그것이 우리 자유에 맡겨졌고 금지되지 않았으면 중용을 지녀야 할 것이니, 즉 우리는 질병보다 건강을, 빈곤보다 부귀를, 업신여김보다 명예를, 단명보다 장수함을 원하지 않을 것이요 따라서 모든 다른 것에서도 우리는 오로지 우리 자신을 최고 목적으로 더욱더 인도하는 사물만을 원하고 선택해야 한다(Exx 23).

여기에서 중용을 지킨다는 말은 '상관이 없다'는 말과 뜻이 다릅니다. Camellite의 'detachment(초연)'와 비슷한 말인데, 중용을 지킨다는 말은 어느 것에 집착하지 않는 불편심을 말하고 그래서 영성적으로 자유스러워진다는 말입니다.

우리는 자유스럽지 못하여 질병보다 건강을, 가난보다 부귀를, 그리고 슬픔보다 기쁨을 추구합니다. 그런데 사실은 슬픔과 기쁨은 서로 떨어져 있는 별개의(separate) 것이 아니라 겉으로 다르게 보일지라도(distinctive) 하나라는 사실입니다. 슬픔과 기쁨이 같은 한 실재를 형성하지 별도로 존재하지는 않습니다. 사람들이 삶을 어렵게 사는 이유는, 원래 서로 떨어질 수 없는 것을 별개로 보고 자기 욕심에 끌려 좋은 것만을 추구하며 살아가고 있기 때문입니다. 이냐시오 영신수련의 원리와 기초는 하느님의 사랑을 깊이 느낌으로써 부귀보다 가난을, 장수보다 단명을 하느님의 뜻으로 알고 무조건 받아들이라는 뜻이 아닙니다.

선을 이용하여 영성수련을 오랫동안 지도해 온 예수회 카도와키 신부에 의하면 중용을 지킨다는 뜻은 질병과 건강, 빈곤과 부귀, 불명예와 명예, 그리고 단명과 장수를 분리하여 이원론(binary) 혹은 이분법(dual)으로 생각하지 말고 한 실제로 같은 차원에서 전체적인(holistic, wholistic) 하나로, 즉 비이원론(nondual, nonbinary)으로 취급하라 합니다.[24]

하느님의 뜻은 좋은 것만을 추구하는 인간의 욕심과 다르고, 하느님은 우리가 무조건 하느님의 뜻을 따르라고 요구하지도 않습니다. 그러므로 하느님의 뜻이 무엇인지 알고 따르는 성스러운 순종(the divine passivity, 6강)을 갖도록 영성을 가꾸는 것이 중요합니다. 가브리엘 천사에게 "말씀대로 저에게 이루어지기를 바랍니다."라고 말한 성모 마리아를 본받는 것입니다.

이냐시오 영신수련의 중용은 하느님의 사랑 안에서 더 잘 이해할 수 있다고 합니다. 하느님의 크나큰 사랑을 받아들이면 가난, 단명 그리고 불명예를 자연히 받아들일 수 있다 합니다. 옳은 말입니다. 겉으로 중용을 지켜야지 하며 도덕적인 압력을 받기보다 하느님의 사랑을 체험하여 마음속이, 즉 인격의 바탕이 달라진 사람이 되라는 뜻입니다. 그런데 문제는 하느님의 사랑을 알기 위해 영성수련을 배우고 있는 우리가 받아들이는 하느님의 사랑이 우리의 선택을 좌우할 수 없을 경우에는 우리 스스로 해결하여야 합니다. 그래서 나를 키워야 합니다. 그리스도가 우리 안에 와 계신 나를 키워야 합니다. 예수님이 "문을 두드려라."(마태 7, 7)고 하셨으니 우리는 문을 두드려야 합니다. 예수님이 "나에게 오너라."(마태 11, 28)고 하셨으니 우리는 가야 합니다. 하느님의 사랑을 믿고 하늘만 쳐다보고 있을 수 없습니다 (사도 1, 11). 사람의 문제는 사람을 제쳐놓고 하느님의 사랑과 은혜만으로 해결되지 않습니다. 사람이 스스로 사람을 도울 때 하느님이 사람을 도와주십니다.

우리는 멀리 계신 하느님의 은혜만을 강조하면서 우리의 영혼을 구하려 합니다. 육신과 영혼이 서로 떨어져 있음을 전제하고 육신을 해쳐서라도 영혼을 구하려 합니다.

'영혼을 구한다.'는 말을 생각해 봅시다. 영혼(혼, soul)은 육신과 같이 사람을 형성합니다. 영혼은 인간을 구성하는 어떤 개체(entity)나 객체(object)가 아니라 하느님을 향해 있는 사람 전체를 묘사하는 말입니다. 따라서 내가 나의 영혼을 가지고 있는 것이 아니고 나의 영혼이 나의 전체(마음, 감정, 몸)를 형성하여 나는 한 사람으로서 의식하고 경험하면서 살고 있습니다.

'영혼을 구한다.'는 말은 하느님이 내 안에 있는 상태이고 동시에 내가 하느님 안에 있는 상태에서 구원된다는 말입니다. 사람은 한계가 있지만 이러한 모든 것을 넘어서 하느님과 같이 존재합니다. 육신이 죽은 다음 '영혼이 천당 간다.'는 말은 이원론(dual)의 사고방식, 즉 육신과 영혼이 떨어져 있는 사고방식에 기반을 둔 합리주의적인 표현입니다. 얼마 전까지도 영혼과 육신을 따로 생각하여 육신을 천대하였기 때문에 영혼을 구하기 위해 육신이 버림을 당하거나 해쳐도 된다고 생각했었습니다.

이원론의 사고방식

이원론의 사고방식, 즉 이원대립론적인 사고방식(Cartesian mindset)은 우리가 익숙한 사고방식이어서 우리는 모든 사물을 서로 반대되듯이 구별(divide)하거나 분리(separate)합니다.

영혼과 육신	천당과 지옥	하늘과 땅
하느님과 사람	초자연적과 자연적	선과 악
천사와 악마	해와 달	남자와 여자
종교와 정치	여당과 야당	믿음과 이성
삶과 죽음	죽음과 부활	기쁨과 슬픔
빛과 어둠	초월과 내재	유신론과 무신론
너와 나	믿음과 이성	앞과 뒤
부와 가난	낮과 밤	

 우리는 이렇게 수많은 서로 반대(opposites)되는 표현들을 사용합니다. 이와 대조되는 전체가 하나가 되는 인식은 여러 사물을 서로 반대되지 않고 형태가 다르거나(distinct) 혹은 정도의 차이(polarized)가 있더라도 포괄적(holistically)으로 생각하여 조화를 이룹니다. 예를 들면, 하루는 낮과 밤으로 되어 있으며 밤이 없으면 낮이 올 수 없고 낮이 없으면 밤이 올 수 없기 때문에 낮과 밤이 서로 다르지만 같이 하루를 이룬다고 생각할 수 있습니다. 그리고 선이 없는 악이 있을 수 없고 악이 없는 선이 있을 수 없는 것도 좋은 예입니다.

 우리는 본능적으로 인식하려는 주체(the subjective knower)가 어느 객체(the objective reality)를 대하는 직선적인 이원론의 인식에 익숙해 있기 때문에 머리로써 이해가 되어야만 받아들입니다. 그래서 하늘과 땅이 떨어져 있고 하느님과 사람은 별개이기 때문에 하느님이 사람이 된다는 사실은 이성으로는 도저히 이해될 수 없는 신비로 받아들입니다. 이것을 믿음이라고 부르며 무조건 받아들여야 합니다. 그렇지 못하면 믿음이 없는 사람으로 취급합니다. 따라서 하느님은 가까이 계시지 않고 항상 저 멀리 있습니다. 그래서 나자렛 예수가 그리스도라는 사실은 믿음으로 받아들이지만 우리가 그리스도라면 아주 이상하게 들립니다. 어떻게 죄인인 우리가 그리스도가 될 수 있습니까? 머리로는 이해할 수가 없기 때문에 우리들은 받아들이지 못합니다.

그리스도교는 하느님이 사람이 된 것만이 모순이 아닙니다.[25] 처녀가 어머니되고, 왕이 구유에 누워 있고, 죽은 사람이 살아나고, 흉측한 정치범이 구세주가 되고, 꼴찌가 첫째되고, 가난한 사람이 복을 받으며, 제일 늦게 나타난 인부가 새벽부터 일한 인부와 똑같은 품삯을 받고, 유산을 탕진한 버릇없는 아들을 그전 이상의 처지로 받아들이는 아버지도 있습니다. 그리스도교는 이렇게 모순투성이입니다. 이와 같은 모순들을 반대로 이해하지 않고 믿음으로 받아들여야만 훌륭한 가톨릭 신자가 될 수 있다고 여겨 왔습니다.

비이원론적인 대표적인 예를 들어 보면:

1. 예수 그리스도는 하느님이시며 인간이다.
2. 성모 마리아는 동정이시며 어머니이다.
3. 하느님의 나라가 왔으나 아직 완성되지 않았다.
4. 마태오 5, 45; 시편 139, 8
5. 진복팔단
6. 예수님이 들려주신 이치에 안 맞는 비유들
7. 루카 17, 2: 17, 23(*neti, neti*; not this, not that).

제일 마지막 예는 '이것도 아니고 저것도 아닌' 예수님의 말씀입니다. 어떻게 된 영문일까요? 이 모든 것이 이해할 수 없는 신비한 것이라 단정하고 믿음으로만 받아들여야 합니까? 그러나 이와 같은 역설적이고 파라독스(paradox)한 비이원론을 모르고는 성경을 이해할 수 없습니다. 우리는 이성만 존중하고 감성과 가슴은 어디에 씁니까? 우리들은 직선적인 이원론의 사고방식에 너무나 찌들어 있습니다. 그러한 사고방식을 벗어나야만 영성을 발전시킬 수 있습니다. 믿음이 무엇인가 토마스 머튼의 말에 귀를 기울여 봅니다.

> 우리는 믿음에 관하여 절대로 잊어버려서는 안 되는 것이 있다. 그것은 믿음은 교회의 이름으로 내려오는 교권적인 해석을 이해하지 않고 눈 감고 복종하는 태도로 받아들여야 하는 지식이 아니다. 이와 반대로, 믿음은 교권적인 해석을 포함하지만 모든 사람이 개인 인격적인 깊은 경험을 통하여 그리스도와 함께 성령의 힘으로 내적인 하느님의 삶을 살 수 있게 하는 문이다(부록 11, p. 56, ZBA).

> 의심할 줄 모르는 사람은 믿음이 있는 사람이 아니다. 권위자를 의심할 능력이 없는 사람은 그 권위가 종교적이라 할지라도 하느님을 믿는다 할 수 없다. 믿음은 어떤 편견을(판단 전의 편견) 무조건 받아들이는 것이 아니다. 믿음은 증명될 수 없는 진리 앞에 고의적으로 그리고 온전하게 만든 결정이고 판단이다. 믿음은 다른 사람이 만든 결정을 그냥 받아들이는 것이 아니다. 믿음은 받아들이는 것이 아니고 삶이다(부록 12, p. 105 & 137, NSC).

믿음(faith)은 하느님을 향한 우리의 양심입니다. 믿음은 하느님을 만나고 싶은 강렬한 그리움이어서 평생 동안 하느님을 찾게 하는 원동력입니다. 믿음은 말과 글자로 정확하게 표현될 수 없으나 상징적으로 표현한 것이 신앙(belief)이고 교리입니다. 믿음은 삶이고 문화이기에 변합니다. 믿음이 변하기 때문에 종교가 변합니다. 변하지 않는 믿음에 기반을 둔 영성은 개인적인 욕심과 의무적인 법과 규정으로부터 자유스러워질 수 없습니다.

이원론적인 사고방식(Cartesian dualism)은 서양문명의 바탕입니다. 철학자 윌리엄 바랫(William Barrett)의 말을 인용합니다.

> 서양의 전통은 유다교와 그리스 철학의 두 개의 커다란 영향기둥으로 형성되었고, 이 둘은 극히 이원론이어서 실제를 둘로 갈라놓고 하나가 다른 하나와 정반대가 되게 한다. 유다교는 종교와 도덕을 둘로 갈라놓아 하느님은 이 세상을 완전히 초월하고 (창조물로부터) 완전히 따로 존재한다. 그리스 철학은 실제를 이해하는 면을 둘로 갈라놓아 지성적인 세계와 감각적인 (물질적인) 세계를 분리해 버린다(부록 13).[26]

이와 같이 유다교와 그리스 철학의 이원론은 사람을 하느님으로부터, 동시에 자연으로부터 분리하는 데 이바지하였습니다.

우리는 합리적이고 직선적인 사고에 익숙합니다. 주어, 동사, 목적어로 된 말을 하고 글을 쓰며 살기 때문입니다. 우리들의 두뇌가 이원론으로 일을 하고 실용적인, 논리적인 그리고 합리적인 모든 지식은 항상 주체-객체의 양상을 띠기 때문입니다. 길거리를 거니는 것, 집을 사는 일, 음식을 고르는 일, 자식들을 학교 보내는 일, 자동차 운전하는 것, 핸드폰도 이원론의 전기 원리를 사용한 것입니다. 이것 저것을 구별하지 않고 살 수가 없습니다. 이렇게 이원론과 비이원론을 따지는 자체가 직선적인 이원론의 사고방식입니다. 우리는 말과 문자로 의사를 전달하려면 이원론의 논리를 쓰지 않을 수 없습니다. 더구나 직선적인 사고방식에 익숙한 사람은 비이원론의 사고방식을 이해하기가 어렵다 합니다. 같은 맥락에서, 믿음이 깊은 사람은 생각과 관념을 초월하여 이성과 믿음을 구별할 필요가 없기 때문에 이원론과 비이원론을 구별할 필요를 느끼지 못합니다.

하지만 세상을 살아가는 데 논리와 지식으로만 살 수는 없습니다. 저녁 노을이나 아름다운 음악은 말과 글자로 정확하게 표현할 수 없고 특히 신앙의 신비는 우리 생활에서 사라지고 맙니다. 다행히 우리는 영성이 깊어져 하느님께 가까워질수록 하나이고 전체인 비이원론의 기도를 합니다. 기도가 깊어지면 주체와 객체의 분리가 없어집니다(p. 267, NSC). 그래서 우리가 기도를 할 때 외우는 기도이건 묵주신공이건 그 기도가 진정으로 깊어지면 하느님과 하나가 됩니다. 영성수련에서 필요한 것은 사물을 구분하고 분석하고 판단하기보다 전체적으로 그리고 포괄적으로 보는 능력입니다. 이 능력이 바로 김수환 추기경께서 자칭하는 '바보'의 특징입니다.

가톨릭이 서양의 합리주의에 영향을 받아 이원론의 색깔이 짙다면, 힌두교와 불교는 비이원론의 종교입니다. 토마스 머튼이 선불교에 관심이 있었던 이유는 바로 여기에 있습니다. 그리고 주체-객체의 이원론의 사고방식은 환상적인(illusory) 인식을 길러내어 영성생활에 오히려 피해가 됩니다. 우리들은 이원론의 교육을 오랫동안 받아왔기 때문에 외향적이고 직선적인 사고방식이 우리들의 영성에 얼마나 영향을 주었는지 깊이 고찰해야 합니다. 그리하여 토마스 머튼처럼 동양문화가 나름대로 훌륭한 가치가 있음을 인정하고 우리 고유의 전통을 잃어버리지 않고 또 더 배워야 할 것입니다.

하느님을 멀리 놓고 생각하며 하소연하고 그리워하기보다는 내 안에 있는 나와 하나가 될 수 있는 하느님이라 여기십시오. 나를 비우면 하느님이 저절로 채워집니다. 그러기 위해서는 자아(ego)를 비우는 초월의식을 키워야 합니다. 안 보이는 것을 보고 안 들리는 것을 들을 수 있도록 말입니다. 그리고 통합적인

(holistic, wholesome) 사고방식에 익숙해야 합니다. 선의 반대는 악이 아니라 악은 '선이 아님'을 생각하고, 높은 것의 반대는 낮은 것이 아니라 '높지 않은 것'임을 생각합니다. 상대방의 말을 글자 그대로 해석하지 않고 직선적인 사고방식을 피하며 내가 비어 있는 의식을 가지면 그것이 바로 하느님과의 만남이고 참나를 찾는 길입니다. 우리들 모두가 익숙한 이원론의 사고방식은 영성에 좋은 것이 아닙니다. 이원론의 사고방식이 어떻게 시작되었나에 관하여 다음에(8강, 에덴동산) 다루겠습니다.

묵상할 성경

Exx 23; 원리와 기초
시편 139

제6강
하느님을 만남(체험)

사람이 온 세상을 얻고도
제 목숨을 잃으면
무슨 소용이 있겠느냐?
(마태 16, 26)

그리스도는 크리스천들에게
모든 실제의 심벌입니다.
(래이몬 파니카)

크리스천들은
그리스도를 독점할 수 없습니다.
(래이몬 파니카)

제 6 강 하느님을 만남(체험)

사랑이신 하느님이 우리 안에 존재한다는 사실은 우리와 하느님 사이의 관계가 멀리 떨어져 있지 않기 때문에 우리가 마음 깊은 곳을 맑고 곱게 간직하면 하느님을 직접 만나게 됩니다. 하느님과의 만남은 어떤 지식이 아닌 신비의 체험이기 때문에 주체-객체를 형성하지 않는 '하나로 전체'가 되는 만남입니다.

하느님을 체험하는 길은 일반적으로 세 단계입니다. 첫 번째는, 책이나 글을 통한 지적인 사고와 추리적인 탐사(explore)입니다. 두 번째는, 방관자로서의 만남(encounter)입니다. 함께 있으면서 보고 들음으로써 얻어지는 체험입니다. 그러나 자신과는 직접 영향이 없는 감각을 통한 머릿속의 체험입니다. 세 번째는, 머리뿐 아니라 몸과 마음으로 체험하는 동반(encountering, companionship)의 단계입니다. 이 단계는 자신을 버리고 하느님을 택함으로써 용기를 필요로 합니다. 그리고 하느님을 만나는 체험은 깨우침을 동반하므로 새로운 믿음과 함께 일생의 좌표를 바꾸게 됩니다.

토마스 머튼은 수사가 된 지 17년 후에(March 1958) 루이빌 캔터키(Louisville, Kentuckey) 다운타운에서 분주히 지나가는 사람들 가운데서 하느님을 만난 후 '루이빌 공현'이라 불리는 커다란 깨우침을 얻은 후 다음과 같은 글을 썼습니다(pp. 38-41, BE).

> 우리들의 마음속 한가운데에는 우리들의 죄와 망상에 물들어 있지 않고 오직 하느님에게 속해 있는 순수한 진리를 품은 한 허점(a point of nothingness)이 있다. 하느님은 이 허점을 통하여 우리들의 삶을 주관하시기 때문에 이 작고 참으로 가난한 허점

이 우리 안에 계신 하느님의 순수한 영광을 드러낼 수 있다(부록 14, p. 158, CGB).

머튼의 이 말은 노장사상과 불교철학을 가톨릭 신학으로 잘 표현한 말입니다. 우리들의 마음속 한가운데에 하느님이 계신다는 말은, 우리의 마음 깊은 곳에 이미 하느님 닮은 허점(虛点)이 있어 그것이 생동(actualize)하여 하느님을 만날 수 있다는 말입니다. 우리가 십자가를 지고 자신을 비워 겸손해짐으로써 그 허점이 하느님으로 채워집니다. 이 허점은 신비한 지혜를 다루는 파니카의 공의 영역과 일치합니다(3강).

우리 모두가 허점을 가지고 있듯이 칼 라너는 우리들의 생각, 느낌, 행동 그리고 사랑의 원동력이 하느님이시기 때문에 매일 매일의 생활에서 하느님을 만난다 합니다. 피에르 샤딘(Pierre de Chardin)의 오메가 포인트(the omega point)는 사람이나 이 세상 모든 것은 궁극적으로 그리스도를 향하여 존재한다고 합니다. 이 세상 모든 것은 그리스도 안에 머문다고 성경은 알려주고(1코린 15, 28; 에페 1, 23: 4, 6; 콜로 1, 17: 3, 11) 있습니다.

두 거장들의 신학을 받아들이는 좋은 관념은 물질(matter)과 영(spirit)이 서로 떨어져 있지 않고 연관되어 있다는 비이원론의 개념입니다. 물질이 없으면 영이 있을 수 없고 반대로 영이 없으면 물질이 있을 수 없습니다. 아인슈타인의 물질과 힘(energy)을 연결하는 공식($E=mc^2$)이 있듯이 물질과 영이 서로 연결되어 있다면 부활이 무엇이며 인간의 인식이 어떻게 발전해왔나 알 수 있습니다. 나아가 초자연적인 현상들과 성모 마리아의 발현과 같은 영적인 현상도 받아들이고, 미사 때 축성한 빵과 포도주가 그리스도의 몸과 피라는 것도 쉽게 이해할 수 있습니다. 물질과 영이 서로 떨어져 있지 않고 하나로서 전체를 이루고 있다는 성사적인 관점을 이해할 수 있다면 하느님의 말씀이 사람이 되고 우리 안에 하느님이 계심을 이해할 수 있습니다.

하느님-사람-우주 연결론

물질과 영이 독립된 개체(entity)로서 서로 연결되어 있기 때문에 하느님(the divine)과 사람(the human)이 우주(the cosmic) 안에서 어떠한 관계를 형성하는 가를 고찰해 봅니다.

사람의 인식 상태에서 하느님, 사람, 그리고 우주(지구)는 떨어져 있지 않고 서로 다른 면이 있으나 하나로써 전체를 이룹니다. 서양사상의 존재(being, substance)에 초점을 두면 하느님, 사람, 우주가 합쳐져 하나의 다른 것을 형성한다는 말로 들릴 수 있으나 동양사상의 관계(relationship)에 초점을 두면 하느님, 사람, 우주는 어느 하나가 빠져서는 안 되는 서로 밀접한 삼위(triadic, threefold)의 관계를 유지합니다. 하느님, 사람 그리고 우주 중에 어느 하나가 없으면 다른 둘이 존재할 수 없습니다. 사람은 하느님과 우주를 떠나 있을 수 없고, 우주는 하느님과 사람을 떠나 있을 수 없으며, 하느님은 사람과 우주를 떠나 있을 수 없습니다. 그러므로 삼위일체의 하느님을 묵상하는 것은 오직 하느님의 속성(the inner life)만을 묵상하는 것이 아니라 자동적으로 사람의 본성에 관한 묵상이 됩니다.

하느님의 삼위일체(the Holy Trinity) 교리는 하나이신 하느님이 삼위로써 서로 완전한 조화를 이룬다는 교리인데, 유일신을 강조해 온 우리들은 이해하기 어렵습니다. 우리가 익숙한 주체-객체의 직관적인 인식으로 하느님은 하나이고 동시에 관계상으로 셋이라는 개념은 이해하기 어렵습니다. 하느님이 삼위일체라는 교리는 그리스 철학을 모르는 사람이 수학공식 풀듯이 머리로 이해할 수는 없습니다.

　삼위일체 교리는 가슴으로 받아들이는 지혜입니다. 만일 우리가 가슴으로 받아들일 수 있다면, 개인주의적이고 제국주의적인 유일신론에 비하여 삼위일체 교리는 풍성한 영성을 가져다 줄 것입니다. 이러한 사실을 쉽게 받아들이지 못하는 이유는 우리들이 어두운 밤에 별을 보면서 살고 있지 않기 때문입니다. 옛날 사람(원시인)뿐만이 아니라 거의 오십 년 전 우리 부모님들은 지금 우리들처럼 인간이 자연과 멀리 떨어져 있다는 개념을 가지고 있지 않고 하느님과 함께 자연에 속해 있는 천지인(天地人)의 전체가 하나인 개념을 갖고 계셨습니다.

　우리는 이러한 삼위의 긴밀한 삼각관계를 많이 볼 수 있습니다. 모든 실제(realty)는 삼위관계를 맺고 있습니다.

하늘, 땅, 사람　　　　천당, 땅, 지옥
진, 선, 미　　　　　　감성, 지성, 영성
과거, 현재, 미래　　　기억(무의식), 지식, 의지
너, 나, 우리　　　　　아버지, 어머니, 자식
사랑, 믿음, 희망　　　아담, 아브라함, 그리스도
탐, 진, 치　　　　　　붓다, 다마(*dharma*), 승가

신비(*mythos*), 말씀(*logos*), 영(*pneuma*)
몸(*soma*), 마음(*psyche*), 영(*pneuma*)
계(*sila*), 정 (*dhyana*), 혜 (*prajna*)
음악 듣는 사람, 음악, 음악 연주하는 사람.

　모든 사물들은 이와 같이 서로 연결되어 서로 분리될 수 없는 삼각관계에서 완전한 소화를 이룹니다. 각 구성 요소들이 모두 서로 만나는 관계를 가질 수 있는 숫자는 셋이기 때문입니다. 신

학의 세 덕을 예로 들어보면, 믿음과 희망이 없는 사랑은 있을 수 없고 사랑과 믿음이 없는 희망은 있을 수 없으며 사랑과 희망이 없는 믿음은 있을 수 없습니다.

삶의 신비(*mythos*)를 등한시하고 지성(*logos*)을 강조하여 존재(being)만을 탐구하는 서양사상은 극심한 합리주의를 낳았으나, 지혜를 이용하여 관계를 중요시하는 동양사상은 영성적인 면에서 위와 같은 여러 삼각관계를 쉽게 이해할 수 있게 합니다. 불교의 연기설에서 유래된 이 학설은 하느님-사람-우주 연결론(cosmotheandric intuition)이라고 불리며 래이몬 파니카 신부(Fr. Raimon Panikkar)의 신학의 기본 주제입니다.[27]

하느님의 삼위일체 교리는 한 분이신 하느님은 성부, 성자, 그리고 성령의 완전한 조화(*perichoresis*)를 이루는 원리이며 모든 삼각관계들의 으뜸이 됩니다. 따라서 그리스도는 성자로서 성부와 성령과 함께 삼위일체를 이루며 동시에 하느님, 사람, 우주로 된 가장 완전한 삼위관계를 이루고 있습니다. 예수 그리스도는 완전한 하느님이시고 동시에 완전한 사람이시며 또한 이 땅을 거닐었습니다. 그러므로 그리스도는 하느님의 성사(sacrament)로서 이 세상의 모든 삼위관계들의 근원으로 세상 만물을 연결해 줍니다. 그리스도는 이 세상 모든 사람과 모든 종교와 모든 사물과 유기적으로 연결된 그리스도입니다. 성경에 보면 "그리스도는 이 세상의 모든 것이고, 모든 것 안에 존재합니다."(1 코린 15, 28; 에페 1, 23: 4, 6; 콜로 3, 1). 그리고 "나는 알파요 오메가다."(묵시 1, 8: 21, 6)라는 성경구절의 뜻이 바로 여기에 있습니다. 래이몬 파니카의 말을 빌리면 "그리스도는 크리스천들에게 모든 실제의 심벌입니다."[28]

자연과 인간과의 관계를 무시하고 그리스도가 단독으로 하느님의 아들(*logos*)이라는 사실만을 강조해 온 서양의 합리적인 사고방식에 변화가 와야 합니다. 지구를 생각하지 않고 사람만을 중요하게 여긴 인류문명은 한계에 도달하여 끙끙 앓고 있는 지구 덩어리를 어떻게 할 줄 모르고 있습니다.

파니카 신부의 하느님-사람-우주 연결론과 삼위일체론은 인류문명의 여러 문제점을 해결할 수 있는 21세기의 새로운 신학의 원동력을 제시하고 있다 합니다.[29] 우리의 조상들은 사람이 하늘과 땅이 잘 조화된 곳에 살고 있다고 믿었습니다. 하늘, 땅, 그리고 사람(天地人)의 삼위일체의 완전하고 아름다운 조화 말입니다.

토마스 머튼은 파니카의 하느님-사람-우주 연결론과 비슷한 말을 합니다.

> 우리의 믿음은 사물이나 사건의 표면적인 것을 넘어서 속 마음을 경의와 지혜로 채워 창조주이며 구원자를 향해 찬양의 노래를 부르면서 움직이고 있는 이 놀라운 우주 속의 신성한 의미를 찾아야 한다(부록 15, p. 131, S; p. 345, LE).

> 크리스천의 의무는 그리스도를 온 세상에 태어나게 하여 모든 사람 안에 살도록 하는 것이다(부록 16, p. 159, S; p.197, SFS).

토마스 머튼의 사상은 자기 개인, 자기가 속한 공동체, 자기의 종교에 국한되어 있지 않습니다. 머튼의 영성은 개인의 구원을 위한 것이 아니고, 교회 공동체의 발전을 위한 교회적인 것도 아니며, 가톨릭을 믿지 않는 사람들의 영혼을 구하려는 선교적인 것도 아닙니다. '그리스도를 온 세상에 다시 태어나게 하여 모든 사람들 안에 살아 있도록 하는' 모든 인간을 사랑하는 하느님 나라의 건설을 위한 희망과 믿음입니다. 아마도 머튼은 그리스도께서 세상이 창조될 때부터 모든 사람과 온 만물에 존재하고 있다는 사실을 알고 있었습니다.

하늘, 땅, 그리고 사람의 삼위관계의 완전하고 아름다운 조화를 받아들이면 신학적인 관점에서 하느님과 사람이 서로 다르지만(distinct) 분리(separate)될 수 없다는 진리를 쉽게 받아들일 수 있습니다(하느님-사람 연결론; theandric intuition). 하느님이 우리를 떠나 먼 곳에 계시지 않고, 우리도 하느님을 떠나 존재할 수 없습니다. 하느님과 우리는 하나이고 전체인 관계를 이룹니다.

크리스천에게는 그리스도가 나자렛 예수에게 나타나셨으나, 다른 종교를 가진 사람들에게는 다른 형태로 그리스도가 나타납니다. 따라서 크리스천들은 그리스도를 독점할 수 없습니다.[30] 온 인류가 그리스도와 연결되어 있으므로 모든 사람은 고귀하고 성스러움을 알게 되고 하느님이 우리 안에 존재하는 것도 쉽게 받아들일 뿐 아니라 하느님을 항상 경험하며 살고 있음을 자연스럽게 느낄 수 있습니다.

우리들은 아름다운 땅에서 하느님을 우리 안에 품고 있기 때문에 황홀한 저녁 노을을 바라볼 때 하느님을 만나며, 미사 중에 잔잔한 성가를 부르며 조용히 흐느낄 때 하느님을 만납니다. 파란 하늘 위에 천천히 움직이는 하얀 구름을 쳐다볼 때 하느님을 만나고, 어린아이의 부드러운 웃음을 반길 때 하느님을 만납니다. 우리들이 순수한 마음으로 자신을 잊어버리고 마음을 비울 때 항상 하느님을 만납니다. 우리가 하느님을 만나는 것은 육신의 눈이 아니고 지식의 눈도 아니며 오직 지혜의 눈으로 신비한 공의 영역에서 머물고 있을 때 가능합니다.

세상만사의 물질과 영이 같이 연결되어 존재하기 때문에 하느님이 사람이 되심, 예수님의 부활, 그리고 사람이 하느님을 만나는 것도 믿음으로 받아들이게 됩니다. 그래서 우리들의 마음이 조용하고 지극히 고요할 때 하느님을 만납니다. 우리가 기도에 파묻혀 몸과 마음을 잊고 있을 때 하느님을 만납니다. 이때 만나는 하느님은 어떠한 대상으로시기 아니라 우리들 마음속 깊디깊은 곳에서 우리들의 영혼이 하느님을 만납니다. 하느님과 우리 영혼이 하나이며 전체인 상태입니다. 주체가 없는 객체만 있는 상태입니다. 그리고 하느님을 만나려면 홀로 있는 것(solitude), 외로운 것이 무엇인지 진정으로 알아야 합니다. 하느님을 만난 후에는 우리가 제한되어 있음을 확실하게 느낄 수 있기 때문에 우리들은 더욱 겸손한 사람이 됩니다.

하느님의 부르심은 각자에게 주어진 소명(vocation)의 길입니다. 이 부르심은 아브라함처럼 어디서 시작하여 어디서 끝나는지를 미리 알 수 없습니다. 위험한 일이기 때문에 그 부르심에 대답하기에는 대단한 용기가 필요합니다. 같은 맥락에서 볼 때, 결혼 생활을 하는 사람들이 '잘못했구나!' 하며 모든 것을 바로 청산하고 싶지만 무엇인가 처음했던 약속이 성스러워 다시 시작할 때 그 사람들은 하느님을 만납니다. 그래서 하느님을 만나는 것은 두려움을 없애 줍니다.

우리가 어떤 사람을 사랑할 때 아니면 스치는 인연으로 그냥 놓아 둘 수 있을 때 우리는 하느님을 만납니다. 우리가 어떤 사람을 보고 즐거워할 때 아니면 슬퍼하지 않을 수 없을 때 우리는 하느님을 만납니다. 우리가 어떤 사람한테 용서를 구할 때 아니면 어떤 일로 화를 낼 수밖에 없을 때 우리는 하느님을 만납니다. 우리가 서러움에 잠겨 누군가를 원망할 때 우리는 하느님을 만납니다. 말 안 듣는 어린이들과 철부지 같은 남편을 인내로 참아내는 어머니와 아내들은 항상 하느님을 만납니다. 이렇게 하느님을 만나는 경험은 모든 경험의 기반이고 우리들이 누구인지 알게 하여 우리들로 하여금 완전한 삶을 살아가게 합니다. 하느님의 삶을 살게 합니다.

  중세기 토마스 아퀴나스 성인은 천사들이 우주 전체를 움직인다고 생각했습니다. 성인의 상상이 우리의 상상과 같을 리 없지만 우리는 극히 합리적이고 개인주의적이며 물질적인 가치 판단이 절대적인 힘을 행사하는 세상에서 살고 있습니다. 몇 년 전까지 천사와 마귀들이 상주하던 하늘은 이제는 수많은 전화기의 전자파가 질서 없이 움직이고, 은하수가 흐르던 푸른 하늘에는 어느 순간에도 몇 천대의 비행기가 누비는 세상이 되었습니다. 그러니까 천사와 마귀의 존재를 받아들이기가 어려워졌지요. 한밤중에 어두운 하늘에 반짝이는 무수한 별들을 마지막으로 본 지가 벌써 몇 해가 훨씬 넘어버렸습니다. 베토벤이나 말러를 들어본 지도 너무 오래 되었습니다. 그러므로 하느님을 만나는 것은 계획하여 성취하는 일이 아니며 놓아두면 저절로 해결되는 일도 아니고 갑작스러운 깨우침 뒤에 자동적으로 오는 것도 아닙니다. 하느님을 만나는 것은, 믿음과 회의가 겹치고 포기와 반항이 계속되며 전진과 후퇴가 반복되는 험난하고 피곤한 과정입니다. 항상 정신을 차리고 있어야 합니다(10강).

  우리가 하느님을 만나거나 경험하는 것은 우리 스스로 하느님을 상대하는 것이 아닙니다. 하느님은 어떤 개체(an entity)나 객체(an object)가 아니기 때문에 하느님과 우리와의 관계는 이원론의 인식관계를 형성할 수 없습니다. 그렇다면 우리가 주체가 되어 객체인 하느님을 움직이는 상황이 됩니다. 우리가 하느님을 만나면서 동시에 전체적인 하느님의 반응을 인식할 수는 없습니다. 무한하신 하느님은 우리를 항상 초월하시지만 이미 우리를 포함하고 계십니다. 끝없는 바닷속을 헤엄쳐 가고 있는 한 마리의 물고기처럼, 무한히 높은 창공을 나는 철새처럼, 어디를 가도 무엇을 하고 있어도 우리는 무한히 작은 한 순간의 생명입니다. "우리는 하느님 안에서 살고 움직이며 존재합니다"(사도 17, 28). 그리고 "하느님 빛 안에 우리는 빛을 봅니다"(시편 36, 10). 우리의 생각, 감성, 판단, 즉 존재의 바탕(ground)이 하느님이기 때문에 하느님이 주체가 되고 우리는 하느님의 행동에 반응을 한다거나 혹은 참가한다는 것이 더 나은 표현입니다. 우리가 주체-객체의 관점에서 하느님을 움직이는 것은 말이 안 됩니다. 강아지가 꼬리를 움직이지 꼬리가 강아지를 움직이지 않습니다. '크리스천 묵상'을 창안한 잔 메인(John Main)의 말입니다.

성스러운 순종

칼 라너는 "사람은 절대로 알 수 없는 신비의 하느님을 향해 있으나 하느님의 신비를 알기 위해서는 사람의 능력으로는 안 되고 오직 하느님한테 붙잡힘으로써(be grasped) 가능하다."고 말합니다. 이와 같이 하느님한테 붙잡히는 상황을 '성스러운 순종(the divine passivity)'이라 부릅니다. 원래 '성스러운 수동'이라는 말이 뜻에 맞는 번역이겠으나 '순종'이라는 말이 더 곱고 깊이가 있어 '성스러운 순종'을 사용합니다. 토마스 머튼의 말을 인용합니다.

> 크리스천 사랑의 뿌리는 사랑하고 싶은 의지가 아니라 사랑받고 있다는 믿음이다. 자격이 없지만 하느님한테 사랑받는다는 믿음, 아니 자격이 있건 없건 간에 하느님한테 무조건 사랑받는다는 믿음이다(부록 17, p. 75, NSC).

그러므로 성스러운 순종은 내가 스스로 하느님을 찾고 하느님께 기도하는 것이 아니라, 하느님의 사랑 안에 내가 받아들여지고 하느님의 은혜 안에 내가 기도하여집니다. 또 내가 하느님을 찾는 것이 아니라, 나를 기다리는 하느님을 받아들이고 순종하는 것입니다.

성스러운 순종은 내가 잘나서 내가 운이 좋아서 내가 똑똑해서가 아니라, 모든 것이 신비하고 모든 것이 은혜롭고 모든 것이 지혜스럽기 때문에 선생님이 고맙고 부모님께 감사하고 그리고 배우자의 덕분이라고 느껴지는 인식입니다.

사도 바오로가 말했듯이 "우리는 믿음을 통하여 은총으로 구원받습니다"(에페 2, 8). 그리고 우리들 대부분은 내가 주체가 되어 하느님을 대하지만, 소화 데레사(Theresa) 성녀는 성스러운 순종이 성녀의 삶이고 실체(reality)이기 때문에 일상생활에서 하느님을 경험합니다(p. 26, ZBA). 아빌라의 데레사 성녀는 기도할 때 그리스도를 생각하지 말고 그리스도를 가만히 응시(see)하라 합니다. 이러한 기도는 성스러운 순종 안의 기도입니다.

"하느님이 우리 안에 계신다."는 말은 성스러운 순종 안에 우리가 하느님께 포함되어 머물고 있으며 하느님은 우리를 초월한다는 말입니다. 우리가 흔히 하는 말:

- 우리는 신비스러운 존재이다.
- 우리는 평범한 일상생활에서 하느님을 만난다.
- 우리가 하느님을 찾기 전에 하느님은 벌써 우리를 찾고 계신다.

이러한 말들은 우리가 하느님과 성스러운 순종의 관계를 유지하고 있음을 전제로 한 표현입니다. 그래서 성스러운 순종을 받아들이면 우리의 영적인 성장이 우리 스스로의 노력과 의지만으로 되지 않고 하느님의 은총이 절대로 필요함을 이해할 수 있습니다.

우리는 세상에 대하여 적극적이고 능동적이지만 하느님 앞에서는 수동적으로 순종하여야 합니다. 사실 "하느님이 우리 안에 계신다."라는 말보다 "우리가 하느님 안에 있다."는 말이 더 올바른 표현입니다.

성스러운 순종은 인식의 영역과 공의 영역을 잘 묘사합니다. 공의 영역은 인식의 영역을 포함하고 초월합니다(3강). 성스러운 순종은 객체화될 수 없는 하느님의 은혜가 왜 필요하며 그리고 어떻게 실현되는 가를 잘 알려 주고 있습니다.[31]

사랑, 죽음, 깨우침, 영성 같은 말들은 우리를 자동적으로 포함한 높고 넓고 깊은 말들입니다. 이러한 단어들은 본질적으로 신비한 어떤 전체를 내포하고 있습니다. 내가 누군가를 사랑하는 경우 그 사랑으로 인하여 나와 그 사람은 하나의 전체가 됩니다. 그리고 나는 더 완전한 사람이 됩니다. 내가 나를 넘어서(self transcend) 얻은 사랑이기 때문입니다. 그 사랑이 몸이 되어 몸짓인 나와 또 다른 몸짓인 그 사람을 포함하고 초월합니다. 나와 그 사람은 큰 그릇인 그 사랑 안에 '하나로 전체'를 이룹니다. 그래서 내가 하느님을 내 마음대로 할 수 없듯이 그 사랑도 내 마음대로 할 수 없습니다.

성스러운 순종 안에 '우리'는 '나'와 '너'를 초월하고 포함합니다. 반대로 나와 너 사이에 사랑이 없다면 나와 너는 따로여서 주체-객체 관계를 성립함으로써 이혼해도 된다는 결론이 나옵니다.

몸과 몸짓

성스러운 순종은 하느님이 전지전능하고 성스러워서 우리가 무조건 순종하는 것이 아니라 하느님과 사람 관계의 근본 원리입니다. 성스러운 순종은 하느님과 우리와의 관계를 알려주는 중요한 원리입니다.

하느님은 몸이고 세상 만물과 우리들 그리고 우리들의 모든 지혜와 지식은 몸짓입니다. 몸(체, 體, essence)은 몸짓을 초월하고 포함하지만 홀로 있을 수 없고 몸짓(용, 用, function)을 통하여 나타납니다. 몸짓은 몸과 형상이 다르고 몸에 항상 연관되어 있으므로 몸과 같은 본성(essence)을 가지고 있습니다. 그리고 몸짓이 하는 일은 보이든 안 보이든 항상 몸에 영향을 줍니다. 몸과 몸짓의 개념에 기본을 둔 성스러운 순종은 사물을 갈라놓는 주체-객체의 이원론적인 사고방식과 다르기 때문에 영성에 관한 많은 질문에 현명한 해답을 제공합니다. 잘 알려지지 않은 몸과 몸짓을 이용한 동양적인 인식 방법에 관하여 박성배 교수의 저서를 소개합니다.[32]

몸과 몸짓은 칼 라너의 초월신학에서 '초월적인 경험'과 '구분되는 경험'과 비슷합니다. '초월적인 경험'이 '구분되는 경험'의 바탕(horizon, ground)이 되듯이, 몸이 있어서 몸짓이 가능합니다(the condition of possibility). 몸은 몸짓을 항상 초월하고 동시에 포함합니다.

우리들이 익숙한 주체-객체의 인식은 독립된 주체가 다른 독립된 객체를 상대적으로 대응하는(dichotomy, dialectical) 상황이어서 배타적입니다. 그러나 몸과 몸짓에 기반을 둔 성스러운 순종은 새로운 그리고 영성적인 인식 방법이라고 할 수 있습니다. 주체와 객체가 서로 분리되어 하나가 다른 하나를 대응(1:1) 하지 않고, 주체(몸)가 객체(몸짓)를 포함하고 있기 때문에 객체가 하는 일이 주체에 항상 영향을 줍니다. 주체는 객체를 통하여 나타납니다. 하느님이 몸이고 사람이 가지고 있는 모든 지혜와 지식은 몸짓에 불과합니다. 하느님이 몸이고 우리는 몸짓입니다. 우리가 성스러운 이유가 바로 여기에 있습니다. 하느님이 몸이고 성경과 교회도 몸짓에 속합니다. 부부가 몸이라면 남편과 아내는 몸짓입니다.

성스러운 순종은 영성에서 '하나로 전체'인 개념과 비이원론의 인식(nonduality)이 왜 필요한지 설명하고 있습니다. 하느님이 우리 안에 계신다고 믿으면 하느님과 비이원론의 관계를 성립하여 오직 우리가 할 수 있는 일은 하느님이 우리를 주관하도록 하는 일입니다. 하느님의 일을 우리가 하려고 덤벼들면 안 됩니다. 우리가 할 일은 우리의 고집센 자아(ego)를 깨트려 거짓 나를 없애는 일입니다. 이 작업은 기도나 영성수련을 통하여 우리가 '주로' 해야 할 일입니다. 거짓 나가 없어지면 우리 안에 계신 그리스도가 깨어나 우리는 참 나를 찾게 됩니다. 하느님의 은혜를 온전히 받아들이려면 아무것도 하지 않고 하느님의 은혜만을 기다리고 있을 수는 없습니다(유다교 신비주의, 7강). 예를 들면, 예수님께서 예루살렘에 입성하시기 전 장님 바르티매오의 눈을 뜨게 하시고 "네 믿음이 너를 구원하였다."(마르 10, 52) 하셨습니다. 그러므로 내가 나를 도울 수 있어야 하느님이 나를 구원하십니다.

성스러운 순종은 우리의 노력이 하느님의 은혜와 '하나로 전체'가 되는 원리입니다. 선불교의 깨우침(견성)도 성스러운 순종의 원리를 따라 가능하지 우리가 노력해서 성취할 수 있는 것이 아닙니다(13강). 깨우침은 불자들이 하심(下心, 자아를 깨트려)하여 무심의 상태를 유지하면 자기의 본성(불성)이 저절로 드러나는 것입니다. 똑같은 원리가 우리의 죽음에도 적용이 됩니다(22강). 성스러운 순종을 엄격하게 존중한다면, 우리가 능동적으로 하느님을 만나는 것이 아니고 피동적으로 하느님이 만나지는 것입니다(부록 10). 그러나 우리가 피동적인 표현에 익숙하지 않음을 고려하여 우리가 견성한다, 우리가 하느님을 만난다 혹은 경험한다는 표현을 사용할 수 있습니다.

묵상할 성경
요한 3, 1-21; 니코데모
요한 9, 1-41; 태어날 때 부터 눈먼 사람

제7강
영적 자유

진리가 너희를 자유롭게 할 것이다
(요한 8, 32)

바람은 불고 싶은 데로 분다.
(요한 3, 8)

주님의 영이 계신 곳에는
자유가 있습니다.
(2코린 3, 17)

제 7 강 영적 자유

성 아우구스티노의 고백록은 다음과 같은 말로 시작합니다. "우리는 주님을 위하여 창조되었으니 우리 마음은 주님 안에서 쉼터를 찾을 때까지 항상 불안하나이다." '마음'은 우리들의 깊고 깊은 본심, 즉 heart를 말합니다. 우리들의 마음속에는 무엇인지 모르지만 원초적인 하느님에 대한 그리움이 있으며 하느님을 만날 때까지 초조하고 불안한 가운데 살아간다는 뜻입니다. 이 말은 하느님과 사람의 관계를 잘 설명하고 있기 때문에 모든 신학을 한 마디로 표현한 말입니다.

인간은 만족할 줄 모르고 항상 앞을 내다보고 있으며 무엇인가를 더 요구하고 있습니다. 한 가지 행복을 얻으면 바로 또 다른 행복을 찾으려 합니다. 하나에 만족하면 잠시 후에 또 다른 무엇을 기대합니다. 어떤 제한이나 구속을 받으면 그것을 피하여 넘어가려 합니다. 이렇게 인간은 현실에 만족하지 않기 때문에 'human being'이라기보다 'human becoming'이 더 옳은 표현입니다. 인간은 항상 변하고 있으나 절대 알 수 없는 하느님을 향하여 마음을 열고 있으니 항상 불안할 수밖에 없습니다.

영적 자유

하느님을 향한 여정에는 자유가 중요합니다. 우리들이 마음을 어떻게 써서 무엇을 선택하느냐가 중요합니다. 성경에는 진리가 우리를 자유롭게 한다고 쓰여 있으나 자유롭지 못하면 진리를 알 수 없습니다. 자유롭지 못하면 하느님의 뜻을 알 수 없습니다.

이 세상의 모든 피조물들, 모든 식물과 동물들은 자기들 있는 그대로 하느님의 영광을 드러내고 있습니다. 소나무는 소나무대로, 참나무는 참나무대로, 장미꽃은 장미꽃대로, 들꽃은 들꽃대로, 하느님의 지혜를 있는 그대로 반영하고 있습니다. 그러나 사람은 그렇지 못합니다. 항상 가면을 쓰고 있기 때문입니다.

사람은 죄의 근본인 자기 욕심 때문에 본래의 자기, 즉 참 나를 드러내지 못하고 가면을 쓰고 자기 생각을 항상 주장하고 욕심을 챙기며 살아갑니다. 구속된 자신을 버리고 참 나를 찾을 수 있을 때 하느님의 영광을 드러낼 수 있습니다. 참 나를 찾는 길이 하느님을 찾는 길이고 그러기 위해 우리들은 자유스러워야 합니다.

자유는 무엇이든 마음대로 하는 능력이 아닙니다. 자유는 참 나, 즉 자신의 본 모습을 보여주는 능력입니다. 자유는 하느님을 향한 내적 가능성과 자질입니다. 자유는 우리의 영성(spirit) 같아서 보이는 면(categorical)이 있고 동시에 보이지 않는 면(transcendental)이 있습니다. 우리의 자유는 하느님을 향해 있을 뿐만 아니라 하느님의 자유에 근거를 두고 있습니다. 우리의 진정한 자유는 하느님의 자유 안에 있습니다(성스러운 순종). 그리스도가 우리를 자유롭게 하였습니다(갈라 5, 1).

우리를 찾고 계시는 하느님

유다교의 학자인 아브라함 자수아 헤쉘(Abraham Joshua Heshel)은 우리가 하느님을 찾는다기보다 하느님이 우리를 찾고 계신다 합니다.[33] 우리를 찾고 계시는 하느님의 역사하심의 기록이 성경입니다. 성경은 사람을 찾고 계시는 하느님의 질문으로 시작합니다. 하느님이 몰라서가 아니라 사람이 자기 자신을 알고 있는가에 대한 관심을 표시하는 질문입니다.

구약은 하느님이, 에덴동산에서 추방당한 후 숨어 있는 아담과 하와에게 "너희는 어디 있느냐?"(창세 3, 9)라는 질문으로 시작하고, 신약은 예수님이 요르단강 언덕에서 두 제자들에게 "너희는 무엇을 찾느냐?"(요한 1, 38)라는 질문으로 시작합니다. 하느님은 우리가 무엇을 하고 있나 항상 궁금해하십니다.

하느님께서 우리를 정확히 알고 계심을 상기하기 위해 시편 139편을 조용히 묵상합니다.

> 주님, 당신께서는 저를 살펴보시어 아십니다.
> 제가 앉거나 서거나 당신께서는 아시고
> 제 생각을 멀리서도 알아채십니다.
> 제가 길을 가도 누워 있어도 당신께서는 헤아리시고
> 당신께는 저의 모든 길이 익숙합니다.
> 정녕 말이 제 혀에 오르기도 전에
> 주님, 이미 당신께서는 모두 아십니다.
> 뒤에서도 앞에서도 저를 에워싸시고
> 제 위에 당신 손을 얹으십니다.
> 저에게는 너무나 신비한 당신의 예지
> 너무 높아 저로서는 어찌할 수 없습니다.
> 당신 얼을 피해 어디로 가겠습니까?
> 당신 얼굴 피해 어디로 달아나겠습니까?
> 제가 하늘로 올라가도 거기에 당신 계시고
> 저승에 잠자리를 펴도 거기에 또한 계십니다.

헤쉘에 의하면, 성경은 인간의 언어로 표현될 수밖에 없는 하느님의 뜻을 알려주기 때문에 사람이 쓴 것이 아니라 하느님이 썼다는 표현이 더 정확하다 합니다. 성경은 사람의 하느님에 대한 생각, 느낌, 행동보다 하느님의 사림에 대한 생각, 느낌, 행동을 알려줍니다. 성경은 하느님의 뜻이 제한된 인간의 언어로 표현된 것입니다. 따라서 사람의 관점에서 성경을 해석하기보다 하느님의 관점에서 성경을 해석해야 합니다. 성경은 주체가 사람이 아니라 하느님입니다. 성경의 주체가 하느님이라고 생각하면, 기도는 내가 하지 않고 하느님이 하는 것이고 나의 자유는 나의 것이 아니라 하느님의 자유입니다. 우리는 우리의 자유를 주장할 때마다 하느님의 자유는 어떤지를 생각해 보아야 합니다. 그리고 우리가 하느님을 위해 많은 일을 하는 것보다 하느님께서 우리를 위하여 하신 일이 무엇인지 알아야 합니다. 이 사실을 알면 겸손하고 단순한 삶을 살아갈 수 있습니다. 나의 의지와 실력을 끝도 없이 개발시키고 무한히 향상시키는 것보다 하느님께 감사하고 순종하게 됩니다.

차안과 피안

헤쉘의 신학은 우리가 여태까지 말하고 설득해 온 명제, 즉 '우리 머리로 이해하기에는 어렵지만 그리스도가 우리 안에 계신다.'는 사실을 뒷바침해 줍니다. 그리스도가 우리 안에 계시기 때문에 거짓 나를 버리고 참 나를 찾으면 우리는 그리스도를 만날 수 있습니다. 이때에 우리가 주체가 아니라 우리 안에 계신 그리스도가 주체가 됩니다. 헤쉘의 신학은 성스러운 순종과 같은 맥락을 형성합니다. 하느님은 사람이 홀로 다루기에는 너무나 크고 넓고 그리고 깊고 높습니다. 헤쉘은 말합니다.

이성이 추구하는 것은 차안에서 알 수 있는 것들이며, 차안의 언덕을 건너면 넓고 넓은 알 수 없는 미지의 피안이 펼쳐진다. 피안은 이해와 경험(관념)을 떠난 광활한 세계이다. 차안과 피안이 서로 만날 수 없는 것은 이성이 차안을 떠나 피안에 있는 미지의 세계를 측정하고 무게를 달아볼 수 없기 때문이다. 그래서 이성은 알 수 있는 차안을 떠나는 모험을 할 수 없다. 다만 우리의 마음은 아름다운 소라 껍질 같아서 그것을 귀에 대면 피안에서 들려오는 끝없는 파도 소리를 들을 수 있을 뿐이다(부록 18).[34]

피안의 세계에서 들려오는 파도 소리는 하느님의 목소리를 상징합니다. 그리고 차안과 피안의 차이는 파니카의 인식의 영역과 공의 영역과 유사합니다(3강). 그래서 우리가 스스로 하느님을 찾고 만나는 것은 굉장히 벅찬, 아니 불가능한 일입니다. 그렇지만 우리 자신을 만족시키기 위해 하느님을 찾아서는 안 됩니다. 우리가 진정으로 자유스러워지기 위해서는 우리가 불안전하고 아직 완성되지 못함을 알고 하느님이 우리를 찾도록 우리 자신을 비워야 합니다. 이것이 바로 성스러운 순종입니다.

자유는 사람이 자기의 의지대로 행하는 것이 아니라 밖으로 보이는 것보다 깊은 내면의 보이지 않는 면을 더 중요시합니다. 진정한 자유는 머리를 통한 지적인 선택보다 마음속 깊은 데서 우러나오는 신비한 선택을 중요시합니다. 진정한 자유는 다른 사람의 자유와 떨어져 있지 않아 내 마음대로 무엇을 하는 것보다 하느님의 뜻을 실천하는 것입니다. 진정한 자유는 우리를 완전히 비움으로써 하느님의 자유가 우리를 통하여 나타날 때의 자유입니다. 우리가 개인 중심적이고 세상적인 욕심을 떠나서 하느님 중심으로 살아간다면 진정한 자유를 얻게 됩니다.

하느님의 뜻을 잘 알 수 있으면 보다 더 자유스러운 사람이 될 수 있습니다. 그래서 중대한 결정을 하느님의 뜻에 맞도록 하는 사람은 마음이 자유스러워 깊은 평화와 안정을 느낍니다. 그렇기 때문에 진정한 자유는 교회와 사회의 여론과 조직을 넘어서고 있습니다. 자유스러운 사람은 양심대로 살 수 있습니다. 자유스러운 사람은 남을 저주하거나 책임 전가를 하지 않습니다. 자유스러운 사람은 어느 한 곳에 묶여 있지 않기 때문에 부귀와 가난, 장수와 단명, 그리고 명예와 불명예의 구별(dichotomy)에서 해방되어 양심의 깊은 곳에서 홀로 하느님을 만납니다. 바로 이것이 영적 자유(spiritual freedom)입니다.

나자렛 예수는 자유스러운 사람이었습니다. 나자렛 예수가 자유롭지 못하고 권력과 타협하거나 치부를 했었다면 우리를 구원할 수 없었습니다. 나자렛 예수는 십자가에 매달려 죽음을 당할 때 본시오 빌라도와 원로사제들을 저주하지 않았습니다. 킹 박사도 자유스러운 사람이었습니다. 넬슨 만델라도 감옥에 홀로 있는 동안 더 자유스러운 사람이었습니다. 나자렛 예수는 참으로 자유스러운 사람이었습니다. 성경이 전해주는 예수 그리스도를 만나면 가슴이 열리고 내적으로 자유스러워지면서 새로운 우리 자신을 발견하여 두 발로 서있을 수 있습니다.

이제 우리들은 예수 그리스도를 따르려 합니다.

- 우리가 예수 그리스도를 따르는 것은 교회가 하라고 하니까 하는 것이 아니라, 그렇게 함으로써 참 나를 찾아 올바른 가치관을 갖고 하느님께 영광을 드릴 수 있기 때문입니다.
- 우리가 예수 그리스도를 따르는 것은 다른 사람이 하니까 하는 것이 아니라, 그렇게 함으로써 이웃의 아픈 상처를 안아 줄 수 있는 사랑(compassion)을 지닐 수 있기 때문입니다.

- 우리가 예수 그리스도를 따르는 것은 우리 영혼이 천당 가기 위해서가 아니라, 그렇게 함으로써 우리들이 지금 여기에서 자유스러운 하느님의 아들과 딸이 될 수 있기 때문입니다.
- 우리가 예수 그리스도를 따르는 것은 그리스도의 남을 위한 삶을 따르는 것만이 아니라 진정한 나를 찾을 수 있기 때문입니다.

영성수련은 하느님의 자유 안에 우리의 자유를 얻기 위한 여정입니다. 진정한 자유는 하느님의 자유입니다. 하느님의 자유는 예수 그리스도의 자유입니다. 예수 그리스도는 "진리가 너희를 자유롭게 할 것이다"(요한 8, 32)라고 말씀하십니다. 진리는 예수 그리스도입니다. 따라서 자유로우려면 나자렛 예수를 알아야 합니다. 나자렛 예수를 더 잘 알고 사랑하게 되면 더욱더 깊고 큰 자유를 얻게 됩니다. 자유는 성경에 쓰인 나자렛 예수의 말씀과 행적이 우리들 가슴속 깊이 와 닿게 합니다. 우리의 자유는 하느님의 자유 안에 있기 때문에 성경을 통하여 예수 그리스도가 스스로 당신을 보여주셔야 우리는 나자렛 예수를 알고 사랑하고 따를 수 있습니다.

묵상할 성경
 에페 3, 14-19; (성스러운 순종)
 마태 25, 14-30; 탈렌트의 비유

제8강
에덴동산

문자는 사람을 죽이고
성령은 사람을 살립니다.
(2코린 3, 6)

만남
겨울이 떠나야 봄이 오려나
봄이 돌아와야 겨울이 떠날건가?
그게 아니지
봄이랑 겨울이 서로 만나
둘이서 정답(예쁘)게 풀꽃 피워서
겨울에게 꽃 선물 드리고
봄에게 꽃바람 드리고
그처럼 정답(예쁘)게
꽃 선물 꽃바람 주고받으며
떠나고 머무는 거지.

(황옥연)

제 8 강 에덴동산

우리 조상들은 에덴동산에서 하느님과 함께 시원한 저녁 바람을 맞이했었습니다(창세 3, 8). 그분들은 얼굴에 가면을 쓸 필요가 없었고 아무것도 걸치지 않아도 부끄러워하지 않았습니다. 그런데 우리들은 지금 그렇게 살고 있지 않습니다. 얼굴에 무엇을 바르고 여러 종류의 옷을 입고 살면서도 이웃을 사랑하기는커녕 남을 흉보고 헐뜯기를 잘합니다. 리차드 로어에 의하면 이러한 인간의 특징은 인식의 주체가 모든 사물을 항상 분리시켜 비교하고 판단하는 이원론(binary) 혹은 이분법(dual)의 사고방식에서 원인을 찾을 수 있다 합니다.[35]

인식의 시작

이원론의 사고방식은 인식의 발달 과정에서 생성되었습니다. 태초에 아담과 하와는 에덴동산에 있는 선악과를 따 먹었습니다. 이것이 우리가 알고 있는 원죄입니다. 이 원죄로 인하여 사람은 선과 악을 구별하고 생각하고 판단하는 능력이 생겼으며 말과 문자를 사용하여 생각과 감정을 표현하기 시작하였습니다.

말과 글자로 표현하는 것은 한계가 있습니다. 우리들의 꿈, 사랑, 그리고 가슴속 깊은 곳에 있는 우리가 모르는 어떤 것들을 모두 말과 글자로 표현할 수 없을 뿐만 아니라 말과 글자로 일단 표현이 되면 그것은 표현될 수 없는 다른 면을 배제합니다. 주체-객체의 직선적인 사고방식은 구체적이고 확실하고 논리적인 것을 표현할 수 있지만, 생소하고 불안하고 애매하고 상징적이고 신비한 것을 정확히 그리고 완전히 표현할 수는 없습니다. 신비한 지혜는 말과 글자로 표현할 수밖에 없지만, 실체(actuality) 혹은 실제(reality)와 다른 표현입니다. 이것이 바로 인간이 가지고 있는 말과 문자의 한계입니다. 성경을 보면 예수님이 스스로 쓴 글자는 하나도 없고 제자들이 기억하는 예수님의 말과 행동만 적혀 있습니다. "문자는 사람을 죽이고 성령은 사람을 살립니다"(2코린 3, 6).

인간은 좋은 것과 나쁜 것을 구별하는 인식이 발달됨에 따라 지식(intellect)과 이성(reason)을 중요시하여 생각과 판단을 말과 글자로 표현하는 주체와 객체가 뚜렷한 이원론을 사용하게 되었습니다. 그러나 주체와 객체가 분리된 이원론의 인식은 표현될 수 없는 것을 몰라보기 때문에 실제의 전부를 보지 못한 자아인식(I-consciousness)을 자동적으로 형성하게 됩니다. 자아인식은 한 실제 혹은 실체의 전부를 알아보지 못하고 오직 표현된 부분만을 알아보고 그것을 실제의 전부인 양 받아들이고(reify) 집착(attach)합니다. 이렇게 완전하지 않은 인식이 전부인 줄로 잘못 아는 것, 즉 착각하는 것을 무지(無知, ignorance, *avidya*)라고 합니다. 어떤 실제를 있는 그대로(the thing in itself) 알아보지 못하기 때문에 무지입니다. 실제는 감각, 지성, 그리고 신비한 지혜의 전체적인 통합이어야 하는데, 인간의 직선적인 인식은 말과 문자로 표현될 수 없는 면을 배제(ignore)하기 때문에 표현된 것만을 전체인 양 착각하는 환상(illusion)에 붙잡힌 자아(ego)를 형성합니다. 이렇게 만들어진(fabricated ego) 자아는 욕망에 쌓인 개인주의를 낳습니다. 그리고 무지와 환상들로 축적되어 있는 자아는 번뇌(*kleshas*)에 쌓여 무명(無明, delusion)을 초래합니다. 마음이 검은 구름에 쌓인 어둡고 불안한 상태입니다. 무명은 고통(*dukkha*, suffering)을 낳습니다. 그리고 번뇌에 쌓인 자아는 자기에 집착할 수밖에 없기 때문에 좁아지고 흐려지고(delusion),

자기를 변호하고 추켜들기를 좋아하고(greed), 외부의 위협을 받으면 자기를 보호하기 위해 화(anger)를 냅니다. 결국에는 이원론의 인식으로 인한 무지가 불교의 삼독(치= delusion, 탐=greed, 진=anger)의 원인입니다. 이렇게 기독교의 원죄가 불교의 무지, 무명 그리고 삼독의 원인이 되었습니다.

토마스 머튼에게 선을 알려준 수주키 박사의 편지에는 원죄의 지식(knowledge)과 불교의 무지(ignorance)를 연결시키는 대목이 있습니다(pp. 104-108, ZBA; p. 332, AJ). 인간은 말과 문자를 쓰기 시작한 후로 표현되는 부분만을 인식하여 그것이 전부인 것처럼 착각하였습니다. 이렇게 습관된 인간의 인식은 환상적인 자아를 키워 개인주의를 낳고 원래 참다운 나, 즉 에덴동산에 살던 나를 모릅니다. 더구나 과학과 기술문명이 발달될수록 꿈과 여유와 슬픔이 없고 희망과 사랑과 믿음이 없는 오직 돈과 실용과 개념과 이론이 판치는 세상을 살고 있습니다. 에덴동산에서 발생된 이원론은 전자기술의 발달로 인하여 전세계에 빠른 속도로 퍼지고 있습니다.

인간은 자아를, 즉 거짓 나를 비워야 구원됩니다. 생각과 관념으로 차 있는 이기적인 개인주의를 벗어나야 구원됩니다. 인간은 죽어야 삽니다.

주체-객체의 이원론 인식

여태까지 주체-객체의 직선적인 인식(Cartesian mindset)에 관하여 어떤 실체가 말과 글자로 표현되는 순간 그 실체의 전부가 표현될 수 없기 때문에 주체가 표현된 부분에만 집착하는 무지로 인한 거짓 나를 갖게 된다는 이론을 전개했습니다. 신비한 지혜는 직선적인 말과 글자로 완전히 표현할 수 없을뿐더러 세상 만물은 원래 서로 연결되어 있기 때문에 처음부터 주체와 객체로 분리하는 이원론의 인식 자체가 문제가 됩니다. 따라서 이러한 원초적인 관계를 무시한 직선적인 인식으로 인하여 생기는 무지는 더 심각해집니다. 주체-객체의 이원론의 인식에 관한 요점을 다시 정리하면:

1. 모든 실제는 말과 문자로 표현될 수 없고,
2. 주체-객체로 표현될 경우, 주체는 표현된 부분만을 인식하는 무지를 초래하고,
3. 또한 주체와 객체가 원래부터 연관되어 있음을 무시한다.

주체-객체의 인식은 오직 이성과 논리에 의존한 이원적인(binary) 혹은 이분법적인(dual) 사고방식을 초래하고 집착하는 자아를 형성합니다. 이것이 불자의 번뇌와 망상(illusion)의 시작이고 고통(suffering)의 원인입니다. 우리는 이것을 '원죄'라고 부르지요. 이와 같이 인간의 맨 처음 인식에 문제가 있음은 불교나 기독교나 마찬가지라는 것은 토마스 머튼도 지적하였습니다(p. 332, AJ).

이원론의 인식은 자아로 하여금 실제가 아닌 환상을 낳아 끈질긴 자아를 형성하여 하느님의 뜻을 가로막습니다. 성경에 보면 예수님은 어린이들을 무척 좋아하셨습니다(마태 19, 13-14). 어린이들이 말을 잘 들어서가 아니라, 말과 글자를 아직 모르기 때문에 욕심이 없는 순수한 마음을 가지고 있습니다.

우리는 하느님을 알기 위해서 외향적인 주체-객체의 이원론보다 내면으로 향하여 마음의 움직임을 살필 줄 아는(be mindful), 즉 비이원론의 '하나로 전체'가 되는 인식을 배워야겠습니다. 토마스 머튼은 이원론의 사고방식으로는 하느님을 정확

히 알 수 없음을 경고하고 있습니다.

데카르트의 이원론의 추리는 생각하는 나로 시작하여 내가 객체로 여긴 하느님을 만나려는 시도이다. 그러나 하느님을 객체로 만들면 조만간에 하느님은 '죽어' 버린다. 왜냐하면 하느님이 객체라는 것을 상상할 수 없기 때문이다. 하느님이 객체라는 것은 단순한 추상적인 개념일 뿐 아니라 그러한 개념은 내면적으로 상반되는 것이 너무 많아서 결국 한 우상으로 둔갑한다. 의지로서만 믿어야 하기 때문이다(부록 19, p. 23, ZBA).

다른 영성가들도 이원론의 사고방식을 다음과 같이 평합니다.

여러분은 이원론으로는 아무 조건 없이 하느님을 사랑하고 또한 자신을 사랑할 수 없다. 왜냐하면 언제나 상반되는 의견과 증거들이 나타나 어느 것이 더 좋은지 서로 다투기 때문이다 (부록 20).[36]

사람들이 주체-객체의 이원론에 잡혀 있는 한 그들이 이미 완전한 부처라는 것을 스스로 알아볼 수 없다. 그래서 자기들이 부처가 될 수 있다는 가능성을 믿고 부처를 자기네들 밖에서 찾으려 한다(부록 21).[37]

이원론의 사고방식은 이러한 순수한 의도를 환상으로 둔갑시켜, 안정을 찾으려는 순례자들을 피곤하게 만들고 용기를 잃게 한다(부록22).[38]

이원론의 사고방식(Cartesian mind)은 말과 글자로 표현이 가능한 지식(*logos*)을 중요시하고, 반면에 말과 글자로 표현될 수 없는 신비(*mythos*)와 영(*pneuma*)을 몰라봅니다. 이론과 개념을 멀리하고 영성적인 것과 신비함이 살아났기 때문에 근래에 와서야 성령세미나가 부흥하게 되었습니다. 하느님이 우리 안에 계신다는 사실과 우리가 귀하고 신성하다는 시선은 까맣게 잊어버렸지요. 천당과 지옥도 서로 분리된 다른 장소로 생각했었기 때문에 얼마나 고생을 하였습니까? 천진한 신자들의 천당 가고 싶어 하는 마음을 악용한 은근한 위협과 잘못된 가르침이 교회 안에서 없지 않았습니다.

비이원론의 사고방법

비이원론(nondual, nonbinary)은 전체적으로(holistic, wholistic) 보아서 하나(monism)가 아니고 둘도 아니라는(불일이불이, 不一而不二) 의미입니다.

우리는 '하나로 전체'가 된다는 말을 자주 쓰는데 하나라는 말은 숫자만을 뜻하지 않고 전체라는 뜻을 지니고 있습니다(예; 한겨레, 한 민족). 이상적인 비이원론의 인식은 주체가 자신을 완전히 비워 객체와 합쳐진 상태를 형성하므로 객체가 있는 그대로(just as it is) 나타납니다. 즉 나와 실제가 하나로 되어 있는 상태입니다. 낮과 밤은 서로 다르지만(distinct) 분리할(separate) 수 없어서 '하나로 전체'가 됩니다. 슬픔과 기쁨은 서로 같지 않으나 분리할 수 없어서 '하나로 전체'가 됩니다. 삶과 죽음은 서로 다르지만 분리할 수 없어서 '하나로 전체'를 이룹니다. 최근에 접한 서강대학 유시찬 신부의 유튜브 이냐시오 영신수련 강의는 비이원론의 논리를 넓고 깊게 사용하고 있어서 열심히 배우고 있습니다.

비이원론으로 장자의 나비 꿈 이야기는 유명합니다. 장자는 어느날 잠깐 낮잠이 들었는데, 자신이 장자임을 잊고 나비가 되어 훨훨 날아다녔습니다. 깨어나 보니 나비였던 자신은 사라지고 본래의 자신만이 있습니다. 그러나 자신이 나비가 되어 날아다니면서 세상을 바라본 기억이 남아 있었습니다. 장자는 생각에 빠졌습니다. 자신이 꿈에 나비로 변했는지? 아니면 꿈속의 나비가 장자가 되어 이렇게 생각에 잠겨 있는지? 그리하여 꿈속의 나비가 변화되어 장자로 있지만 꿈속으로 들어가면 다시 변하는 것이 아닐까? '내가 네가 되고 네가 내가 되는' 세상이 가능하다는 생각입니다. 장자는 깨달았습니다. '나와 나비는 하나이다. 나와 나비는 겉보기에는 서로 다르고 구별할 수 있지만 결코 절대적인 본질의 변화는 아니다.' 이러한 인식은 '나다, 너다'하는 분리가 없고 만물이 하나가 되는 이치라고 하여 장자 사상인 도교의 핵심이 되는 꿈의 체험입니다.

우리도 가끔 꿈에서 깨어날 때 꿈에서 접했던 어떤 희미한 이야기가 사실이 아닌 것이 퍽 다행이라고 느껴본 적이 있을 것입니다. 날마다 인식하고 살아가는 일상생활은 꿈과 별로 다를 것이 없습니다. 우리가 실제(reality)나 실체(actuality)를 올바로 보지 못하고 허상을 보며 사는 이유는 주체-객체로 된 이원론의 인식 방법에서 기인합니다. 이러한 인식 방법을 무지(deluded, 無知) 혹은 무명(illusory, 無明)의 인식, 외향적인 인식, 직선적인 인식이라 부르고 이러한 명칭들은 근대 서양철학의 아버지인 데카르트가 영혼과 육신을 분리시켜 사람을 생각하는 기계로 만든 후부터 서양문화를 지배해 온 인식입니다.

상대적으로, 주체와 객체가 하나가 된 비이원론의 인식은 우리의 생각과 욕심이 없어진 가운데 우리 안에 이미 내재해 있는 그리스도가 우리의 인식을 주관하게 합니다. 우리의 자아(ego)가 없는 무아의 상태를 유지한다면 그리스도가 우리를 포함하여 이원론의 인식이 자동적으로 없어집니다. 이러한 비이원론의 인식 방법은 그리스도와 '하나가 된(unitive consciousness)' 인식입니다. 그리스도가 우리 안에 계심을 받아들이는 중요한 이유는, 우리도 어린이처럼 순수하고 단순히 그리스도와 하나가 된 생각과 판단을 할 수 있기 때문입니다.

토마스 머튼은 우리가 그리스도와 '하나가 된' 인식에 관하여 다음과 같이 말합니다.

> 말씀이 사람이 되신 그리스도는 신성과 인성이 존재적으로 완전히 결합되어 파괴될 수 없다. 우리의 영혼이 그리스도 안에서 하느님과 하나가 되는 것은 그렇게 존재적으로 분리할 수 없는 것이 아니지만, 도덕적이고 마음(heart)이 일치하는 이상의 것이며 순간의 만남이다(accidental union). 그것은 우리가 하느님의 삶(the divine life in me)을 살수 있도록, 내 안에서 그리스도 자신이 원천과 원리가 되어 있는 신비한 결합이다(부록 23, pp. 158-159, NSC).

중세기 신비 영성가인 마이스터 엑하르트(Meister Eckhart)는 "우리가 하느님을 보는 바로 그 눈이 하느님이 우리를 보는 눈이다. 내 눈과 하느님의 눈은 똑같은 하나의 눈이다."라고 말하였습니다. 하느님과 우리가 똑같은 바탕(ground)에 있다는 뜻입니다. 그리고 예수님께서 아빌라의 성녀 데레사에게 "네 안에서 나를 찾고, 내 안에서 너를 찾아라."고 하신 말씀은 '하나로 전체'가 되는 상태를 잘 설명하고 있습니다. 예수 그리스도가 하느님이고 동시에 사람이며, 성모 마리아가 어머니며 동시에 동정녀인 것도 마찬가지입니다. 우리 어머니들이 우리가 몹시 아플 때 우리 대신 아프셔서 "너의 아픔을 대신하고 싶다."고 말씀하시는 것도 '하나로 전체'인 인식입니다.

여기까지 요점을 정리하면, 인간의 직선적인 인식 방법에 원인을 둔 기독교의 원죄와 불교의 무지가 서로 유사함을 살펴보았고, 이러한 이원론의 인식 방법을 멀리하고 '하나로 전체'가 되는 비이원론의 인식 방법은 하느님을 향한 영성에 관한 문제를 다루는 데 반드시 필요합니다. 이원론에 기반을 둔 지식과 이성으로 하느님을 만나기 어려운 이유는 "하느님은 영이시기"(요한 4, 24) 때문입니다.

새로운 인식

우리는 어떻게 하면 현대문명의 특징인 '생각하는 기계'와 같은 인식에서 벗어나 에덴동산으로 되돌아갈 수 있을까요? 피터 타일러(Peter Tyler)라는 영국의 신학자/정신분석학자에 의하면 이 질문의 대답은 토마스 머튼이 선불교에서 들여온 '새로운 인식'이라 합니다. 타일러 교수의 말을 직접 인용합니다.

> 참선은 '원초적인, 실존적이고 실용적인, 그리고 형이상학적인 감별(intuition)을 장려하는데'(p. 38, ZBA), 그 이유는 참선하는 사람이 '바로 거기에 있는 것을 바라만 볼 뿐 아무런 평가도 설명도 판단도 그리고 결론도 내리지 않기 때문이다'(p. 53, ZBA). 그래서 머튼에게는 참선이 한 인식의 도구인데, '그것은 일차원적인 따짐으로부터 과감한 자유스러움을 가져왔고, 극과 극을 충돌시키지 않고 비이원론으로 간단히 조화시킴으로써'(p. 140, ZBA), 골목으로 몰아붙이듯이 객관화하고(objectification) 고정화하는(reification) 인식으로부터, 참선하는 사람뿐만이 아니라 인류문명 전체를 혁명적으로 해방시켰다. 내적인 나는 하느님 같이 신비스러워서 온갖 개념을 동원하여 붙잡으려 하면 하느님처럼 놓치고 만다. 내적인 나는 붙잡거나 공부할 수 있

는 대상이 될 수 없는 이유는 그것은 물건이 아니기 때문이다
(p. 7, IE). (부록 24).[39]

그래서 머튼은 계속합니다.

불교의 묵상, 특히 참선은 무엇을 설명하려 하지 않고 주의하고 알아차리고 마음을 씀으로써 다시 말하면, 말의 표현과 감정의 쏠림으로 인하여 일어나는 허위에 휘말리지 않는 일종의 별다른(새로운) 인식구조를 배양하도록 힘쓴다(부록 25, p. 38, ZBA).

서양이 선을 맛보게 된 것은 400년 동안(17세기 계몽사상 이후) 이분법으로 인한 전통에서 아래와 같은 곤욕에서 벗어나려는 건강한 징조이다. 관념을 고정화하고 반영되는 인식을 우상화하고 문자, 수학, 그리고 합리화에서 벗어남이다. 데카르트는 자기가 자신을 보는 거울을 우상화했으나 선은 그 거울을 깨트려 버렸다(부록 26, p. 285, CGB).

'새로운 인식'이란 주체-객체의 직선적인 인식이 아닌, 주체와 객체가 하나가 되는 비이원론(nondual)의 인식, 또한 객체가 없고 주체만 있는(transsubjective) 인식을 말하고 있습니다. 참선 수행이 '새로운 인식'을 가져올 수 있는 이유는(pp. 15-32, ZBA), 선불교의 우주관은 주체와 세상 만물이 처음부터 연관되어 있어 하나가 되는 인식 관계를 형성할 수 있기 때문입니다. 실제를 머리로 해석하지 않고 직접 있는 그대로 만나는 하나가 된 인식은 우리로 하여금 인식의 영역을 떠나 하느님의 영역으로 건너가게 합니다. 강을 건넌 다음에는 배가 필요 없듯이 공의 영역에서는 이원론이 필요 없기 때문입니다. 철학자 로이(Loy)는 다음과 같

이 말합니다.

> 비이원론의 행위는 (일부러 목표를 세우지 않기 때문에) 자연적이고, (자기를 내세우는 고집센 '나'가 없기 때문에) 힘이 안 들고, (하나로서 전체가 행동을 함으로써) 텅 비어 있다(부록 27).[40]

'새로운 인식'을 기르기 위해서는 우리 안에 계신 그리스도를 만나야 하고, 우리 안에 계신 그리스도를 만나려면 관상기도를 해야 합니다. 관상기도는 생각이 없는(無念) 가운데 성스러운 순종 안에 우리의 '몸과 마음이 없어지는(body and mind drop off)' 기도입니다. 기도 중에 생각이 없는 것은 마음을 비우는 데 가장 효과적입니다. 우리의 자아가 펄펄 살아 있으면서 관상기도를 할 수는 없습니다. 관상기도를 통하여 우리의 끈질기고 배고픈 거짓 나가 사라지면 우리의 참 나가 이미 와 계시는 그리스도를 알아봅니다. 그리하여 우리와 그리스도가 하나로 되어 주체-객체 구별이 없는 새로운 인식을 형성합니다. 달리 표현하면, 하느님의 사랑으로 인하여 우리 영혼이 정화됩니다.

사람은 마음대로 자유로이 세상을 살 수 없고(contingent) 언젠가는 하느님이 부르시면 떠나야(finite) 합니다. 그러나 만일 우리가 '새로운 인식'을 기를 수 있다면, 그리스도가 우리 인식의 주인이 됨으로써 우리는 자유스럽고(free) 영원한(infinite) 생명을 얻을 수 있습니다. 이것이 바로 우리가 구원되는 것입니다.

동서양을 막론하고 참다운 영성은 항상 비이원론적입니다. 우리말에 "극과 극이 만난다."는 말이 있듯이, 똑같은 의미를 가지고 있는 말이 서양의 'the coincidence of opposites'입니다. 서로 반대인 것처럼 보이지만 사실은 같다는 뜻입니다. 가령 낮과 밤이 같이 있으나 어느 하나가 강하게 나타날 뿐입니다. 기쁨과 슬픔이 같이 있으나 어느 하나가 숨어 있는 상태입니다. 갈등과 평화가 항상 같이 존재합니다. 시작이 끝남이고 끝남이 시작입니다. 봄과 겨울이 서로 오고 가면서 동시에 머물고 있습니다. 가난한 사람이 복을 받습니다. 나자렛 예수가 하느님을 보여주었으나 동시에 하느님을 가렸습니다. 교회는 예수 그리스도의 성사여서 성스러우나 이 세상에 속해 있습니다. 우리는 어떤 실제를 바라볼 때 어느 한 면에 집착해서는 안 됩니다. 그 면을 부정하는 동시에 새로운 다른 면을 받아들이는 지혜가 있어야 합니다.

그리스도와 하나가 되는 영성을 향상하기 위해서는 전체적으로(holistic) 들여다보고 머리보다는 가슴이 생각하고 판단해야 합니다. 슬픔 뒤에 기쁨이 있고, 즐거움 뒤에 고통이 있고, 어두운 곳에서 빛을 보고, 안 보이는 것을 볼 수 있고, 안 들리는 것을 들을 수 있고, 전체적으로 반대되지 않도록 중용을 지키면서 모순(paradox)을 받아들이십시오. 원인과 결과를 밝히는 직선적인 사고방식을 피하고 남을 판단하지 마십시오(마태 7, 1).

아담과 하와 때문에 하느님께 가는 사다리가 부서졌고 에덴동산의 문이 닫혔습니다. 그러나 그리스도를 믿고 사랑할 때 부서진 사다리가 다시 연결되고 에덴동산의 문이 열리게 됩니다. 오직 그리스도를 통해서만 에덴동산에 다시 들어갈 수 있습니다. 죽어서가 아니라 '지금 여기'에서 가능합니다. 다행스럽게도 아담과 하와의 낙원 추방은 우리들에게 더 많은 은혜를 가져왔습니다. 우리가 기도와 신비의 영성을 통해 참 나를 찾음으로써 에덴동산 한가운데 있는 생명의 나무(the Tree of Life)를 만질 수 있기 때문입니다. 아마도 그 생명의 나무가 바로 우리 안에 계시는 그리스도라고 할 수 있습니다. 우리가 귀하고 성스러운 것은 우리가 에덴동산에서 살 수 있는 가능성을 지니고 있기 때문입니다. 우리들은 기도를 통하여 생명의 나무를 만져볼 수 있으니 예수 그리스도께 감사해야 합니다. 예수 그리스도의 죽음과 부활로 인하여 우리는 영원한 생명을 얻을 수 있기 때문입니다. 우리들은 기도를 통하여 완전한(fulfilled) 사람이 될 수 있는 영원한 생명을 얻을 수 있기 때문입니다(9강).

우리 안에 예수 그리스도가 이미 존재하므로 우리들은 하느님의 삶(God's life)을 살 수 있습니다. 나자렛 예수는 우리들의 참 구원자이십니다.

묵상할 성경

마태 5, 43-48; (온 곳에 오는 비)
루카 6, 37-38; (판단하지 마라)

제9강
한 많은 세상과 죄

죄가 많아진 그곳에
은총이 충만히 내렸습니다
(로마 5, 20)

내일은 없다
내일 내일 하기에
물었더니
밤을 자고 동틀 때
내일이라고

새날을 찾던 나는
잠을 자고 돌보니
그때는 내일이 아니라
오늘이더라

무리여! 동무여!
내일은 없나니

(윤동주)

제 9강 한 많은 세상과 죄

　하느님의 사랑과 인간의 존엄성을 아무리 강조한다 하여도 우리들이 살아가는 세상은 어지럽고 상처투성이라는 사실을 감출 수 없습니다. 전쟁이 끝없이 계속되고, 학교에서나 교회에서 총으로 사람을 쏘아 죽이고, 남의 것을 쉽게 도둑질하며, 나이 든 부부가 이혼을 하고, 사람들은 거짓으로 사랑한다는 말을 자주 합니다. 또한 우리들은 전쟁과 데모와 혁명을 겪었고, 배고픈 것이 어떤지 경험해 보았고, 경제적인 차별, 사회적인 차별, 혹은 인종차별이 없을 수 없는 곳에 살고 있으니 한 많은 세상을 살아가고 있습니다.

　'한'은 지난날의 슬픔과 고통이 해결되지 않은 응어리가 무의식 안에 그대로 남아 있는 상태를 말합니다. 나로 인한 슬픔과 고통보다 대부분 외부의 자극으로 형성된 분노와 억울함이기 때문에 나의 힘과 노력으로 풀어지지 않아 그저 껴안고 살아갈 수밖에 없는 것이 한입니다. 특히 나이 드신 우리 어머니들과 할머니들은 정말 한 많은 세상을 살아오셨습니다. 한을 풀 수 있는 유일한 방법은 하느님의 사랑으로 인하여 자신의 인간적인 가치와 위엄을 되찾는 것입니다. 최근 공산주의가 무너지게 된 동기의 하나로, 인간의 가치와 존엄을 강조해 온 요한 바오로 2세의 공헌을 잊지 맙시다.

지금 여기(here and now)

　한에서 벗어나는 방법은 '지금 여기'에 사는 것입니다. 지금 현재에 충분히 만족하지 못하면 지나간 과거가 찬란해 보이거나 아직 찾아오지 않은 미래에 엉뚱한 기대를 걸게 됩니다. 과거에 붙잡혀 있거나 미래에 대하여 헛된 희망을 갖지 않기 위해서는 지금 현재를 착실히 그리고 만족하게 사는 것입니다. '지금 여기'에 산다는 것은 맨 처음 하고 싶었던 일 그리고 세상이 끝날 때 해야 될 일을 지금 이곳에서 할 수 있도록 만드는 능력입니다. 사람이 만든 시간에 의하면 과거는 항상 지나가 버리고, 미래는 아직 오지 않았으며, 현재는 절대 잡을 수 없이 항상 움직입니다. 그래서 지금 여기에 머무는 것이 중요합니다. 지금 여기에 머물고 있으면 왔다가 가버리는 붙잡을 수 없는 현재와 항상 같이 있을 수 있습니다.

지금 여기에 머물 수 있는 유일한 방법은 생각을 하지 않는 것입니다. 왜냐하면 기도 중에 일어나는 생각은 그 생각이 나자마자 우리의 마음이 과거나 미래에 잡히기 때문입니다. 따라서 관상기도 중에 생각이 없는 동안은 현재와 같이 영원한 생명을 살고 있는 순간입니다. 따라서 선 수행은 생각이 없도록 하기 때문에 마음을 비우기 위한 효과적인 방법입니다.

나자렛 예수가 하느님의 나라를 우리 가운데 지금 여기에 설립하신 것은 아주 중요한 의미가 있습니다. 지금 여기에 머물고 있으면, 과거와 미래에 붙잡히지 않고 영원한 삶을 살 수 있기 때문입니다. 성경에는 '지금 여기'를 강조하는 대목이 많이 있습니다. 나자렛 예수께서 "내일 일을 걱정 마라."(마태 6, 34) 하시면서,

- 사마리아 여인에게 "지금이 바로 그때다"(요한 4, 23).
- 자캐오에게 "오늘 너희 집에 머물겠다"(루카 19, 5).
- 회당에서 "오늘 이 성경 말씀이 너희가 듣는 가운데에서 이루어졌다"(루카 4, 21).

- 골고타에서 오른쪽 도둑에게 "너는 오늘 나와 함께 낙원에 있을 것이다."(루카 23, 43)라고 하셨습니다.

사도 바오로도 '지금'을 강조했습니다.

- "지금이 바로 매우 은혜로운 때입니다. 지금이 바로 구원의 날입니다"(2코린 6, 2).
- "지금… 잠에서 깨어날 시간입니다"(로마 13, 11).

성경은 '지금 여기'를 수없이 강조하고 있습니다. '지금 여기'를 사는 좋은 방법은 기도 중에 개념적인 생각을 없애고 고독한 가운데 침묵을 지키는 것입니다. 분별 의식은 항상 주체-객체의 양상을 만들기 때문에 영리하고 배고픈 자아(ego)를 생동하게 합니다. 기도 중에 항상 잡생각이 들게 마련인데 이러한 잡념은 과거의 기억이나 미래의 기대와 반드시 연결되어 있습니다. 잡생각을 하면 그 순간을 떠나 과거나 미래에 붙잡히게 되고 여러 잡념들을 계속 연결시켜 심지어 소설이나 수필을 쓰게 됩니다. 잡생각은 항상 자아를 동반하지만 지금에 머물면 잡생각이 없어져 우리의 자아를 쉬게 함으로써 우리 안에 계시는 그리스도가 활동하게 합니다. 잡념이 없는 무념(no-mind)의 상태를 유지하면 자아를 비우고 그리스도로 하여금 우리의 인식을 전환시키고 또한 무의식을 노출시킬 수 있습니다. 그러므로 기도 중에 쓸데없는 생각들에 신경을 쓰지 않도록 하는 훈련이 필요합니다. 관상기도와 선 수행은 마음을 '지금 여기'에 머물 수 있게 하는 좋은 영성수련입니다.

'지금 여기'를 강조하는 이유는 기도에 잘 집중할 수 있기 위해서입니다. 그러나 더 중요한 것은 우리가 구원될 시간과 장소가 바로 '지금 여기'에 있음을 강조하기 위해서입니다. 우리는 우리가 죽은 다음에 천당에 가서 구원되지 않습니다. 가톨릭 영성에서 강조하는 고독과 침묵(2강)은 선 수행의 '지금 여기'와 같습니다. 캄캄한 침묵 속에 온전히 홀로 있기 위해서는 지금 여기에 머물고 있어야 하기 때문입니다. 반대로 지금 여기에 머무르기 위해서는 오직 고독한 침묵 안에 머물어야 가능합니다.

기도 중에 줄지어 오는 생각들에 붙들리면 과거와 미래에 붙잡히기 때문에 경문을 외우고 숫자를 세고 예수님과 대화를 함으로써 잡념에 잡히지 않도록 두뇌에 고삐를 걸어 놓는 것입니다. 묵주신공은 성모 마리아에 대한 흠숭과 공경의 기도이지만 중요한 것은, 기도를 하는 동안 잡념이 줄어들거나 없어져서 무념의 상태를 유지하여 성모 마리아와 하나가 되는 것입니다. 생각이 없는 상태, 즉 마음이 맑고 고요함을 유지함으로써 그리스도와 하나가 되는 지혜(*prajna*)를 얻을 수 있으며 '지금 여기'에 머무를 수 있습니다. 예수님은 광야에서 40일 동안 사탄의 유혹을 받으셨습니다. 오랜 침묵을 지키시며 기도하시는 중에 많은 잡념과 자아를 버리도록 시련을 이겨내셨습니다. 우리는 그렇게 기도할 수 있을까요?

죄

한 많은 세상, 어려운 세상을 살아가기 때문에 우리들은 죄에 대해 묵상해야 하며 하느님이 우리들의 죄를 보여주시도록 기도합니다. 죄는 넓은 의미에서 하느님의 사랑을 가로막는 일체의 생각과 행동입니다. 어떤 규정이나 법규를 지키지 않는 것을 넘어 우리들이 자유를 남용할 때 일어나는 개인적 그리고 사회적인 어두움입니다. 죄는 마음을 더럽히고 영혼을 파괴합니다. 사실 우리들은 사회적이고 국가적인 죄보다 개인적이고 도덕적인 죄를 더 밝히는 사회에 살고 있습니다. 힘이 강한 국가가 힘이 약한 국가를 침략해도 괜찮고, 어떤 큰 부자가 수백만 달러를 해 먹어도 법에 저촉되지 않아 죄의식을 느끼지 않지만, 바쁜 사람들이 주일에 성당에 가지 못한 것은 큰 죄로 여기고 있습니다. 그러나 예수님은 간음한 여자를 용서하셨으며, 성전이 돈의 힘에 흥청거리는 것에 크게 화를 냈습니다. 예수님은 개인적인 보이는 죄보다 사회의 어두움을 만드는 보이지 않는 죄를 더 규탄하셨습니다. 그리고 우리들은 불행하게도 진정한 죄의식이 줄어드는 세상을 살아가고 있습니다. 아마도 우리가 하느님의 필요성을 덜 느끼는 탓일까요?

　우리는 왜 아담과 하와의 원죄를 물려받아야 하는지 궁금했습니다. 사실 원죄는 물려받는 것이 아니라 사람들이 하느님의 뜻을 모르고 자기 마음대로 하는 욕심이 형성한 고정적인 사회의 악이라고 이해합니다. '원죄'라는 말은 성서에 있지 않고 아우구스티노 성인 덕분에 교리에 들어온 말입니다. 우리들의 끝없는 욕심은 어지러운 세상을 만들고 결국에는 사회악을 형성하여 깊은 뿌리를 내리고 있습니다. 우리가 만든 사회악이 우리 후손들에게는 원죄가 됩니다. 우리도 원죄 안에 태어났기 때문에 우리의 욕심은 물질적으로 풍부한 부자가 되고 싶고, 부자가 되면 어깨가 올라가 명예를 찾고, 명예를 얻으면 거만해집니다. 반대로 모든 것이 하느님이 주신 선물이고 은총이라고 여기면 중용심이 생기고 영성적으로 가난해져 겸손한 사람이 됩니다. 겸손은 모든 덕 중에 가장 기초적인 덕으로 하느님의 사랑을 온전히 받아들임으로써 시작됩니다. 겸손과 가난은 명예와 부와 반대되어 영성의 발전에 쌍벽을 이루는 중요한 덕입니다.

이원론의 인식이 원죄의 근원

원죄는 아담과 하와가 처음으로 저지른 죄라기보다 처음으로 행한 이분법적인 인식입니다. 아담과 하와가 에덴동산에서 선악을 판단할 수 있는 지식을 얻음으로써 말과 글자를 사용한 이원론의 표현이 시작되었습니다(8강). 이원론의 인식은 자아(ego)를 키워 자기 욕심을 챙기기 시작합니다. 이원론의 표현에 습관된 우리는 선과 악을 분명히 분리해 놓고 우리는 선하고 상대방은 악하다고 단정합니다. 이러한 생각은 서로 반대되는 정치 이념의 대립과 싸움을 조성할 뿐만 아니라 국가 간의 계속되는 전쟁의 요인이 됩니다. 선과 악이 공존한다는 생각은 멀리하고 상대방의 악을 없애 버리려는 의도가 바로 이 세상에서 악이 없어지지 않는 이유입니다. 악은 항상 선과 떨어져 있을 수가 없기 때문에 한 악을 없애버린다면 또 다른 악이 언젠가는 생겨납니다. 그래서 전쟁은 그치지 않고 지금도 계속되고 있습니다.

이와 같은 이원론의 인식 방법은 우리를 1) 진정한 우리로부터 2) 다른 사람들로부터 3) 자연으로부터 분리시켜 사회에 깊이 뿌리내린 원죄를 형성합니다. 첫째, 진정한 우리로부터 우리가 분리되어 있기 때문에 우리는 영성수련을 통하여 참 나를 찾아 그리스도를 만나려 합니다. 둘째, 다른 사람으로부터 우리가 분리되어 있기 때문에 다른 사람은 추호도 고려할 것 없이 우리는 개인주의와 물질주의가 지배하는 세상에 맞추어 살고 있습니다. 우리 자식은 일류대학을 가야 하고, 돈도 많이 벌어야 하고, 운동도 잘해야 하고, 무엇이든 남을 앞서야 합니다. 그리고 우리는 맛있는 음식을 먹고 항상 건강하고 오래오래 살기를 바랍니다. 문제는 모든 사람이 우리의 개인 욕심처럼 원한다면 세상은 어떤 세상이 될까요? 모든 사람이 다 잘하고, 다 잘살고, 모두 다

오래오래 사는 세상은 있을 수 없지요. 마지막으로, 자연으로부터 우리가 분리되어 있습니다. 자연은 사람을 위하여 존재하므로 사람은 자기 이익을 위해 자연을 자기 마음대로 이용하고 파괴하는 문명을 이룩하였습니다(5강). 우리뿐만 아니라 지구상 모든 사람이 자연과 그리고 다른 생명들과 분리되어 있기 때문에 여러 오염 문제들이 심각하여 지구가 더워지고 있습니다. 이원론의 사고방식은 우리를 우리로부터, 우리 형제자매로부터, 그리고 우리가 살고 있는 자연과 지구로부터 분리시킴으로써 우리가 끊임없는 죄를 쌓아 가게 하고 있습니다.

우리는 에덴동산을 떠나 '한 많은 세상'에 살고 있기에 죄를 피할 수 없습니다. 거짓 나로부터 본능적으로 생기는 죄, 세상살이로 인한 인간관계에서 얽힌 모순과 갈등, 사회에 이미 뿌리 깊게 박힌 사회악(원죄), 피할 수 없이 당해야 되는 재난으로 인한 두려움과 공포가 우리를 기다리고 있습니다. 그러나 이러한 고난과 혼돈이 우리를 구원하신 그리스도로부터 떼어 놓을 수 있습니까? 우리가 아무리 큰 죄인일지라도 "우리 주 그리스도 예수님에게서 드러난 하느님의 사랑에서 우리를 떼어 놓을 수 없습니다"(로마 8, 39).

죄의 신비

죄는 신비입니다. 우리 누구나 가지고 있는 신비입니다. 역설적으로 우리 모두가 하느님을 만나는 데 꼭 필요한 것이 죄입니다. 우리들은 죄가 있기 때문에 하느님을 만날 수 있고, 하느님의 사랑이 우리들로 하여금 죄를 알게 합니다. 그리고 하느님에게로 가까이 갈수록 우리가 죄인임을 더 선명히 알 수 있습니다. 성인들은 당신들이 죄인임을 더 깊이 느끼고 반면에 흉악한 죄를 범한 사람은 자기가 저지른 죄를 쉽게 인정하지 않습니다. 죄를 지으면 하느님을 두려워하지만(fearful), 죄를 통회함으로써 하느님의 다른 모습을 볼 수 있고 하느님의 자비와 사랑을 더 느낄 수 있습니다. 그리고 죄에서 자유스러워지면 세상을 변화시키는 자신감을 가질 수 있습니다. "죄가 많은 곳에 은총이 충만하기"(로마 5, 20) 때문입니다.

성경에 나오는 유다인들의 죄의식에 의하면 죄는 하느님을 벗어난 일체의 모든 것이라 할 수 있습니다. 죄는 하느님과 긴밀한 관계를 가지고 있는 것 같습니다. 그래서 사도 바오로가 그리스 철학자들에게 했던 말에서 '하느님' 대신 '죄'를 대치해 봅니다. "우리는 죄 안에서 살고 움직이며 존재합니다"(사도 17, 28). 우리는 죄와 아주 가까이 대하고 있고 하루에도 수십 번 죄를 짓고 삽니다. 그래서 우리는 죄와 하느님을 떠나 살 수 없습니다. 죄가 문 앞에 항상 도사리고 앉아 있으니(창세 4, 7) 우리의 욕심이 그토록 떠날 줄을 모른다는 사실을 언제나 기억해야 합니다.

성경에서의 죄는 사회적이고 민족적인 성격이 강한데 비하여 우리는 개인적이고 도덕적인 죄의식에 사로 잡혀 있습니다. 우리가 죄인(sinner)이라고 단정하기보다는, 죄를 범할수 있는 가능성(sinfulness)을 항상 가지고 있다고 생각합니다(2강).

그리스도가 우리 안에 존재한다는 사실을 알고 있고 또한 우리가 하느님의 모상을 닮아 창조된 것을 분명히 알고 있으면서도 가끔 낙원에서 먼 어두움 속에 갇혀 있는 것은 우리가 항상 죄를 지을 가능성을 가지고 있기 때문입니다. 그래서 예수님은 착한 사람들을 칭찬하기보다 많은 사람들의 죄를 용서해주셨으며 "나는 의인이 아니라 죄인을 불러 회개시키러 왔다."(루카 5, 32)고 말씀하십니다. 우리 모두가 죄를 범할 가능성을 가지고 살아가기 때문입니다.

종말론

우리는 죄를 범할 가능성을 항상 가지고 살아가기 때문에 세상이 끝나는 날을 기억해야 합니다.

유다교의 종말론에 의하면, 오늘을 살기가 어려우면 자연히 희망에 찬 내일을 기대할 수밖에 없습니다. 유다인들은 수백 년이 넘도록 외세의 침략을 견뎌야 했기에 메시아를 기다렸습니다. 그래서 세례자 요한은 종말론적인 엄격한 하느님의 나라를 선포했습니다(apocalyptic eschatology).

유다교의 전통을 이어받은 기독교 종말론은 이 세상과 저 세상을 구분하여 미래에 대한 희망이 강합니다. 특히 묵시록의 직선적인 문자 해석으로 인한 세상의 마지막 날을 예언하는 사람들이 요사이 간혹 나타납니다.

반면에 예수님은 우리 가운데 하느님의 나라가 와 있음을 가르치셨고 "오늘 우리에게 양식을…" 그리고 "하늘에서와 같이 땅에서도 이루어지소서."라는 기도를 가르쳐 주셨습니다. 따라서 우리가 걷는 땅은 하느님의 나라가 되어 가고 있는 성스러운 곳입니다. 아마도 예수님께서는 현재와 미래가 분리되지 않고 하나인 시간 관념을 가지고 있었던 것 같습니다. 그래서 요즈음에 와서는 예수님의 죽음과 부활로 인하여 세상의 종말이 벌써 시작되었고 우리는 지금 완성되지 않은 하느님의 나라에서 살고 있다는 학설(prophetic eschatology)이 더 편안합니다. 이 세상과 저 세상 그리고 하느님과 사람은 서로 떨어질 수 없기 때문입니다.

결론적으로, 그리스도가 언젠가는 오시리라는 기대와 희망을 잃지 않고 하느님의 모든 것이 땅에 있는 우리를 지금 이곳에서 복되게 하신다는 믿음과 희망이 기독교의 종말론입니다.[41]

덕 윤리

죄를 지을 가능성을 가지고 살면서 어떻게 예수님을 따라야 할까요? 우리는 법적인 그리고 윤리적인 입장을 고수하면서 이것은 해야 하고 저것은 하지 말아야(deontology) 하며, 또는 이것은 옳고 저것은 틀리고(utilitarianism) 하는 이원론식으로 처세를 합니다. 이렇게 법적이고 윤리적인 것보다는 자연스럽게 착한 일을 할 수 있도록 인식을 변화시키고 성품과 인격을 기르는 것이 더 중요합니다. 겉으로 법이나 규정을 지키려고 노력하기보다(몸짓), 내적으로 내 안에 있는 마음(몸)을 순수하고 기쁘게 유지하도록 생각을 바꾸라는 것입니다.

예수님을 따른다(follow)는 말은 몸짓으로 예수님의 말과 행동을 흉내낸다는 뜻이 있으나 예수님을 향해 변화(transform)된다는 말은 예수님을 닮아 간다는 뜻입니다. 선한 행동을 하면 자연히 덕을 쌓아 말과 행동이 법에 어긋나지 않게 됩니다. 법을 초월하는 인격과 품성을 기를 수 있습니다. 올바른 행동을 하기보다 올바른 사람이 되는 것입니다. 법이나 규정의 포로가 되어 행동하기보다는 덕을 쌓아야 성경에 쓰인 대로 예수님을 자동적으로 따라 행동할 수 있습니다. 우리가 맺는 열매를 보고 우리가 누구인지 알아볼 수 있습니다(마태 7, 16). 이것을 덕 윤리(virtue ethics)라고 합니다.[42]

하느님을 아는 사람은 항상 죄를 알고 있습니다. 그리고 죄를 알고 있으면 공동체를 외면할 수 없습니다. 공동체 안에 살고 있기 때문에 고해성사가 필요합니다. 고해성사를 통하여 공동체 안에서 하느님의 용서를 받는 것이 나 혼자의 의지로 영리한 자아에 맡기는 것보다 훨씬 효과적입니다. 고해성사는 우리들의 영혼을 깨끗이 간직할 수 있도록 교회가 베푸는 하느님의 은총입니다. 그러나 하느님이 주신 선물을 낭비하면 영리한 자아를 키우게 됩니다. 법과 규정에 따라 행동이 좌우되는 것보다 가치 판단을 위한 인식이 변화되어 우리 안에 계신 그리스도가 주체가 되면 자연히 선한 행동을 할 수 있습니다. 그래서 "무엇을 할까?"보다 "어떤 사람이 될까?" 하는 것이 더 중요합니다. 어떤 규정을 어기지 않으려는 것보다 자연히 어길 수 없도록 덕과 인품을 기르는 것입니다. 덕이 풍부한 성스러운 인품을 기르려면 우리의 자아(ego)를 버리고 우리 안에 와 계신 그리스도를 만나 새로운 인식을 길러야 합니다(콜로 3, 9). 새로운 비이원론의 인식을 기르기 위해서는 기도를 하여야 합니다.

　우리들이 살고 있는 세상이 험하고 그래서 한 많은 세상을 탓할 수 있겠지만, 예수님이 사시던 로마제국은 훨씬 더 험한 세상이었습니다. 시기, 질투, 거짓, 그리고 살인이 쉴 새 없이 일어났던 세상에서 예수님은 죄인을 용서하시고, 병자를 낫게 하시고, 가난한 사람들에게 은혜를 베풀었습니다. 예수님께서는 아버지 하느님께서 우리의 죄를 용서하시고 있는 그대로 받아 주신다는 사실을 보여주셨습니다. 우리들은 예수님처럼 남이 저지른 죄로 인하여 그토록 억울한 죽음을 당할 수 있을까요? 십자가 밑에서 우리들은 여태까지 무엇을 했으며 지금은 무엇을 하고 있으며 앞으로는 무엇을 할 것인가를 묵상합니다.

묵상할 성경

요한 8, 1-11; 간음한 여자
필리 4, 4- 9; (덕 윤리)

제10강
참 나와 거짓 나

제 목숨을 얻으려는 사람은
목숨을 잃고,
나 때문에
제 목숨을 잃는 사람은
목숨을 얻을 것이다.
(마태 10, 39)

여러분은 옛 인간(old self)을
그 행실과 함께 벗어버리고
새 인간(new self)을 입은 사람입니다.
(콜로 3, 9)

제 10 강 참 나와 거짓 나

　우리들이 살고 있는 곳은 불행하게도 에덴동산이 아닙니다. 그러나 우리들은 예수 그리스도의 죽음과 부활로 인하여 에덴동산으로 다시 돌아갈 수 있습니다. 우리 안에 계신 그리스도를 만나면 참 나를 찾아 에덴동산에 다시 돌아갈 수 있습니다.
　우리가 에덴동산으로 다시 돌아갈 수 있는 것은 예수님의 삶과 죽음과 부활로 드러난 하느님의 은총입니다. 예수님은 당신 마음대로, 당신 자아(ego)대로 살지 않았습니다. 자신을 완전히 비우고(에페 2, 5-11) 오직 하느님 아버지의 뜻에 따라 사셨지요. 예수님이 참 나의 삶을 사셨기 때문에 제자들은 예수님이 하느님의 지혜(the wisdom of God)임을 알아차렸습니다. 그래서 사도 바오로는 예수 그리스도를 두 번째 아담이라 부르며 새로운 세상이 시작되었음을 알렸습니다.

참 나

　우리가 에덴동산으로 돌아가기 위해서는 그리스도를 따라 자아를 비워 참 나를 찾아야 합니다. 자아를 비워 참 나를 찾으면 자연히 그리스도를 만나 에덴동산으로 돌아갈 수 있습니다. 그리스도가 이미 우리 안에 와 계시기 때문에 참 나를 찾아 그리스도를 만나서 에덴동산으로 돌아갈 수 있습니다.
　그러면 우리가 어떻게 참 나를 찾을 수 있나 살펴봅니다. 토마스 머튼이 사용하였던 '얕은 나'와 '깊은 나'(2강)는 각각 거짓 나와 참 나로 발전됩니다.

내 안에 깊이 있는 '나'는 하느님의 완전한 이미지이기 때문에 그 '나'가 깨어나면(awaken) 하느님의 존재 안에 머물게 된다. 사람의 표현으로는 불가능한 파라독스인데 그 후 하느님과 영혼은 단 하나의 '나'를 형성하는 듯한다. 그들은 (하느님의 은혜 안에) 한 사람처럼 된다. 그들은 하나로 숨 쉬고 살고 그리고 행동한다. '둘' 중에 '아무도' 서로의 대상이 되지 않는다(부록 28, p 18, IE).

머튼의 이 말은 우리의 깊은 나가 깨어나면 참 나를 형성하여 하느님을 알아보고 하느님과 하나가 된다는 뜻입니다. 우리의 인식 과정에서 주체인 우리의 영혼과 객체인 하느님의 차이가 없어져버리고 '하나로 전체'가 되는 순수의식(the pure consciousness)을 형성하여 우리의 삶이 하느님의 삶과 하나가 됩니다. 우리의 참 나는 오직 하느님 안에 존재합니다.

'참 나'라는 단어가 유래된 불교의 진아(the authentic self, 眞我)는 무슨 뜻인지 강화도 심도학사 길희성 교수의 말을 인용합니다(pp. 256-258, 종교에서 영성으로, 북스코프, 2018).

(진아)는 우리의 모든 의식과 정신 활동의 배후에 있는 변하지 않는 마음의 성품 그 자체다. 그것은 이런저런 의식이 아니라 모든 인식활동의 배후에 있는 순수의식 그 자체이며 언제 어디서나 만물을 비추는 순수하고 보편적인 의식의 빛이다. 우리의 일상적 의식과 정신활동은 주체와 객체로 분리된 상태에서 활동한다…우리는 흔히 자기 자신을 안다고 생각하지만 이렇게 앎의 대상이 되는 자아는 진정한 자아가 아니다…(진아는) 대상을 상대하는 의식이 아니라 그보다 더 근원적이고 심층적이고 불변하는 '식' 그 자체다. 그 자체는 아무런 내용이 없기 때문에 결코 의식의 대상이 될 수 없다. 모든 상과 생각을 여읜

무상, 무념의 경지이기 때문에 우리는 그것에 대해 어떤 생각이나 관념도 가질 수 없으며 이미지나 특징을 포착할 수도 없다…자기가 자기 그림자를 밟을 수 없듯이, 자기 눈으로 자기 눈을 볼 수 없듯이 혹은 칼이 스스로를 벨 수 없듯이 절대 주체인 진아는 인식의 대상이 될 수 없다. 대상이 되는 순간 이미 그것은 절대 주체가 아니기 때문이다.

진아는 우리의 인식을 가능하게 하지만 마음속 깊이 있는 어떤 물건이 아니어서 인식의 대상이 될 수 없습니다. 눈이 눈을 보지 못하고 눈을 통하여 마음이 보듯이, 진아는 이원론의 인식이 아닌 순수 인식으로서 근원적이고 심층적이고 불변하는 '식' 자체입니다. 진아(불성)는 참 나, 즉 인식의 바탕 그리고 본래의 성품(本性)이라는 뜻입니다.

> 그러므로 진아(불성)는 한 개인이 소유할 수 있는 그 무엇이 아니다. 오히려 그것은 우리 모두가 서로 전체를 형성한다는 아이디어의 한 표현이다. 불성은 우리가 우주 안에 있고 또한 우주가 우리 안에 있음을 말해준다. 그것은 어떤 '다른 힘'이 존재한다는 영성적인 차원의 징표이다…불성은 자기 완성이라기보다 자기 비움이다…불교의 관점으로 정신병은 자기를 완성하려는 데에서 기인하기 때문에 그 치유는 본래의 단순함을 찾는 것이다…우리들이 서로 연관되어 있다면 우리의 참모습(불성)의 재현은 본질적인 조화를 이루는 데 좋을 것이다(부록 29).[43]

두 번째 인용은 영국의 정신분석학자의 말인데, 진아는 보편적인 그리고 우주적인 성격을 가지고 있으며 불교의 영성과 윤리의 핵심임을 말해주고 있습니다. 불성(진아)은 사람이면 누구에게나 마음속 깊이 존재하는 영성적이고 우주적인 원리이며 인식의 원천적인 근본이라고 하겠습니다. 길희성 교수는 선불교의 불성은 힌두교의 베단타 사상(Atman)과 마이스터 엑하르트의 지성(intellectus)과 비슷하다 합니다. 나아가 사도 바오로의 유명한 고백 "이제는 내가 사는 것이 아니라 그리스도께서 내 안에 사신다"(갈라 2, 20)는 성경말씀은 우리 안에 이미 와 계신 그리스도가 불자들한테는 불성을 의미한다고 해석할 수 있습니다.

참 나는 내 안에 있는 그리스도와 하나가 된 나입니다. 참 나는 깨우침으로 태어난 나, 나의 ego가 깨어진(부서진) 나입니다. 참 나는 내가 없는(selfless) 나입니다. 하느님이 보시는 나, 에덴동산에서 선악과를 따 먹기 전의 나의 본모습, 나의 순수한 영혼(the pure heart)입니다. 참 나는 "하느님과 비슷하게 하느님의 모습으로" 창조된(창세 1, 26) 에덴동산에 살고 있던 나의 본성 혹은 자성(自性)입니다. 참 나는 우리 안에 와 계시는 그리스도와 하나가 된 나입니다. 그리고 우리가 이웃에게나 하느님께 감사할 때 우리의 참 나가 합니다. 하비토 교수는 참 나를 밭에 있는 보물과 비교합니다(마태 13, 44).[44]

거짓 나

반면에 거짓 나(ego self, false self)는 내가 보는 나입니다. 거짓 나는 이 세상을 욕심부리며 살아가고 있는 나, 하느님을 알지 못하고 남이 사니까 덩달아 살아가고 있는 나입니다. 내가 무지하기 때문에 항상 나를 좋게 생각하고 무엇이든지 더 원하는 나입니다. 거짓 나는 지식의 영역에 머물러 주체-객체 관계를 형성한 나입니다. 신비한 것들을 받아들이지 못하고 머리로만 살아가는 나입니다. 거짓 나는 나쁜 나는 아니지요. 거짓 나는 개인주의적이고 영성적으로 성숙하지 않은 나입니다. 우리가 남을 판단하거나 비평할 때 거짓 나가 합니다.

거짓 나는 에덴동산에서부터 습관적인 이분법으로 형성된 자아(ego)를 가진 나입니다(8강). 거짓 나는 아우구스티노 성인이 말하는 하느님을 만나기까지 항상 초조할 수밖에 없는 나(7강)입니다. 그리고 칼 라너가 말한 우리의 영이 항상 더 높은 하늘을 향한 나입니다(4강). 거짓 나는 그리스도가 우리 안에 이미 와 계심을 모르는 나입니다. 거짓 나는 우리가 귀하고 성스럽다는 사실을 모르는 나입니다.

우리 자신을 알아야 하느님을 알고 하느님을 알면 자동적으로 이웃을 알게 됩니다. 여기서 우리 자신을 안다는 것은 우리의 거짓 나를 부수고 혹은 깨트리는 것이며 하느님을 안다는 것은 우리의 참 나를 찾는 것입니다. 우리가 거짓 나를 없애버린 다음 참 나를 찾는 것은 자아를 버리고 우리 안에 계신 그리스도를 만난다는 뜻입니다. 거짓 나를 버리고 참 나를 찾게 되면 마음이 텅 빈 상태에 이르러 이미 와 계신 그리스도가 다시 깨어나게 됩니다. 그러면 우리들의 마음속 한가운데에 있는 작고 참으로 가난하고 텅 빈(absolute poverty) 허점이 그리스도로 채워져서 우리 안에 계신 하느님의 순수한 영광을 드러냅니다(6강).

거짓 나를 버리고 참 나를 찾기 위해서는 이원론의 인식으로는 불가능하다 합니다. 참 나는 이원론의 인식을 모르기 때문입니다(8강). 그러므로 우리 안에 계신 그리스도가 깨어나서 우리를 도와주어야 합니다. 우리가 우리의 거짓 나를 참 나로 전환시키도록 말입니다.

> 나의 존재, 나의 평화, 그리고 나의 행복은 단순한 문제에 달려 있는데 그것은 하느님을 찾음으로써 나 자신을 찾는 것이다.

내가 하느님을 찾으면 나를 찾게 되고 나의 참 나를 찾으면 하
느님을 찾게 된다(부록 30, p. 36, NSC).

　자기 비움이 비로 자기 완성이라는 이론은 가톨릭의 영성에도
존재하는 똑같은 말이 아닌지요? 사실 '비운다'는 말은 가톨릭
전통으로 '마음의 순함(the purity of heart)' 혹은 '영의 가난함(the
poverty of spirit)'이라는 말을 자주 쓰지만 어떻게 하여야 비우는
것인지 분명하지 않습니다. 그래서 '참 나를 찾는다.'는 말이 더
의미가 있습니다. 육신을 학대하여 영혼을 구하는(5강) 재래식
영성은 이원론적이지만 내 안에서 참 나를 찾는 영성은 이원론
적이 아니기 때문입니다.
　참 나를 찾기 위해서는 기도해야 합니다. 오직 기도를 통하여
참 나를 찾을 수 있습니다. 기도를 하면 우리 마음이 생각과 관
념에서 자유스러워져 지금의 순간에 머물게 됩니다. 생각이 없
이 지금 여기에 머물고 있으면 영원한 삶을 살고 있는 순간입니
다(9강). 지금 여기에 머무르면 성성적적한 무념(無念)의 상태를
유지하여 거짓 나를 버리고 참 나를 찾게 됩니다. 이러한 마음의
상태를 삼매(samadhi, no-mind)라 합니다. 즉 기도 중에 삼매의
상태를 유지하면 고집센 자아(ego)를 없애고 참 나를 찾게 됩니
다. 참 나를 찾으면 우리 안에 계신 그리스도가 우리 인식의 주
인이 되어 주체-객체의 이원론적인 생각과 관념에서 벗어나게
됩니다.
　그러나 기도를 통하여 참 나를 얻는 길이 쉬운 일은 아닙니다.
토마스 머튼의 말을 인용합니다.

　　영성생활의 완숙은 우선 불안(dread), 좌절, 두려움과 어려움을
　　거쳐 성숙한 다음 파격적인 내면의 죽음을 겪어야 한다. 그제

서야 우리들은 드디어 외향적으로 거짓 나에 집착하지 않고 그리스도에게 완전히 항복한다(부록 31, pp. 147-148, CMP).

참 나를 찾는 길은 멀고 험난합니다. 그 길은 십자가의 길입니다. 우리는 불안, 갈등 그리고 번민에 항상 잡혀 있기 때문입니다. 참 나를 찾는 길은 하느님을 만나는 길과 같아서, 꾸준히 한 방향으로 전진만 하는 것이 아니라 후퇴했다가 다시 언덕을 넘고 간혹 구덩이에 빠지기도 하고 또다시 일어서서 걸어가야 하는 멀고 험난한 길입니다. 이 길은 직선적인 길이 아니라 안갯속에 보이지 않는 구불거리는 산길, 마치 한 폭의 동양화처럼 산길을 걸어 올라가는 옛 풍속화 속에 담긴 나그네의 여정입니다(6강).

머튼의 회심

참 나를 찾는 것, 즉 깨우침을 얻은 후에 오는 기도의 열매는 즐거움(joy)과 행복(blessing)입니다. 그리고 자동적인 이웃사랑입니다. 나를 비우고 거짓 나를 버리고 참 나를 찾아 이웃사람들과 하나가 되는 것입니다. 토마스 머튼의 루이빌 공현(아하! 순간)을 다시 인용해 봅니다(4강).

루이빌(다운타운)의 번화한 4가 와 월넛 코너에서 나는 갑자기 심하게 느껴져 오는 것이 있었는데 그것은 내가 오고가는 모든 사람을 사랑한다는 깨우침이다. 우리들은 서로 전혀 모를지라도 그들이 나에게 속해 있고 또 내가 그들에게 속해 있다는 사실이다. 그것은 마치 나 자신이 서로 비난하고 아픈 분리된 세계에서 깨어나는 꿈과 같았다…세상 사람들이 서로 다르다 할지라도 모두가 하느님에게 속해 있고 누구도 다른 사람보다 낫다고 할수 없음을 알고 난 후 나는 크게 웃으며 하느님께 감사했다. "하느님, 하느님, 감사합니다. 감사합니다. 내가 다른 사람들과 같고 많은 사람들 중의 한 사람임을."…나는 사람인 것이 좋았다. 하느님이 사람이 되신 많은 사람들 중의 한 사람인 것이 너무 좋았다…그 모든 사람들은 서로 구별할 수 없도록 태양 같이 빛나는 얼굴을 가지고 있었다. 신비스럽게도 나는 그들의 아름다운 마음속(heart)을 들여다볼 수 있었다. 하느님께서는 어떤 죄나 욕망이나 개인적인 편견에 물들 수 없는 그 사람들의 깊은 마음속을 사랑스러운 눈으로 쳐다보신다(부록 32, pp. 156-158, CGB).

박재찬 신부에 의하면, 이 경험은 수도원에 들어간 후 선비 의식을 가지고 세상을 등지고 살았던 머튼이 깨우침을 얻어 보통 사람이 되어 세상 안으로 다시 돌아오는 장면입니다. 머튼은 지나가는 사람들의 얼굴에서 그리스도를 발견하고 그들이 고귀하고 성스러움을 느끼면서 자기도 하느님이 사람이 된 바로 그 사람들 중 하나라는 사실을 알아차리고 즐거워합니다(pp.38-41, EB). 머튼은 참 나를 찾았습니다.

이 머튼의 회심은 참 나를 찾으면 사람이 어떻게 변하는가를 보여주고 있습니다. 우리 안에 와 계시는 그리스도를 일깨워 참 나를 찾으면 그리스도가 우리 인식의 주인이 되어 이웃을 위해 사는 행복하고(blessed) 즐거운(joyful) 사람이 됩니다. 머튼은 이 경험을 통하여 하느님 안의 모든 사람을 자기 자신과 같이 여기고 사랑하는 보편적인 영성을 갖게 되었습니다. 가톨릭 교회가 제일이라는 무지와 오만에서 벗어날 수 있었습니다. 수도승으로서 사회 정의에 민감해져서 전쟁을 반대하는 정치적인 글도 많이 썼기 때문에 교회로부터 침묵하라는 명령을 받기도 하였습니다. 가톨릭 교회의 전통적인 영성을 벗어나 이슬람교, 동방정교,

유다교 그리고 선불교 인사들과 접촉하여 범종교적으로 모든 사람을 포함하는 보편적인 영성을 갖추기 시작했습니다. 머튼은 '새로운 관상의 씨앗'이라는 책을 1961년에 냈는데, 그 책은 1949년에 출판했던 '관상의 씨앗'보다 선불교 사상이 깊이 스며들어 있습니다. 그때가 1958년 3월, 토마스 머튼은 혁신적인 제2차 바티칸공의회(1962~1965년)를 4년이나 앞서간 선구자이며 예언자였습니다.

우리들도 참 나를 찾으면 새사람이 되고 그리스도 안에 모든 사람들을 나와 같이 여기고 사랑할 수 있습니다. 이것이 우리가 바라는 삶의 목표이고 구원입니다. 예수님께서 말씀하셨습니다. "자기 목숨을 사랑하는 사람은 목숨을 잃을 것이고, 이 세상에서 자기 목숨을 미워하는 사람은 영원한 생명에 이르도록 목숨을 간직할 것이다"(요한 12, 25; 마태 10, 39). 이 성경말씀은 참다운 나를 얻기 위해 자기 욕심(ego)을 버려야 한다는 뜻이고, '목숨' 대신에 거짓 나와 참 나를 대치하면 다음과 같은 문장이 됩니다. "자기 거짓 나를 사랑하는 사람은 참 나를 잃을 것이고, 이 세상에서 자기 거짓 나를 미워하는 사람은 영원한 생명에 이르도록 참 나를 간직할 것이다." 영혼과 육신을 분리해 놓고 영혼만을 구하려던 옛날에는 이 성경말씀을 해석하기를 육신을 희생시켜 영혼을 살리는, 즉 육신을 학대해도 된다는 해석을 했습니다. 그러나 육신과 영혼은 떨어질 수 없이 함께 한 사람을 형성하기 때문에 육신이 죽는다기보다 거짓 나를 버리고 참 나를 찾는다는 말이 더 신빙성이 있습니다.

나자렛 예수는 깊은 기도를 통하여 완전한 참 나를 가지신 분입니다. 사람으로서 어떻게 살아야 하는가를 참으로 보여주셨습니다. 그래서 베네딕도 교황께서는 "완전한 사람이 되려거든 예수 그리스도를 알아야 한다."고 말했습니다.

참 나와 거짓 나의 비교[45]

자아, 거짓 나	진아, 참 나
에덴동산에서 나와 있음	에덴동산 안에 있음
에덴동산의 지식의 나무	에덴동산의 생명의 나무
그리스도를 향해	그리스도 안에
꾀많은 자아가 주인	내 안의 그리스도가 주인
내가 생각하는 나	하느님이 생각하는 나
개인 의식	하느님의 나라 의식
미래지향, 과거에 붙들림	지금이 중요함
지식(육신, 머리, 마음)	지혜(가슴, 영, 기),
세분적	전체적
문자는 사람을 죽이고	성령은 사람을 살림
믿음을 강요함	자유로운 선택
주체와 객체(이원론)	하나로 전체(비이원론)
주체가 상상하는 실제	그리스도가 보는 실제
외향적 인식	내향적 인식
법과 규정(상과 벌)	덕 윤리(virtue ethics)
내가 무엇을 해야 되나?	나는 누구인가?
죽음이 두려움	죽음이 두렵지 않음
옳고 그름을 따지고 판단함	사랑 안에 하나로 전체
남 따라가고 칭찬이 필요	독립성, 저주고 죽어줌
변호, 비난, 공격, 싸움	만족함, 남을 탓 안 함

기도를 함(묵상)   기도가 생활임(관상)
수덕의 삶   신비의 삶

모든 크리스천들은 사실상 거짓 나와 참 나를 왔다 갔다 하며 살고 있습니다. 영성수련은 세상의 마지막 날까지 이 과정을 되풀이하며 전진합니다.

- 우리가 하느님의 구원을 얻으려면 참 나를 찾아야 되고,
- 참 나를 찾기 위해서는 거짓 나를 버려야 되고,
- 거짓 나를 버리기 위해서는 우리 안에 이미 와 계신 그리스도를 만나야 합니다.
- 우리 안에 이미 와 계신 그리스도를 만나기 위해서 관상기도를 하여야 합니다.

요점 정리

여기까지 영성수련에 필요한 여러 신학적인 배경을 살펴보았습니다. 다음부터는 관상기도 방법들을 다룰 예정입니다. 그래서 몇 가지 요점을 정리하며 우리가 가야 할 방향을 제시합니다.

그리스도가 우리 안에 존재한다는 사실에서부터 시작하여 우리와 그리스도와의 관계는 서로 떨어질 수 없는 '하나로 전체'가 되는 관계이므로 우리 안에 와 계신 그리스도를 만나면 참 나를 찾아 자연스럽게 이웃을 사랑하는 참다운 사람이 됩니다. 그러므로 그리스도를 만나기 위해서는 꾸준한 관상기도나 영성수련을 통하여 거짓 나(ego)를 버리고 참 나를 찾아야 합니다.

우리가 참 나를 찾으면 영원한 삶을 살 수 있습니다. 기도하는 동안에 잡생각 없이 '지금 여기'에 머물고 있으면 영원한 삶 안에서 그리스도를 만날 수 있습니다.

그리스도, 즉 하느님은 절대로 알 수 없는 신비이지만 하느님과 사람은 따로 분리하여 생각할 수 없습니다(theandric intuition). 사도 바오로는 "여러분의 생명은 그리스도와 함께 하느님 안에 숨겨져 있다."(골로 3, 3)고 하였습니다. 우리의 신비한 정체는 하느님의 사랑과 자비 안에 숨겨져 있습니다(p. 35, NSC). 영성 수련은 우리 안에 있는 숨겨진 하느님을 찾는 것입니다. 따라서 우리에게 익숙한 기도는 하느님과 사람을 서로 분리하여 놓고 우리를 하느님을 향하여 변화시키는 것, 즉 우리의 심성을 개발시켜 멀리 있는 하느님과 하나가 되는 것은 무척 어렵고 근본적으로 불가능하다 합니다.

세상은 좁아지고 있습니다. 그러니 "내가 누구인가?" 하며 자신을 알려고 하는 선불교에서 배울 것이 왜 없겠습니까? 서양 사람들은 열심히 배우려하는데 말입니다. 그리고 우리들은 가톨릭 신자입니다. 사람이 되신 하느님 아들의 발자취를 따라 오랜 역사 안에 닦아놓은 성스럽고 존귀한 전통과 문화를 이어갈 책임이 있습니다. 우리의 문화와 전통은 우리들 자신이 벌써 익숙하기 때문에 다른 종교를 안다는 것은 우리의 종교를 더 깊이 이해할 수 있는 기회가 됩니다. 침묵기도와 관상기도는 거짓 나를 버리고 참 나, 내 안에 계신 그리스도를 찾는 과정입니다. 교회는 가르치고 있습니다. "가톨릭 교회는 다른 종교(불교와 힌두교)의 진리와 성스러움을 절대 배척하지 않습니다."[46]

묵상할 성경

루카 8, 4-15; 씨 뿌리는 사람
콜로 3, 1-11; 그리스도 안의 새로운 세상

제11강
이냐시오 관상기도

그리스도를 죽은 이들 가운데에서
일으키신 분께서
여러분 안에 사시는
당신의 영을 통하여
여러분의 죽을 몸도
다시 살리실 것입니다.
(로마 8, 11)

제 11 강 이냐시오 관상기도

이냐시오 영신수련은 나자렛 예수를 알고 사랑하고 따름으로써 영적 자유를 얻어 하느님의 삶을 사는 여정입니다. 그러므로 먼저 나자렛 예수가 누구인지 알아야 합니다. 나자렛 예수를 알면 더욱더 내적 자유를 얻어 그분을 사랑하게 됩니다. 나자렛 예수를 알고 사랑하면 성경에 쓰인 신비한 나자렛 예수의 말씀과 행적이 우리들 가슴속 깊이 와 닿습니다. 성경을 통하여 나자렛 예수가 스스로 보여주시며 우리는 그분을 알고 사랑하고 따르게 됩니다. 이렇게 예수님을 상상을 통하여 만나는 것이 이냐시오 영신수련입니다.

묵상기도와 관상기도

이냐시오 영신수련은 일반적으로 묵상기도와 관상기도로 나눕니다. 묵상기도는 죄의 성찰 또는 양심성찰 때 주로 사용됩니다. 이냐시오 영신수련의 상상을 통한 관상기도는 의식 세계와 무의식 세계를 연결시켜서(2강) 모든 인식 과정(감각, 지식, 영성을 통한; 3강)을 이용하며 그리스도의 말씀과 행동을 머리와 가슴으로 받아들이는 기도입니다. 묵상(meditation)은 능동적으로 머리를 쓰는 기도이고 관상(contemplation)은 하느님의 현존 안에 수동적으로 하느님과의 관계를 갖는 기도입니다.

- 묵상이 더 보고 더 아는 것이라면(mediated knowledge), 관상은 안 보이는 것을 보고 안 알려진 것을 아는 것입니다(unmediated knowledge).

- 묵상이 머리로 한다면 관상은 가슴으로 합니다.
- 묵상이 능동적이라면 관상은 수동적입니다.
- 묵상이 산책이라면 관상은 클래식 음악을 듣는 것입니다.
- 묵상이 산문이라면 관상은 시입니다.
- 묵상이 머리의 기도라면 관상은 마음의 기도입니다.

그러나 우리들은 이러한 구별에 크게 신경 쓸 필요가 없습니다. 우리들은 대부분 묵상과 관상이 합쳐진 기도를 하고 있기 때문입니다. 머튼은 관상기도에 관하여 말합니다.

> 관상은 완전히 성숙한 크리스천 생활의 표시로서 하느님의 실체를 아주 새롭게 알려준다. 우리가 하느님을 개념으로 대하면 하느님이 우리를 사랑하고 우리가 하느님을 사랑한다 할지라도 하느님은 하나의 객체가 되어 우리와 따로 분리가 된다. 관상에서는 하느님이 개념이 아니라 우리와 같이 현존하시며 실제로 남아 계시기 때문에 그러한 분리는 있을 수 없다. …관상은 하느님의 삶을 사는 것이고 하느님이 한 객체가 아닌 우리 안에 현존하시는 주체의 초월성임을 알려준다. 관상은 아우구스티노 성인이 "하느님은 우리가 우리에게 가까운 것보다 더 가까이 계신다."고 하였듯이 하느님이 우리 깊은 내면에 계심을 알려주는 신비이다. 하느님이 우리 안에 계심을 알게 되는 순간 우리 자아는 그분 안으로 사라지고 홍해의 분리는 신기하게 없어진 다음 우리는 참 나를 찾을 수 있다. 관상은 가장 모순적인 자신을 버린 다음 자신을 다시 얻을 수 있는 최상의 기도이다(부록 33, pp.17-19, NM).

요약하면, 관상은 우리를 비우고 우리 안에 이미 와 계시는 그리스도를 일깨우는 기도입니다. 우리 안에 계시는 그리스도가 깨어나시면 우리는 하느님의 삶을 살아갑니다.

이냐시오 상상을 통한 관상

이냐시오 영신수련의 특징인 상상을 통한 관상기도(Ignatian imaginative contemplation)의 순서는 다음과 같습니다.

1. 하느님의 현존
2. 장소 설정
3. 구하는 은총
4. 요점 따라 기도
5. 담화
6. 주님의 기도, 성모송

상상을 통한 관상기도는 정해진 성경구절을 공부하여 몇 가지 요점을 파악한 후 정식기도에 들어가 상상을 통하여 성경에 나오는 인물들을 쳐다보고 대화하고 또한 여러 행동을 살펴봅니다. 어떠한 사건에 몰입되어 조용히 머무를 수 있고, 성경에 나오는 사람을 가만히 쳐다볼 수 있고, 어떤 사람의 역할을 따라 할 수도 있고, 나자렛 예수를 만날 수도 있습니다. 이러한 만남은 말 없는 단순한 응시일 수 있고 아니면 엉뚱한 질문을 할 수도 있으며 때로는 가슴이 뜨거워지는 대면일 수 있습니다. 우리들이 나자렛 예수의 말씀과 행동에 잠기면 그리스도가 우리 마음 깊은 곳에 머물러, 즉 나자렛 예수가 우리 존재의 신비가 되어 그리스도의 신비를 스스로 알려줍니다. 이 기도는 하느님의 현존 안에 등장인물이나 장면을 상상하기 때문에 상상을 통한 관상이라 합니다. 기도가 끝나면 예수님과 대화를 하고 기도 중에 일어났던 체험을 적음(journaling)으로써 희미한 기억들을 구체화하거나 무의식 세계를 더 노출시킴으로써 자신을 잘 알게(self knowledge) 됩니다.

예수님이 승천하시어 하느님의 오른편에 앉아 계신다는 사실은 그리스도께서 지구상에 살아계실 때의 삶, 즉 모든 인간성을 하느님께 돌려드렸다는 것을 의미합니다. 예수님이 대표하는 모든 인간사가 하느님의 소관이 되었기 때문에 우리들이 나자렛 예수의 말씀과 행적을 묵상할 때마다 그리스도의 신성에 참여합니다. 또한 우리는 세례를 통하여 성령께서 우리와 함께 계심을 알고 있습니다. 성경에 나오는 나자렛 예수와 인격적으로 접촉을 하면 우리 안에 계신 성령께서 깨어나시고(activate) 행동(actualize)하십니다. 이것이 바로 이냐시오 영신수련의 상상을 통한 기도의 처음 단계입니다. 우리 스스로가 상상을 통하여 성경이 알려주는 예수님을 만나고 가슴으로 느끼는 단계입니다. 말이나 글자로 표현할 수 없는 예수님의 마음(the interior knowledge of Jesus)을 접하는 순간입니다.

두 번째 단계는, 동반의 단계입니다. 우리 안에 계신 예수 그리스도가 당신을 스스로 보여주시는 단계입니다. 예수 그리스도께서 솔선하여(take initiative) 하느님의 신비를 알려 줌으로써 우리들이 그리스도에게 붙들리는 과정입니다. 이와 같은 만남은 우리 안에 현존하는 그리스도를 받아들여 일상생활에서 그리스도의 동반자가 되어 하느님의 삶을 살아가게 합니다. 첫 번째 단계를 조명의 단계(illuminative)의 관상기도라면, 두 번째 단계는 일치의 단계(unitive)의 관상기도라 하겠습니다. 정화의 단계(pulgative or purification)인 일상생활 안에서의 성찰(daily examination)과 함께 이 두 단계의 관상기도는 이냐시오 성인의 일상 삶 안에서의 관상(everyday mysticism of Ignatius)을 형성합니다.

주님의 현존에서, 즉 상상을 통한 관상에서 만나는 그리스도는 성체성사를 통해 빵과 포도주에 현존하는 그리스도와 또한 성스러운 독서(Lectio Divina)를 통해 만나는 그리스도와 같은 그리스도입니다. 우리가 성경에 몰입하여 나자렛 예수를 만나고 상상을 통하여 예수님의 말씀을 듣고 대화를 나누고 행동을 할 때 우리는 나자렛 예수에 관한 신비를 체감할 뿐 아니라 우리 안에 계신 성령께서 역사하시어 우리로 하여금 우리의 일상생활 안에서 예수님을 닮아 가도록 합니다. 그리스도의 삶이 성령의 힘으로 우리들의 삶이 됩니다.

이냐시오 영신수련의 특색인 상상을 통한 관상기도는 비이원론적으로 하느님을 만나는 체험입니다. 머리를 써서 이것저것을 구별하는(separate) 것이 아니라 서로 다르지만(distinct) 포괄적(holistically)으로 하나의 전체가 되는 기도입니다. 우리가 주체가 되어 성경에 있는 그리스도를 접하는 단계는 그리스도께 우리의 마음을 열어드리는 것입니다(categorical experience). 두 번째 단계는 그리스도가 스스로 우리에게 당신을 보여주십니다(transcendental experience). 그런데 사실 우리가 그리스도께 마음을 열어드리는 것은 우리 안에 이미 와 계신 그리스도가 하시는 일이고 또한 그리스도가 우리에게 보여주시는 것은 우리가 그리스도에게 붙잡히는 것과 같습니다. 그래서 우리는 나자렛 예수가 가지고 있던 하느님의 신비에 참여함으로써 우리의 인식이 그리스도와 하나로 변화됩니다. 이때에 그리스도 안에 우리가 있고 동시에 우리 안에 그리스도가 계심을 기도뿐만 아니라 일상 삶 안에서도 체험하여 그리스도를 따르게 됩니다. 그러므로 내가 사는 것이 아니라 내 안의 그리스도가 산다고 말할 수 있습니다.

우리가 그리스도와 하나가 되는 상상을 통한 관상기도를 두 단계로 나누어서 생각했으나 사실은 두 단계 모두 우리 안에 이미 와 계신 그리스도가 하시는 일이라고 십자가의 성 요한은 말합니다.[47] 이와 같이 둘이 하나가 되는 것을 주체를 넘어선 합일(transsubjective union, 8강)이라 부르며 토마스 머튼은 다음과 같이 설명합니다.

> 그리스도와의 직접적이고 단순한 놀라운 만남은 눈으로 보거나 아니면 상상의 한 대상인 객체로서가 아니라 사랑 안에 주체를 넘어선 합일인데 그것은 한 주체와 한 객체가 만나는 것이 아니라 두 주체가 사랑 안에 하나가 되는 것이다(부록 34, p. 153, NSC).

우리가 그리스도와 하나가 된다는 말은 우리와 그리스도는 서로 다르지만 떨어져 있지 않고 사랑 안에 '하나로 전체'가 된다는 뜻입니다. 우리가 그리스도와 하나가 되기 위하여 무엇이 변하는 것이 아니라 나와 내 안에 이미 와 계신 그리스도와 새로운 하나를 형성합니다. 모든 관상기도는 부활하신 나자렛 예수, 즉 그리스도와 하나가 되게 합니다. 관상기도는 이미 내재하시는 그리스도를 일깨워 초점을 맞추는(tune in) 것입니다. 영성적으로 그리스도와 합일을 이루어 그리스도와 우리 영혼이 하나가 됨으로써 그리스도가 우리 인식의 주인이 됩니다. 머튼의 다른 관상의 정의는 그리스도가 우리 인식의 주인이 되는 바로 이 점을 지적합니다.

> 관상은 크리스천들이 희미하게 믿는 "이제 내 안에 내가 사는 것이 아니라 그리스도가 살고 있다."(갈라 2, 20)는 사실을 알고 받아들이고 그리고 경험하는 것이다(부록 35, p. 5, NSC).

관상은 우리 안에 이미 와 계시는 그리스도를 일깨우는 기도입니다. 우리 안에 계신 그리스도는 항상 우리와 함께 하시어 당신을 닮아 가도록 도와주십니다. 그래서 성경에 쓰여 있는 나자렛 예수의 말씀과 행적은 우리들의 마음 깊은 곳을 만져주실 (touch) 것입니다. 그리스도께서 우리 안에서 다시 태어나시고, 다시 머무르시고, 다시 죽으시고, 다시 부활하시는 것이 이냐시오 성인의 상상을 통한 관상기도입니다. 마치 아빌라의 성녀 데레사가 7방궁을 거쳐 진정한 하느님을 찾고 진정한 자아를 찾듯 수없이 되풀이하는 수련을 통하여 내 마음 깊이 계신 하느님을 만나는 수련입니다. 이냐시오 영신수련은 그리스도와의 만남에서 동반으로 이끌어 일상 삶 안에서 그리스도의 제자가 되어 그리스도의 신비를 우리의 일상 삶 안의 신비로 전환시키는 신비영성입니다.

묵상할 성경

요한 4, 1-42; 사마리아 여인

시편 8; 하느님의 배려

제12강
여러 관상기도들

그분께서는 악인에게나 선인에게나
당신의 해가 떠오르게 하시고,
의로운 이에게나 불의한 이에게나
비를 내려주신다.
(마태 5, 45)

여러분의 생명은 그리스도와 함께
하느님 안에 숨겨져 있기 때문입니다.
(콜로 3, 3)

제 12 강 여러 관상기도들

관상기도는 이미지가 있는(cataphatic) 기도와 이미지가 없는(apophatic) 기도로 구별할 수 있습니다. 이냐시오의 상상을 통한 관상은 아빌라의 성녀 데레사의 기도와 함께 이미지가 있는 기도입니다. 십자가의 성 요한의 기도와 성스러운 독서(Lectio Divina)는 주로 이미지가 없는 기도에 속합니다. 그러나 모든 기도는 성숙해지면 깊은 침묵의 상태를 접하면서 이미지가 없는 기도로 전환이 됩니다. 이러한 관상기도는 생각하는 묵상의 단계를 벗어난 기도입니다.

- 이미지 있는 기도는 하느님에 관한 이미지가 있으나, 이미지 없는 기도는 하느님에 관한 이미지가 없습니다.
- 이미지 있는 기도는 파니카의 인식의 영역에 속하고, 이미지 없는 기도는 공의 영역, 즉 하느님의 영역에 속합니다(3강).
- "하느님은 사랑이시다."는 말은 전자에 속하고 "하느님은 미지(unknowing)로 알 수(knowing) 있다."는 말은 후자에 속합니다.
- 이미지 있는 기도는 긍정신학에 속하고, 이미지 없는 기도는 부정신학에 속합니다.

하느님은 인간의 지식으로 알 수 없으며 말과 글자로 표현될 수 없습니다. 반면에 우리의 신비스러운 본성은 절대로 알 수 없는 하느님을 향해 있고, 우리의 영성적인 직감(spiritual intuition)과 신비의 체험(mystical experience)은 말과 글자로 표현되기 이전의 마음에서 비롯합니다. 그러므로 우리의 영혼은 자연히 이미지 없는 기도를 사용하여 하느님을 만날 수 있습니다. 어떤 기도가 이미지가 있는지 혹은 없는지 뚜렷이 구별하는 것은 관상과 묵상의 차이와 비슷합니다만 영성학자들이 그렇게 구별하기 때문에 때로는 편리합니다.[48]

이미지 없는 관상기도

카페도시아 교부인 그레고리 니사(Gregory of Nyssa, 4세기)에 의하면, 이미지 없는 기도를 제일 처음으로 시작한 사람은 예언자 모세라 합니다.[49] 모세가 하느님을 처음으로 만날 때 떨기나무가 타는 것을 보았는데 이상하게 그 나무는 타고 있는데도 없어지지 않았습니다. 하느님을 만난 것입니다. 그래서 모세는 하느님께 더 가까이 가기 전에 신발을 벗어야 합니다(탈출 3, 2). 하느님을 만나기 위해서는 우선 몸과 마음을 정화해야 함을 뜻합니다.

그 다음 40년 동안의 기나긴 시나이 방황(여정)에서 모세는 먹구름 속이나(탈출 20, 21) 짙은 어둠 속에서(탈출 24, 15-18) 하느님을 만납니다. 먹구름과 짙은 어둠은 생각과 이미지가 없는 상태를 상징합니다. 하느님을 만나는 데 생각과 이미지 같은 매개체가 필요 없는 이유는, 하느님은 머리를 써서 알 수는 없기 때문입니다. 모세는 주체-객체의 인식 이전의 원초적인 신비한 지혜(자성)를 이용하여 하느님을 만납니다.

마지막으로 모세는 시나이산 정상에서 하느님을 만나지만 보고 싶은 하느님의 얼굴은 볼 수 없고 오직 하느님의 뒷 등만 보게 됩니다(탈출 33, 18-23). 누구나 하느님의 얼굴을 보면 바로 죽게 됩니다. 이와 같이 모세의 세 단계로 된 하느님 만나는 과정은 영성신학의 전통적인 세 단계(정화, 진전, 만남; purification, illumination, union)로 발전합니다.

수도-디오니시우스(Pseudo-Dionysius)는 5세기에 살던 수사인데 이미지 없는 기도를 체계화시켰습니다. 머튼은 그분의 신비신학(*The Mystical Theology*)에서 다음 같은 문장을 인용합니다.

> 너와 너의 모든 것으로부터 순하고 자연스럽게 떠나 모든 것을 버리고 또 너 자신이 그 모든 것들로부터 해방됨으로써 너 자신을 순수하고 꼭 필요한 성스러운 어둠의 빛(the divine darkness)으로 올려 놓는다. 그러면 모든 객체들과 관상을 초월하여 진정으로 신비한 성스러운 실제(the divine reality, the Cloud of Unknowing)로 들어가서 절대로 알 수 없는 하느님과 가장 고상한 만남을 이루고, 이와 같이 완전한 알지 못함에서 머리로 이해할 수 없는 성스러운 지혜를 얻게 된다(부록 36, pp. 71-72, IE).

중요한 점은, 하느님을 만나기 위해서는 모든 것을 버리고 마음을 비워 생각과 이미지가 없는 어두움에 들어가야 합니다. 모든 지식, 관념 그리고 생각과 이미지가 없는 침묵, 어두움 또한 알지 못함(미지)으로 들어가야 하느님(the divie reality)을 만날 수 있습니다.

저자가 알려지지 않은 14세기 영국의 미지의 구름(*The Cloud of Unknowing*)에는 이미지가 없는 관상기도에 관하여 다음과 같은 구절이 있습니다.

> 사람은 모든 창조물이 어떻게 일을 하며 심지어 하느님이 하시는 일에 관해 훌륭한 지식을 가지고 있다. 그러나 하느님은 생각의 대상이 아니다. 그래서 머리를 쓰는 것을 멀리하고 사랑의 대상이 되는 것을 선택하여야 한다. 왜냐하면 하느님은 사랑의 대상이지 생각의 대상이 아니기 때문이다. 하느님은 오직

사랑으로 만날 수 있고 생각으로는 절대로 만날 수 없다(부록 37).[50]

하느님을 만나는 여정에서 어두운 밤을 지니는 이유는, 절대로 알 수 없는 하느님을 만나려면 감각과 지성을 어두움 속에 버려 두어야 하기 때문입니다. 하느님은 영이십니다(요한 4, 24). 더구나 하느님은 빛이기 때문에 하느님께 가까이 갈수록 더 어두움을 느끼기 때문입니다. 생각과 개념을 통하여 하느님을 만날 수 없는 이유는, 생각하는 순간 나와 하느님은 주체-객체의 외향적인 이원론의 인식 관계를 형성하여 하느님의 정체를 올바로 파악할 수 없기 때문입니다. 하느님은 사랑의 대상이지 생각의 대상이 아닙니다.

십자가의 성 요한

가톨릭 영성은 16세기에 들어와 십자가의 성 요한의 '영혼의 어둔 밤'으로 절정을 이룹니다. 성 요한의 '어둔 밤의 영혼'은 '감각의 밤'과 '영혼의 밤'으로 구분할 수 있고 위에서 말한 영성의 첫 단계 후에 그리고 두 번째 단계 후에 각각 일어납니다. 달리 표현하면, 첫 번째 정화의 단계가 지날 때에는 기도가 어려워지고 재미를 못 느끼고 그리고 혼자 있기를 좋아하게 되는데 이때는 감각의 밤을 맞이하여 묵상에서 관상으로 기도가 전환되는 계기입니다. 그 후 두 번째 진전의 단계에 들어가 관상이 점점 능동적에서 수동적으로 되는 과정에서 하느님을 만나기 전에 영혼의 밤을 맞이합니다. 이때에 만나는 영혼의 밤은 길고 깊은 고통스러운 밤입니다. 영혼의 밤은 감각, 지식 그리고 의지를 다 버리고 캄캄한 상태로 가야 하기 때문에 선 수행에서 부르는 큰 죽음과 비슷합니다. 영혼의 밤은 보통 사람이 경험하기 어렵다 합니다.

 영성의 세 단계들이 직선적이 아니기 때문에 어두운 밤도 정해진 시점이 뚜렷이 없습니다. 보통 사람들에게 어두운 밤은 이틀에 걸친 두 개의 밤이 아니라 한 개의 밤이라고 할 수 있습니다. 감각의 밤은 세상의 모든 것들을 버리고 하느님께로 향하는 과정으로 모든 감각의 세계를 벗어나 좀 더 깊이 하느님을 향합니다. 그러나 밤이 깊어질수록 또 다른 어둔 밤을 만나게 됩니다. 감각의 밤이 우리의 노력을 필요로 하는 능동적인 밤이라면, 영혼의 밤은 우리가 아무것도 할 수 없고 하느님께 나의 모두를 맡기는 수동적인 밤입니다. 우리는 장님처럼 앞도 보지 못하며 어디로 가는지 모르고 어둠 속에서 완전한 무지의 상태에 도달합니다. 이때 하느님이 당신을 보여주시지만 우리는 보지 못하며 어둠 속에서 먼동이 틀 때까지 영혼의 정화를 기다리는 길고 긴 어둔 밤입니다. 어둔 밤은 미지의 밤이며 모든 것을 버리고 믿음의 세계로 들어갈 때 하느님이 주시는 은총입니다. 하느님은 이 미지의 밤을 당신의 사랑으로 채워주시며 먼동이 떠오르는 조용한 아침으로 인도합니다. 이 어둔 밤을 지나 아침이 오면 우리는 하느님을 만나는 기쁨을 갖게 됩니다.

 십자가의 성 요한의 영성을 정리하는 의도에서 성인의 '전부 그리고 아무것도 없음(*Todo y Nada*)'을 소개합니다.

  모든 것에 만족하려면 아무것도 원하지 말고,
  모든 것을 가지려면 아무것도 갖지 말고,
  모든 것과 소통하려면 아무것도 아니어야 하고,
  모든 것을 알려면 아무것도 알지 말아야 한다.
  없는 즐거움을 얻으려면 즐겁지 않은 길을 택해야 하고,

없는 지식을 얻으려면 모르는 길을 택해야 하고,
없는 것을 가지려면 아무것도 아닌 길을 택해야 하고,
네가 아닌 누구가 되려면 아무도 없는 길을 택해야 한다.
(부록 38).[51]

성인의 '아무것도 원하지 않음(nada)'은 전체(todo)이신 하느님께 이르기 위한 우리의 완전한 비움입니다. 하느님은 모든 것을 포함하기 때문에 하느님과 일치하기 위해서는 나를 완전히 비워야 합니다. 하느님이 전부(todo)이고 나는 아무것도 원하지 않습니다(nada). 하느님은 사랑이시므로 오직 사랑으로 하느님을 만날 수 있기 때문에 우리가 완전히 비울 때 사랑으로 채워져 하느님과 하나가 됩니다. 십자가의 성 요한의 'nada'는 영어의 'nothingness'가 아니고 동양의 무와 비슷합니다. 모든 세상 만물이 유(有)에서 생기고 유는 무(無)에서 생긴다고 합니다(도덕경 40). 그러므로 무(無)나 공(空)이나 nada는 아무것도 없는 것이 아니라 모든 것으로 충만하게 차있음을 말합니다(3강).

'아무것도 원하지 않음'은 어두운 밤이 있을 수 있는 필수조건이며, '아무것도 원하지 않음'과 어두운 밤은 십자가의 성 요한의 영성의 쌍벽을 이룬다 하겠습니다. 십자가의 성 요한은 아무것도 가진 것이 없기 때문에 그리스도의 은총 안에 머무를 수 있었습니다. 우리는 그렇지 못하여 그리스도를 만나기가 그토록 힘이 듭니다.

이와 같이 영성신학의 고전들은 하느님을 만나기 위해 어떠한 기도를 해야 하는지를 가르쳐 주고 있습니다. 그것은 바로 사랑 안에 모든 것을 버리고 분별 의식이 없는 알 수 없음(미지)의 구름 혹은 어두운 밤으로 들어가는 것입니다. 마음을 비우고 공의 영역에 들어가면 하느님을 만날 수 있습니다. 하느님은 지식이

나 관념으로 절대 알 수 없기 때문에 어두운 밤이나 캄캄한 구름을 건너 존재하십니다. 그래서 하느님을 만나려면 말과 글자를 사용하지 않고 이미지 없는 기도를 사용하여 순수 인식으로 직접 하느님을 만나야 합니다. 순수 인식이란 아담과 하와가 선악과를 따 먹기 전에 가졌던 원초적인 인식을 말합니다. 생각과 이미지를 필요로 하는 분별 의식을 일으키는 생각이 일어나기 전의 인식입니다. 예수님이 어린이를 좋아하는 이유는 어린이들은 아직 지식으로 물들지 않았기 때문입니다. 반면에 지식이 풍부한 사람들은 저마다 편리한 대로 자기 생각과 판단에 따라 하느님을 묘사합니다. 그리고 자기 것이 옳다고 주장합니다.

현대 관상기도들

중세기부터 수세기 동안 영성신학은 합리적이고 체계적인 스콜라 신학의 그림자 뒷자리에 있어야 했었습니다. 가톨릭 영성은 20세기 후반에 들어와서야 여러 관상기도로 활기를 띠기 시작합니다. 동방정교의 예수기도(Jesus Prayer; Hersycasm)는 오랜 전통이 있습니다. 동방정교가 이와 같은 관상기도를 오래 유지해 온 이유는 계몽주의의 영향을 받지 않았기 때문입니다. "살아계신 하느님의 아들이신 예수님, 죄인에게 자비를 베푸소서."가 만트라입니다. 짧게는 "예수님, 자비를 베푸소서."입니다. 더 짧게는 "예수 자비" 또는 "예수님"이 됩니다. 호흡에 맞추어 이 기도를 끝없이 계속하면 호흡이 없어지고 사람도 없어지는 그저 항상 기뻐하고 감사하는 끊임없는 기도가 된다 합니다(1테살 5, 18).

토마스 키팅(Thomas Keating)과 바실 팬닝톤(Basil Pennington)은 중세기 영국의 무지의 구름(*The Cloud of Unknowing*)을 중심으

로 향심기도(the Centering Prayer)를 창안하였습니다.[52] 팬닝톤은 '향심'이라는 말이 토마스 머튼이 사용했던 '마음속 한가운데' 그리고 '내 안에 깊이'와 같은 말에서 유래했다 합니다. 간단히 요약히면, 향심기도는 내적 침묵을 지키는 동안 잡념이 오면 간단한 한두 마디의 성어(聖語)로 처음부터 다시 시작합니다.

잔 메인(John Main)이 남방불교에 기반을 두고 창안한 크리스천 묵상(Christian Meditation)을 로랜스 흐리만(Lawrence Freeman)이 이어받아 발전시켰습니다.[53] 크리스천 묵상은 만트라인 "마라나타"(maranatha, 1코린 16, 22; 묵시 22, 20)를 계속 외우는 기도입니다. 만트라를 가슴에 새김으로써 예수기도처럼 영성적인 내면의 신비한 변화를 가져옵니다. 이러한 기도 방법들은 까다로운 앉는 자세와 철저한 단전호흡을 요구하지 않습니다.

향심기도는 4세기 사막의 은수자인 잔 카시안(John Cassian)에 기원을 두고 있다고 주장합니다. 잔 카시안은 이집트 사막의 영성을 로마 가톨릭 교회에 들여온 사람입니다. 향심기도가 초대 교부로부터 이어받았다는 주장은 아마도 새로운 기도 방법을 어떻게 전할 수 있는가에 대한 염려에서 비롯하였다고 생각합니다. 잔 메인은 수사가 되기 전에 남방불교에서 배운 향심기도를 수도원에 들어간 후에는 포기해야 했었고, 나중에 잔 카시안이 이미지 없는 기도를 했던 것을 발견한 후에 다시 계속했습니다. 사실은 인도와 유럽이 한 문화권이었고 알렉산더 대왕의 영향으로 불교의 불상이 생긴 것을 고려한다면 초대교회의 은수자들은 불교의 영향을 받지 않을 수 없었을 것입니다. 합리주의 영향이 없었던 옛날에는 어디에서나 모두가 다 비슷한 영성적인 기도를 하였을 가능성도 있습니다. 아무튼 두 기도 방법이 침묵 가운데서 자기의 근본을 아는 것이라면 불교의 영향을 무시할 수 없습니다.

관상기도의 특징은 생각 없이 실제를 있는 그대로 보는(be conscious) 것입니다. 그래서 보는 사람이 실제와 하나가 됩니다. 결국에는 보는 사람, 봄, 보이는 것이 하나이고 전체가 되는 상황을 형성합니다. 만일 기도 중에 어떤 생각이 일어난다면 바로 즉시 주체의 자아가 깨어나기 때문에 주체-객체의 외향적인 인식이 다시 생겨나 하나이고 전체인 상황을 깨트리고 맙니다. 반면에 어떤 생각으로 인하여 주체-객체의 인식을 형성하면 주체는 실제를 주체의 관념과 판단으로 끌어들입니다(be conscious of). 그래서 실제가 주체의 상태나 조건에 따라 인식됩니다.

성경은 관상기도로 가득 차 있습니다. 따라서 비이원론의 인식을 모르면 성경을 제대로 이해할 수 없습니다(5강). 예수님은 '보라(see).'는 말을 자주 하셨습니다. '보라.'는 말은 생각이나 추리를 하는 분별 의식을 하지 않고 실제를 있는 그대로 보아서(be conscious) '하나로 전체'가 되도록 인식하라는 뜻입니다.

- "보라, 하느님의 나라는 너희 가운데에 있다"(루카 17, 21).
- "와서 보아라"(요한 1, 39).
- "누구든지 위로부터 태어나지 않으면 하느님의 나라를 볼 수 없다"(요한 3, 3).
- "나를 본 사람은 곧 아버지를 뵌 것이다"(요한 14, 9).
- "나는 사탄이 번개처럼 하늘에서 떨어지는 것을 보았다"(루카 10, 17).

예수님의 '보라.'는 말씀은 머리를 굴리지 말고 마음으로, 즉 가슴으로 즉감적으로 알아들으라는 말입니다. "주님, 제가 다시 볼 수 있게 해 주십시오"(마르 11, 52; 루카 18, 41)라고 예수님께 애걸하는 장님도 눈을 떠서 새로 태어나 하느님의 나라를 느끼며 하느님의 나라에 살고 싶다는 말입니다. '하느님' 또는 '하느님의 나라'와 같은 말들은 우리 인식의 영역을 초월해 말로 설명할 수 없으므로 오직 관상기도를 통하여 감을 잡을 수 있습니다. 예수님은 관상가이셨습니다. 아빌라의 성녀 데레사도 관상가이며 기도에 관한 가르침에 '보라.'는 말을 썼습니다.

> 나는 지금 너희들이 그분을 생각하거나, 그분에 대한 여러 관념을 세운다거나, 너희들이 이해하고 있는 것을 길고 묘하게 줄지어 연결하라는 것이 아니다. 그분을 그냥 쳐다보라는 것이다(부록 39).

철학자 비트겐슈타인(Wittgenstein)도 "생각하지 말고 보라."고 하였습니다. 또한 비트겐슈타인은 "말과 글자로 표현할 수 없는 경우에는 침묵을 지키라." 하였습니다. 어떤 신비를 말로 표현하는 순간 그 신비는 사라져 버리기 때문입니다. 성경에 "나는 지혜롭다는 자들의 지혜를 부수어 버리고 슬기롭다는 자들의 슬기를 치워 버리리라." 하였습니다(1코린 1, 19). 도덕경(#56)은 "아는 사람은 말을 안 하고 모르는 사람은 말을 한다."고 알려줍니다. 동서양을 막론하고 이러한 고전들은 말이나 문자(지식)로 영성을 충분히 다룰 수 없음을 알려줍니다.

관상기도의 특징은 생각하고 추리하고 따지고 설명하기보다는 보고 깨닫고(be aware), 성모 마리아처럼 마음속에 간직하는(be mindful; 루카 2, 19. 52) 것입니다.

선불교에서도 보는(see) 것, 즉 우리 안에 있는 불성을 보는 것을 견성 곧 깨우침이라 합니다. 관상기도의 공통적인 중요한 것은 어떠한 생각, 관념, 그리고 아무런 이미지도 있어서는 안 됩니다.

- 키팅 신부는 말합니다. "만일 기도하는 중에 성모 마리아께서 나타나셔서 아픈 살에서 가시를 뽑아 주신다고 하면 '감사합니다만 지금 하지 마십시오. 향심기도를 하고 있습니다.'라고 말하시오."[54]
- 잔 메인은 말합니다. "네 단어로 된 마라나타를 똑같은 길이로 외우십시오. 계속 외우면서 조용히 들으십시오. 영성적인 것이나 다른 아무것도 생각하고 상상하지 마십시오. 만일 생각이나 상상을 하게 되면 기도에 방해가 되므로 마라나타 단어로 다시 돌아가십시오."[55]
- 마이스터 액하르트(Meister Eckhart)는 "네가 가지고 있는 모든 것, 특별히 기도 중에 일어나는 달콤한 느낌을 버리라."고 하였습니다.[56]

흔히 기도 중에 생기는 이상한 성스러운 이미지들이 초자연적인 근거라고 쉽게 판단하는 것 같습니다. 대부분의 경우 초자연적인 현상은 기도하는 사람이 심리적 결함이나 영성적인 오만에서 스스로 만들어낸 것입니다. 우리의 자아(ego self)가 건전하지 못 하면 자기가 만들어낸 상상이나 허상을 실상이라고 쉽게 착각하기 때문입니다. 예수님이 보여주신 하느님이 아니라 자기가 자기 이미지대로 편리하게 만들어낸 하느님을 상상하기 때문입니다. 따라서 십자가의 성 요한은 기도 중에 일어나는 환상, 망상, 비전들을 멀리 하도록 충고합니다. 자선행위를 한 번 하는 것이 환상을 몇 번 보는 것보다 훨씬 좋다고 합니다. 그리고 기도 중에 일어나는 여러 이미지들은 직선적인 이원론을 형성하기 때문에 허상을 만들어 우리 안에 깊이 계신 하느님과 하나가 되는 것을 방해합니다.

하느님은 신비입니다. 내가 하느님을 알게 되는 순간 그것은 이미 하느님이 아닙니다. 내가 하느님의 뜻을 알게 되는 순간 그것은 이미 하느님의 뜻이 아닙니다. 오직 예수 그리스도를 통하여 하느님을 알 수 있습니다. 그렇기 때문에 우리들은 교회가 가르치는 것에 순응하고 교회가 정한 법과 규정을 따릅니다. 영성지도자가 있고 그분의 충고에 귀를 기울입니다. 그렇지 못하면 헛것을 보아 강아지의 꼬리가 강아지를 흔들고 맙니다(6강).

결론적으로, 하느님을 만나려면 우리 안에 계시는 하느님을 만나야 하고 그러기 위해서는 자신을 비우고 하느님과 하나가 되도록 기도를 하여야 합니다. 하느님은 지성과 감성과 상상을 초월하므로 오직 이미지 없는 관상기도를 통하여 하느님을 만날 수 있습니다. 이미지 없는 관상기도는 가슴 깊은 곳에서 우러나오며 성스러운 순종(the Divine passivity) 안에 하느님과 함께 머물기 때문에 미지(unknowing)의 경지를 넘어 참 나를 찾아 하느님을 만나는 기도입니다.

묵상할 성경

필리 2, 5-11; 그리스도 찬가

요한 9, 1-41; 태어날 때부터 눈먼 사람

제13강
선(禪)

마음을 활짝 열어
무심히 꽃을 대하고 있으면
어느새 자기 자신도 꽃이 될 수 있다.
(법정)

빈 마음, 그것을 무심이라고 한다.
빈 마음이 곧 우리들의 본 마음이다.
무엇인가 채워져 있으면 본 마음이 아니다.
텅 비우고 있어야 거기 울림이 있다.
울림이 있어야 삶이 선선하고 활기 있는 것이다.
(법정)

제 13 강 선(禪)

선에 관하여 여태까지 다룬 것들을 정리합니다. 주체-객체의 인식으로 인하여 자동적으로 따라오는 가톨릭의 원죄와 불교의 무지를 극복하기 위하여 '새로운 인식'이 필요하고, 참선은 주체-객체가 없는 수행으로 우리의 심성에 맞는 비이원론의 인식입니다(8강). 참선은 우리 안에 있는 불성을 보아 견성할 수 있는, 즉 우리 안에 이미 와 계시는 그리스도를 만날 수 있는 이미지가 없는 관상기도입니다(10강).

불교는 중국에 들어온 후 노장사상과 만나 선불교를 이루었고, 선불교는 2차대전 후부터 유럽과 미국에 본격적으로 진출하였습니다. 우리 숭산 스님도 간화선을 온 세계에 널리 알린 큰 공적이 있습니다. 현재 미국에는 여러 불교 신자들이(티베트불교, 남방 소승불교, 선불교) 장로교 신자보다 많다 하고, 남가주에는 수백 개가 넘는 사찰이 있습니다. 요가와 묵상센터(meditation center)가 없는 도시가 없고 토마스 머튼을 이어 가톨릭과 대승불교를 연결하는 신부들이 쓴 신학 책들이 많이 있습니다.[57]

선불교의 좌선

선불교의 참선은 사람의 마음을 직접 봄으로써 마음의 존재 바탕을 찾아 불성을 깨닫는 수행입니다. 참선은 다른 관상기도와 달리 사람은 몸과 마음이 유기적으로 연결되어 있으며, 그래서 숨 쉬기가 마음을 조절하고 사람의 영의 중심은 머리가 아니라 배(단전)에 있다는 철학을 가지고 있습니다.

- 참선은 척추를 똑바로 하는 자세를 취하고 앉아서 단전호흡을 하며 무념 혹은 무심의 상태에서 지금 여기에 머무는 온몸으로 하는 수행입니다. 그래서 참선 수행은 몸과 마음과 영의 조화를 가져다 줍니다.
- 참선은 깊은 침묵 속에서 마음을 다스리는 조직적이고 체계적인 여러 방법으로, 거짓 나를 버리고 참 나를 찾아 자기 존재의 본 모습(불성)을 있는 그대로 바라보는(see, 見) 수행입니다.
- 참선은 무지(無知, delusion)를 낳는 주체-객체의 인식을 떠나 잡생각을 일절 금하지만, 자연히 일어나는 생각은 내버려둠으로써 마음속에서 우러나오는 지혜로 하여금 의식과 무의식을 정리하여 근본적인 의식구조를 바꾸는 수련입니다.
- 참선은 수천 년의 역사를 통해 증명된 도를 닦기 위한 혹은 깨우침을 얻기 위한 수행입니다. 처음에는 많은 잡생각에 휩쓸리지만 수행이 깊어질수록 주체-객체의 인식이 시들어져 마음이 고요하고(stillness, *dhyna*) 맑은(clarity, *prajana*) 상태를 얻을 수 있습니다.

참선은 여러 관상기도와 공통점이 있습니다. 참선은 이미지가 없는 기도이기 때문에 직선적인 인식을 필요로 하지 않습니다. 참선 중에 생각이 사라지면 무심의 상태가 유지되고 주관-객관의 인식이 없어져 너와 내가 없는 인식이 성립됩니다. 머튼의 말을 인용합니다.

> 관상가가 기도를 통하여 깊은 내면으로 들어가 궁극적인 점에 도달하여 만나는 실제는 다른 것이 아닌 그 사람의 존재, 그 사람의 삶이다. 관상가는 다른 사람들에게 영성적인 요술을 부리는 사람이 아니고 자신의 인간됨을 중심으로 자기 인간적인 내면이 완전히 결합된 상태에서 겸손한 마음으로 주체-객체 관계가 없는 가운데 실제와 접촉을 한다. 어떤 면으로 보면 관상가는 기도를 한다는 생각이 없이 자신을 비우고 잃어버림으로

써 자신을 발견하고 또 실제의 모든 것을 찾게 된다(부록 40, pp. 151-152, IE).

머튼은 여기에서 가톨릭의 전형적인 외향적인(extrinsic) 관상기도를 묘사한다기보다 선 수행의 내향적인(intrinsic) 관상기도를 묘사하고 있습니다. 세상만사를 초연하여(detach) 순수한 마음(the purity of heart)을 유지함으로써 모든 인식의 원초적인 바탕(진아)에 머무르면, 끈질긴 자아(ego)의 장난이 없이 어떤 실제를 그대로 볼 수 있는 능력을 기를 수 있습니다. 참선은 몸과 마음으로 수행하는 이미지 없는 철저한 관상기도입니다.

참선은 생각과 말과 개념을 떠나 세상 만물의 존재의 근본을 지금 여기에서 있는 그대로 바라보는 수행입니다. 그러므로 선 수행에 있어서 생각과 관념은 절대적인 No! No! 입니다. 생각한다는 것은 항상 외향적인 인식을 형성하여 자아를 펄펄 살려놓기 때문에 거짓 나가 그대로 남아 있게 됩니다. 거짓 나는 실제를 자기 생각대로 만들어냅니다. 생각은 항상 과거의 후회스러운 일과 미래의 엉뚱한 기대와 연결된 잡념이므로 과거나 미래가 현재와 혼돈이 된 상태입니다. 그래서 지금 여기, 즉 현존에 머무는 것을 방해합니다(8강). 잡생각 없는 가운데 마음을 한 곳에 집중하면서 지금 여기에(9강) 머물게 되면 맑고(clear) 고요한(stillness) 마음을 유지합니다. 이러한 무심(no-mind)의 상태를 선정삼매(*samadhi*)라 합니다.

선 수행 중에 생각이 많은 것은 좋지 않습니다. 아니 생각이 나오지 않도록 하는 훈련이 선 수행입니다. 생각은 항상 과거와 미래에 연결되어 있기 때문에 실제와 멀리 떨어져 영성의 좌표를 흔들어 놓습니다. 선 수행 중에 화두를 들거나 간단한 말이나 문장에 초점을 둠으로써 생각이 일어나지 않도록 마음에 고삐를

겁니다. 그러나 자동적으로 일어나는 생각은 그냥 내버려 둡니다. 이렇게 '나'를 비운 무념의 마음 상태를 유지하는 선 수행은 놀랍게도 자아를 다스릴 수 있어서 자아의식(ego consciousness)이 절제되고 무의식이 정화되어 결국에는 불성을 보아 견성(enlightenment)을 합니다. 무념 상태의 선정삼매를 참으로 유지할 수 있으면 불자들은 "아상을 버리고 부처가 된다."하고, 우리는 "분별 의식을 버리고 우리 안에 이미 와 계신 그리스도를 만난다." 합니다. 다시 말하면, 우리의 마음이 인식의 영역을 떠나서(transcend, prajna) 공의 영역, 즉 하느님의 영역에 머물게 됩니다. 그러므로 하느님의 삶을 살게 됩니다.

간화선

한국 간화선은 습관된 이원론적인 인식을 단도직입식으로 깨트린 다음 사람의 공통된 존재 원리(불성)를 깨닫도록 하는 수행입니다. 주로 "이 뭣고?"라는 화두를 들면서 분별 의식이 막히도록 수행합니다. "이 뭣고?"는 "이것이 무엇인고?"의 약자인데 개인적으로 "내가 누구인가?"를 스스로 머리를 써서 질문하는 것이 아니라, 깊은 참 나를 찾기 위하여 생각이 나오지 않도록 마음에 고삐를 걸며 화두와 하나가 되도록 간절하고 심각한 의문을 계속합니다. 이것을 '화두를 든다.'고 합니다. 구산 스님은 화두 드는 방법에 관하여 다음과 같이 말하였습니다. "단단한 결심으로 화두를 계속해서 드십시오. 무엇을 하든 간에 오직 화두에만 신경을 쓰십시오. 밤낮으로 "이 뭣고?" "이 뭣고?"를 해봐야 소용이 없습니다. 중요한 것은 의단을 품는 것이지 그냥 질문하는 것이 아닙니다."[58]

"이 뭣고?"는 "내가 누구(who)인가?" 뿐만이 아니라 "내가 무엇(what)을 하고 있는가?" "내가 어떻게(how) 살고 있는가?" "내가 어디서(where) 와서 어디로 가야 하나?"를 포함하는 원초적인 의문입니다.[59] 우리의 실존적인 근본(archetype)을 흔들어놓는 의문, 즉 답이 없는 의문입니다. 하느님께서 아담과 하와에게 "너 어디 있느냐?"(창세 3, 9) 하고 질문하신 거나, 예수님께서 두 제자들에게 "무엇을 찾느냐?"(요한 1, 38)라고 질문하신 것을 메아리로 받아들이는 의문입니다. "이 뭣고?" 즉 "우리가 누구인가?"를 계속 되풀이하는 것은 깨달음을 향한 꾸준한 참 나를 찾는 길이며 우리의 구원을 위한 필수적인 의문입니다.

  화두를 오래 그리고 올바르게 들면 의정, 이어서 의단이 생기고 결국에는 화두와 하나가 되어 주체-객체의 인식이 없는 '몸과 마음이 사라져 버린' 상태인 무념(no-mind)에 머무를 수 있습니다. 이 순간은 '몸과 마음이 떨어져 나간, 사라져 버린' 상태입니다. 인식의 주체인 '나'가 사라져 버린 '하나이고 전체'인 객체만 남아 있게 됩니다. 이것이 바로 무심(無心)의 상태입니다. 신기하게도 아무 생각이 없는 무심의 상태에서는 마음이 텅 비어 있으나 참 나가 깨어 있습니다. 참 나는 불성, 즉 모든 사람이 공통으로 가지고 있는 본성입니다. 박성배 교수는 교도(Kyoto) 철학 학파의 카이지 니쉬타니(Keiji Nishitani)의 말을 인용합니다. "(화두의) 의단을 끝까지 들고 있으면 우리의 자아가 없어져서 절대 공의 영역으로 사라져 버린다."[60] 하느님을 믿지 않는 니쉬타니 교수한테는 '절대 공(the absolute emptiness)'이 하느님을 의미합니다. 그리고 하비토(Habito) 교수는 말합니다. "우리는 이 화두를, 아니 이 '무' 소리를 가지고 마음속 깊이 있는 신비를 풀려고 합니다. 숨을 내쉴 때마다 이 '무' 소리를 계속 반복함으로써 결국에는 우리의 외향적인 자아인식(ego-consciousness)이 길을 잃어버리고 이 '무' 소리와 혼합이 된다."[61]

깨우침

참선 수행에 있어서 깨우침을 얻는 것, 즉 견성하는 것은 나의 의지로 내가 노력하여 얻어지는 것이 아닙니다.[62] 깨우침은 성스러운 순종의 원리를 따릅니다(6강). 지아(ego), 즉 욕심을 버리고 무념(無念)의 상태를 유지하면 불성(자성)이 스스로 깨어납니다. 검은 구름이 벗겨난 후 파란 하늘이 나타나듯 말입니다. 더구나 제일 처음의 깨우침은 자기의 본모습을 보는 단계인 시작에 불과하고 긴 인내와 노력이 필요하며 더 계속 정진해야 한답니다.

깨우침은 성스러운 순종의 원리가 적용되기 때문에 우선 깨우침을 얻을 수 있는 전인격적인 사람이 되어야 합니다. 깨우침을 객관화하여 주체-객체의 인식 안에서 깨우침을 얻을 수 없습니다. 선 수행의 목적은 깨우침이라기보다 자비입니다. 나를 위해서가 아니라 이웃을 위하여 봉사하고 싶은 바람이 있어야 견성합니다. 이웃을 사랑해야 견성합니다. 깨우치기 위해 안간힘 써서 좌선을 하면 나의 의도와 깨우침이 주체-객체의 인식 관계를 성립하기 때문입니다. 나의 깨우침이 몸(inner self)이고 나의 의도(ego)는 몸짓입니다. 나의 깨우침이 깨우치려는 나의 의도를 이미 포함하고 있습니다. 그래서 내가 깨우치기를 원하면 깨우치려는 나의 슬기로운 자아는 상황에 따라 변하여 나의 몸에 영향을 줍니다. 그런데 우리의 몸, 즉 마음은 하느님 같이 신비스럽기 때문에 어떤 대상이 될 수 없습니다. 결국 성스러운 순종 안에 몸과 몸짓의 관계가 어지럽게 되어 깨우침을 얻을 수 (achieve) 없습니다(6강). 하비토 교수는 다음과 같이 말합니다.

> 여러분이 의식적으로 깨닫고 싶어 목표를 새워 그 길(way)을 달려간다면 그런 생각을 하는 순간 여러분은 사실상 자신을 그 길에서부터 분리시킨다…그러면 깨닫고 싶다는 그 생각이 우

리를 갈라놓아 깨우침의 걸림돌이 된다. 그 길을 성취하고 싶은 생각 자체가 바로 그것을 얻는 데 방해가 된다(부록 41).[63]

따라서 우리가 깨우쳐야 한다고 생각하지 말고 이미 깨우쳐 있는 것을 믿고, 즉 우리 모두가 존귀하고 성스럽다는 사실을 받아들이고 수행해야 합니다. 몸짓(머리, 욕심, 자아)만을 써서 무엇을 얻으려 하지 말고 몸 전체를 연마하라는 말입니다. '머리를 써서 지식으로'가 아니라 '온몸(단전)으로 지혜를 통하여' 수행하라는 말입니다.

선 수행에서 배워야 할 중요한 것은 인간이 만든 모든 지식을 뒤로 하고 불성을 찾도록 마음을 수행하는 것입니다. 십자가의 성 요한이 말하는, 우리는 아무것도 아니고 하느님이 모든 것인 상태 말입니다. 모든 사물이 나로부터 분리되어 있지 않고 내가 온 세상과 하나인 상태입니다. 그 상태에 도달하기 위해 우리는 선 수행을 통하여 체계적인 마음의 훈련을 습관적으로 해야 합니다. 따라서 선 수행은 나의 욕심과 욕망(selfishness)을 버리기 위해, 즉 나를 비우기(selflessness) 위해 끈질기고 영리한 자아(ego)를 없애주는 마음의 수행입니다. 맑고 고요한 삼매의 상태에 머물고 있으면 이분법적인 자아(거짓 나)가 깨지고 참 나를 찾아 우리 안에 이미 와 계신 그리스도가 깨어나게 됩니다.

영원한 삶은 생각이 없는, 즉 자아가 없는 지금 여기에서의 삶, 그리스도가 우리 안에 계시는 삶입니다. 영원한 삶은 잡념이 없이 지금 여기에 머무는 순간으로서 과거와 미래를 떠난 삶입니다(10강). 지금 앉아 있는 곳에서 자신의 존재에 뿌리를 두고 외롭고 고된 수행을(자력, 自力) 통하여 끈질긴 자아의 요구를 물리치고 하느님의 뜻(타력, 他力)을 받아들여야 합니다. 선 수행은 하느님의 은혜를 쉽게 받으려는 자아의 욕심과 타산을 멀리 하고 고된 수행을 통하여 마음을 비우게 합니다. 하느님이 우리 안에 계시지만 하느님과 우리가 너무 다르다는 것을 알 수 있다면 그것이 선 수행에서 배울 수 있는 점입니다.

선 수행은 몸과 마음을 공의 영역, 즉 절대적인 하느님의 영역으로 들어가게 합니다. 따라서 모든 것이 서로 인연을 맺고 있기 때문에 항상 변하고 있습니다. 정치, 문화, 경제, 교회, 교리, 영성, 기도… 이 모든 것들 말입니다. 공의 영역에서는 너와 내가 없으며 세상 모든 것이 연관되어 변하고 있습니다. 공의 영역에서는 인간의 모든 법칙과 교회의 규정도 사라집니다.

참선은 하나의 관상기도로서 우리가 배워야 할 점이 많이 있습니다. 그러나 극히 동양적인 것을 어떻게 수용하느냐에 한계가 있을 수 있습니다. 서구문명에 깊이 영향받은 우리는 개인의 성향에 따라 조심스럽게 대하여야 합니다. 토마스 머튼이 참선에 관해 말한 세 가지 주의해야 할 점을 같은 수사였던 제임스 핀리(James Finley)가 다음과 같이 정리하였습니다.[64]

1. 배고픈 자아를 가지고, 즉 욕심을 가지고 선에 임하지 말 것.
2. 마음을 대상으로(an object) 여겨 움직이려 하지 말라. 내가 마음을 가지고 있지 않고 마음이 나이다.
3. 텅 빈 마음을 가지려 하면 거짓 나에 말려 들어가게 된다. 견성하려는 생각 그 자체를 지우라.

위의 세 가지 주의사항들은 선 수행뿐만 아니라 모든 이미지 없는 기도의 본질이 무엇인지를 잘 알려줍니다. 머튼은 서양의 영성을 깊게 이해하였기 때문에 선불교를 무조건 받아들이지 않았습니다. 우리가 토마스 머튼으로부터 배워야 할 점이 바로 여기에 있습니다.

몸-몸짓-성스러운 순종

성스러운 순종에 관한 흥미로운 점을 살펴봅니다. 성스러운 순종에서 몸은 몸짓을 포함하고 초월합니다. '포함한다'는 말은 순위(hierarchy)가 높다는 뜻입니다. '초월한다'는 말은 말과 글자로 표현될 수가 없다는 뜻입니다. 몸과 몸짓은 하나로 전체를 형성합니다. 몸은 몸짓의 바탕(the condition of possibility)이고 동시에 몸짓으로 자신을 보여줍니다. 가톨릭 영성에 나오는 캄캄한 구름, 알지 않음(미지) 그리고 어두운 밤 같은 표현들은 이미지 없는 기도의 특징입니다. 그리고 참선을 포함한 모든 이미지 없는 기도는 이미지 있는 기도를 포함하고 초월합니다. 왜냐하면 알지 못함 – 앎 – 알지 않음(not knowing – knowing – unknowing)의 순서에 따라 알지 않음(미지)은 신비한 지혜를 다루고, 앎(知)은 지식을 다룬다 하겠습니다.

불교에서도 비이원론적인 지혜(*prajana*)가 이원론적인 지식(*vijnana*)을 포함하고 초월합니다. 동양의 무(無)는 서양의 하느님의 개념과 비슷하며 또한 하느님을 만나기에 필요한 영적 지혜, 즉 서양의 미지의 구름과 비슷합니다. 그러므로 미지의 구름(동양의 무)에 기반을 둔 선 수행은 우리로 하여금 성스러운 순종 안에서 우리 안에 와 계신 그리스도를 만날 수 있는 이미지 없는 좋은 관상기도입니다.

가톨릭과 선불교

가톨릭과 선불교를 비교하여 비슷한 면을 살펴보았습니다. 똑같다는 것이 아니라 사람을 대상으로 하기 때문에 서로 기초적인 비슷한 면을 순서 없이 나열합니다.

선불교	가톨릭
우리 안에 불성	우리 안에 그리스도
우리는 무지하다.	우리는 죄인이다.
삼매(samadhi)	미지의 구름
큰 죽음	영혼의 어두운 밤
깨우침	하느님의 나라
견성을 한다.	그리스도를 만난다.
무아	*Todo y nada*(성 요한)
prajna-지혜	sophia-지혜
깨우침	부활
해탈을 한다.	구원을 받는다.
지금 여기	고독과 침묵

묵상할 성경

마르 5, 1-20; 마귀들과 돼지 떼(무의식)

마태 5, 1-16

제14강
선을 이용한 영성수련

처음에 도가 계셨다.
도는 하느님과 함께 계셨는데
도는 하느님이셨다.
(요한 1, 1; 우 요한)

사랑하는 여러분,
이제 우리는 하느님의 자녀입니다.
우리가 어떻게 될지는 아직 드러나지 않았지만,
그분께서 나타나시면
우리도 그분처럼 되리라는 것은 알고 있습니다.
그분을 있는 그대로 뵙게 될 것이기 때문입니다.
(1요한 3, 2)

제 14 강 선을 이용한 영성수련

　선불교에서 '우리 모두가 불성을 가지고 있는데 다만 무지로 인하여 그 사실을 모를 뿐이다.'라는 말과, 가톨릭 신자들이 '그리스도가 이미 우리 안에 계시다.'는 말은 서로 영성적으로 통합니다. 그리스도를 모르는 불자들이 말하는 불성(참 나)은 우리 안에 이미 존재하시는 그리스도를 일컫는 말입니다. 그래서 우리에게 당면한 과제는 '이미지가 없는' 참선을 어떻게 '이미지가 있는' 가톨릭 영성수련에 이용하는가입니다. 그러기 위해서 양쪽의 내적 과정을 비교해 볼 필요가 있습니다.

　선 수행이 마음의 움직임을 훈련하여 우리 안에 이미 존재하고 있는 불성을 직접 봄(see)으로써 깨우침을 얻는다고 한다면, 영성수련은 우리 안에 이미 존재하는 그리스도를 대상으로 만나(encounter) 회심한다고 간단히 말할 수 있습니다. 차이점은 '불성을 깨우치는 것'은 세상만사와 연결된 내가 세상만사와 연결된 불성을 만나려 하지 않고 보려 하기 때문에 주체-객체의 인식을 필요로 하지 않습니다. 반면에 '그리스도를 만나는 것'은 전통적인 개념으로는 내가 주체가 되어 객체인 그리스도를 만나기 때문에 주체-객체의 외향적인 인식을 형성합니다. '불성을 깨우치는 것'은 내가 나의 참 나를 보기 때문에 나는 '몸짓'이며, 나의 참 나가 '몸'의 상황입니다. 반면에 '그리스도를 만나는 것'은 내가 주체가 된 '몸짓'이고 그리스도는 전통적으로 혹은 초보자들에게 '몸'이 아닌 상황이라 할 수 있습니다(6강). 그래서 토마스 머튼은 그리스도교와 선을 비교한다면 그것은 테니스와 수학 같다 하였습니다(p.33, ZBA).

선 수행과 이냐시오 영신수련의 공통점

선 수행과 이냐시오 영신수련은 사람이 하는 일이어서 공통점이 있습니다. 선 수행에서는 생각과 관념이 없는 가운데 큰 죽음(the great death)을 거쳐 마음 깊이 들어가 불성(참 나)을 봅니다. 이냐시오 영신수련은 초보자들에게 생각과 관념이 필요하지만 기도가 깊어지면 이미지가 없는 가운데 영혼의 어두운 밤을 지나 십자가를 지고 그리스도(참 나)를 만나야 합니다. 큰 죽음과 십자가가 서로 비슷하므로 선 수행과 이냐시오 영신수련을 연결하는 영성적인 공통 인수는 자아(ego)를 비우는(kenosis) 작업이라 할수 있습니다. 머튼의 말로 요약을 합니다.

> 그래서 불자는 자기를 비워 붓다의 깨우침을 얻고, 크리스천은 자기를 비워(십자가를 지고) 그리스도의 영광(부활)에 참여한다. 주된 차이점은, 전자는 실존적이고 존재적이지만 후자는 신학적이고 인간적이다(부록 42, p. 76, ZBA).

다른 하나의 공통점은 지혜입니다. 선 수행에서 지혜(반야, prajna)는 무념의 상태를 유지하고 깨우침을 얻는 데 매우 중요합니다. 선의 지혜는 주체와 객체가 하나가 되는 비이원론의 지혜(transcendental wisdom)로서 하느님의 은혜와 마찬가지로 우리가 스스로 노력해서 얻어지는 것이 아닙니다. 선 수행에서 지혜(prajna-wisdom)는 모든 생각과 관념이 끊어진 공의 영역에서 생기는 지혜이며 또한 이미 가톨릭의 사랑의 개념을 포함한 지혜입니다. 그래서 참선의 지혜는 동양적인 분위기에서 스승과의 고된 훈련을 통하여 직선적인 이원론의 인식을 깨트림으로써 얻어진다 합니다. 또한 토마스 머튼에 의하면, 불교의 지혜는 중세기 마이스터 액하르트(Meister Eckhart)의 신비 영성의 핵심과 비숫합니다(p. 54; 75, NSC). 마이스터 엑하르트의 하느님은 어떤 대상이 아닌 마음속 깊은 곳에서 만나는 하느님이기 때문입니다. 따라서 선에서 말하는 지혜(*prajna*)가 바로 우리 안에 이미 와 계시는 그리스도의 은혜와 비슷하다 할 수 있습니다.

가톨릭 영성에서 지혜(sophia-wisdom)가 중요하고 선 수행에서도 역시 지혜(prajna-wisdom)가 중요합니다. 가톨릭의 지혜는 아빌라의 성녀 데레사의 기도처럼 '그리스도가 내 안에 있고 내가 그리스도 안에 있는' 지혜이고, 선 수행의 지혜도 내 안에 있는 불성과 하나가 된 지혜입니다. 두 지혜가 서로 비슷하고 우리 마음속 깊은 곳에서 일어나는 신비의 지혜이기 때문에 믿음을 요구합니다. 불교에도 믿음이 중요하다고 합니다.[65] 따라서 하느님의 은혜처럼 우리의 노력이 아닌 하느님의 현존(presence)과 섭리(providence)에 기반을 둔 지혜가 선 수행과 이냐시오 영신수련의 또 다른 영성적인 공통점입니다. 우주적인 그리스도를 만나는 경험과 모든 만물의 공통된 불성을 깨우치는 경험은 우리 인식의 영역이 아닌, 즉 자아(ego)가 없는 공의 영역에서 일어납니다. 머튼은 선 수행과 가톨릭 영성수련의 차이를 아래와 같이 분명히 하고 있습니다.

> 크리스천 전통에 의하면 이러한 '경험'의 초점은 서로 시간에 제한을 받는 개개인의 자아가 아니라 그리스도 혹은 내재해 있는 성령에서 비롯한다. 선에서는 거짓 나가 아닌 진아(대문자 S로 된 Self)라 하며 그것은 바로 공(Void)이다(부록 43, p 74, ZBA).

가톨릭 신자가 그리스도를 만나는 경지의 기도를 한다면, 그것은 바로 불자가 불성을 보는 것과 마찬가지라는 말입니다.

선을 이용한 영성수련

참선은 지혜를 통하여 큰 죽음을 거쳐 참 나를 보려 하고(see), 이냐시오 영신수련도 지혜를 통하여 어두운 밤을 거쳐 십자가를 지고 그리스도를 만나려 합니다. 선은 처음부터 외향적인 주체-객체의 이원론의 인식 관계가 없이 시작하지만, 이냐시오 영신수련은 기도가 성숙한 다음에서야 외향적인 인식에서 벗어납니다. 따라서 선에서는 몸-몸짓 관계가 처음부터 자연히 성립하므로 영성수련을 선 수행 방식으로 행한다면 외향적인 인식 관계를 떠난 성스러운 순종을 처음부터 유지할 수 있습니다. 성스러운 순종을 유지한다는 것은 인식의 영역을 건너가 하느님의 영역에 머문다는 뜻입니다. 더구나 성스러운 순종을 유지한다는 것은 끈질긴 자아의 장난을 용납하지 않기 때문에 허상을 만들지 않고 불성이 스스로 깨어나게 합니다. 즉 우리 안에 계시는 그리스도가 자연히 우리 인식의 주인이 됩니다. 이것을 '선을 이용한 영성수련'이라고 하겠습니다.

반복하자면, 선 수행은 온몸을 사용한 체계적인 훈련을 통하여 우리의 자아(ego)를 없애고 마음 깊은 곳을 비우게 합니다. 이냐시오 영신수련은 성경의 내용을 가슴으로 이해한 다음, 깊은 침묵 중에 이미 와 계신 그리스도와 함께 머물고 있으면 거짓 나를 버리고 참 나를 찾게 합니다. 선 수행이 순수 인식(be conscious)에 기반을 두고 있다면 이냐시오 영신수련은 특히 초보자에게는 주체-객체 인식(be conscious of)의 분별 의식이 있습니다. 그래서 '선을 이용한 영성수련'은 우리로 하여금 생각이 없는 순간에 머물게 하여 마음이 스스로 초월하여(self-transcend) 이미 와 계신 그리스도를 깨어나게 합니다. 마음을 비우기 위해서는 선정삼매의 무념의 상태가 필요합니다. 선을 이용한 영성수련은 머리를 쓰는 상상의 과정을 통하지 않고 직접 '나'를 바닷속 깊이 던짐으로써 우리는 가슴속 깊은 곳에 계신 그리스도와 함께 지금 여기에 머물 수 있습니다.

가톨릭 영성에서는 "우리를 버려야 한다." 혹은 "비워야 한다."고 말합니다. 그러나 주체-객체의 인식구조를 유지하면서 항상 생각하는 자아(ego)를 버리기가 쉽지 않습니다. 따라서 순수 인식을 사용하는 선 수행을 통하여 끈질긴 자아를 다룬다면 우리 안에 계시는 그리스도가 자동적으로 인식의 주인이 됩니다. 키팅 신부의 향심기도 중에 성모 마리아가 나타나신다 하더라도 집중을 잃지 말라는 조언(12강)은 성성적적한 자아가 없는 삼매의 상태를 어떠한 경우에도 계속 유지하라는 뜻입니다. 우리가 선 수행 중에 하느님에 관한 이미지를 버리지 못하는 것은 그토록 자아를 비우기가 어렵다는 것을 말해주고 있습니다.

어떻게 하면 우리를 비울 수 있을까요? 물론 겸손한 마음으로 덕을 쌓아 모든 사람을 사랑하면 우리를 비우게 되겠지요. 그러나 그것은 비움의 결과입니다. 우리가 마음을 비우는 것은 우리가 인식의 주체가 되어 마음대로 허상을 만들지 않고 그리스도가 우리 인식의 주인이 되어 실상(實相)을, 즉 그리스도를 보도록 하는 것입니다. 우리가 마음을 비우는 것은 거짓 나를 버리고 참 나를 찾아 그리스도 안에 머무는 것입니다. 우리가 마음을 비우는 것은 세상을 보고 싶은 대로 보는 것이 아니라 성스러운 순종 안에 세상이 보여지는 대로 보는 것입니다. 그러므로 우리를 비우기 위해서는 우리의 인식 방법을 새롭게 해야 합니다. 인류 문명의 무지의 원인인 직선적인 사고방식을 피하여 실제를 그대로 볼 수 있는 순수 인식을 길러야 합니다. 주체-객체의 이원론의 인식을 버리고 '새로운 인식'을 얻어야 합니다(8강).

- 선 수행은 '새로운 인식'으로 관상기도에 제일 중요한 마음을 비우는 데에 실천적인 해답을 제공합니다.
- 선 수행은 말과 글자 이전에 존재하는 원초적인 원리(불성)를 직접 보게 함으로써 생각 이전의 지혜를 터득하게 합니다.
- 선 수행은 사람들의 습관된 직선적인 인식을 깨드리고 공의 영역에 머물러 영원한 삶을 살도록 합니다.
- 선 수행은 가톨릭 교리나 믿음(what, theology)과 상관이 없습니다. 오히려 신앙의 행위(how, epistemology)에 도움이 됩니다.

따라서:

- 선을 이용한 영성수련은 몸과 마음을 다하여 우리 안에 계시는 그리스도와 하나가 되는 인식을 기르도록 도와주는 체계적인 영성수련입니다.
- 선을 이용한 영성수련은 잡생각을 없애고 그리스도를 바라보기 때문에 영리한 자아를 잠들게 함으로써 거짓 나를 버리고 참 나를 찾을 수 있도록 합니다.
- 선을 이용한 영성수련은 우리의 심성에 맞는 마음 안으로 초점을 맞추는 한국적인 관상기도입니다.

불교의 선 수행은 몸과 마음을 사용한 체계적인 훈련을 통하여 우리의 끈질긴 마음을 훈련시킴으로써 실제를 그대로 볼 수 있는 인식을 키워 줍니다. 그리고 영성수련은 성경을 가슴으로 이해한 다음 아늑한 침묵 중에 이미 와 계신 그리스도와 함께 머물고 있으면 자동적으로 거짓 나를 잃고 참 나를 찾아 그리스도와 하나가 되게 합니다. 따라서 선을 이용한 영성수련은 자아를 비워 그리스도와 성스러운 순종을 형성하여 그리스도와 함께 우리의 인식을 전환시킵니다. 우리 안에 계신 그리스도를 일깨워 우리 인식의 주인이 되도록 하여 분별 의식이 없는 가운데 마음이 고요하고(定, stillness) 맑은(慧, clarity) 선정삼매의 상태에서 참 나를 찾으려는 수행이 바로 선을 이용한 영성수련입니다. 선을 이용한 영성수련은 선 수행을 통하여 자아를 비움으로써 성령으로 하여금 우리의 내적 생활(interiority)을 주관하도록 하는 영성수련입니다. 우리 안에 와 계시는 그리스도는 성령이시기 때문입니다.

우리는 그리스도가 하느님의 말씀이고 또한 하느님의 지혜(sophia, wisdom)임을 알고 있습니다. 하느님의 지혜는 사랑입니다. 하느님이 사랑이기 때문입니다. 그렇다면 제자들은 왜 예수님이 하느님의 지혜라고 여겼을까요? 그것은 예수님이 당신을 완전히 비우시고 오직 하느님의 뜻을 실천하셨기 때문입니다. 예수님은 당신의 생각, 당신의 뜻, 그리고 당신의 의지가 없이 성스러운 순종 안에 하느님과 하나가 된 인식을 가지셨습니다. 예수님께서 스스로 "아버지와 나는 하나다."(요한 10, 30)라고 하신 말씀은 바로 예수님의 완전한 비움을 증명합니다(19강). 이런 면에서 예수님은 선사이셨습니다. 그러므로 우리가 예수님을 따르는 길은 예수님처럼 마음을 비우는 것입니다. 우리는 선을 이용한 영성수련을 통하여 하느님의 사랑 안에 우리 자신을 예수님처럼 비울 수 있을까요?

선을 이용한 영성수련 방법

선을 이용한 영성수련을 실천하는 데 있어서 성경의 내용이나 신학적인 요점이 어떻게 우리 영혼의 양식이 되며 또 우리의 구원에 도움이 될 수 있나 고려해 봅니다. 즉 '어떻게 하면 선을 성스럽게(holy, sacred) 할 수 있냐?'는 질문입니다. 이 질문은 저 자신이 많이 생각해 왔으며 앞으로 더 신빙성 있는 대답을 찾아야 합니다.

한 가지 방법은, 어떤 성경 내용이 우리 머리와 마음에 스며들어 몸으로 들어오면 그 성경 내용이 우리 인식의 한 부분이 이미 되어 있다는 사실입니다. 즉 지식과 감성으로 소화된 성경 내용이 우리의 마음속 깊은 곳을 차지하여 어떤 신비한 지혜가 이미 형성되어 있기 때문에 그 성경의 내용을 머리로 또다시 꺼내지 않아도 참선 중에 조용하고 맑은(성성적적, 惺惺寂寂) 마음 안에서 그리스도를 만나게 됩니다. 하느님이 우리 존재의 바탕이며 성스러운 신비이시고(4강), 더구나 우리가 성스러운 순종으로 인하여 하느님의 섭리 안에 포함되어 있기에 선 수행 중에 구태여 "하느님, 하느님." 할 필요가 없다는 것입니다. 우리가 참선하는 동안 깊은 침묵 속에 참 나를 찾고 있는데 사랑이신 하느님은 당신의 이름을 부르지 않거나 성경의 내용을 생각하지 않는다고 해서 화를 내거나 질책하지 않을 것입니다. 따라서 어두운 밤을 통하여 주님을 만나듯이 생각과 관념이 없는 성성적적한 상태, 즉 고독한 가운데 깊은 침묵을 지키고 있으면 우리 안에 계신 그리스도는 그 성경의 내용을 벌써 알고 계십니다. 우리가 하여야 할 일은 생각을 하지 않음으로써 자아, 즉 거짓 나를 버리고 참 나를 찾는 일입니다. 욕심을 버리고 성성적적한 무심의 상태를 유지하면 오묘하고 신비스러운 분위기에 싸여 참 나가 저절로 찾아집니다. 참 나를 찾아 그리스도와 함께 머물고 있으면 아니, 그리스도와 함께 머문다는 생각조차 없이 지금 여기에 그냥 있으면 그곳이 바로 에덴동산입니다. 선을 이용한 영성수련은 '미지의 구름(The Cloud Unknowing)'처럼 알지 못함을(unknowing) 통하여 알게 되는(knowing) 이미지가 없는 기도라 하겠습니다.[66]

흔히 기도하는 사람이 하느님의 뜻과 자기 뜻을 혼동하여 환상이나 허상에 붙들리는 경우가 있습니다. 그 이유는 끈질기고 영리한 자아의 장난 때문입니다. 선 수행의 장점은 '몸과 마음이 없어져 버린' 선정삼매(*samadhi*)의 상태에서 고집센 자아를 잘 다룬다는 것입니다. 그리고 항상 깨어 있는 prajana-지혜는 기도 시작부터 허상이나 환상을 만들지 않습니다. 선을 이용한 영성수련을 통하여 우리가 성경의 요점을 몸과 가슴으로 소화하고 마음을 고요하고 맑게 유지하는 동안 우리 영혼이 성스러운 순종 안에 성령으로 인하여 우리의 인식은 새롭게 전환됩니다.

이미지 없는 기도를 하기 위해 반드시 선을 해야 한다는 것은 아닙니다. 많은 가톨릭 성인 성녀들과 살아계신 많은 신자들이 하느님과 일치하는 기도를 합니다. 강한 믿음으로 인하여 이원론의 인식(duality)을 형성하지 않고 하느님을 만날 수 있다 합니다(5강). 그리고 향심기도와 크리스천 묵상 같은 기도는 역시 깊은 침묵 안에 마음의 비움(no-mind)이 특징입니다.

불자들만 깨우침을 얻는다고 생각하는 것도 모순입니다. 어느 종교든 간에 깨우친 사람은 남을 위해 살아갑니다. 선불교의 십우도는 선 수행을 통하여 참 나(소)를 찾아 깨달음을 얻는 과정을 열 개의 그림으로 묘사한 것입니다. 십우도의 마지막 그림은 깨우침을 얻은 사람이 시장으로 나와 세상 사람들과 하나가 되는 장면입니다. 관세음보살이 되어 자신은 깨우침을 얻었으나 이웃을 깨우치도록 도와주는 장면입니다. 마찬가지로 선을 이용한 영성수련도 모든 사람과 세상 만물에서 하느님을 찾으므로 세상 안에서 이웃을 위한 깨우친 사람이 되는 것이 목적입니다.

선을 통한 이미지 없는 기도를 권고하는 이유는, 선 수행은 영리한 거짓 나를 버림으로써 무념의 경지에 도달할 수 있는 체계 있는 마음의 수련방법이고 또 우리들의 조상이 수천 년 동안 그렇게 해 왔기 때문입니다. 우리들은 서양교육을 오래 받아서 사고방식이 많이 변해 있으나 우리의 근본(archetype)은 아직도 동양에 가까이 있습니다. 우리의 마음은 현대문명으로 많이 물들어 있으나 그 뿌리는 아직도 변하지 않았습니다. 이 세상에 많은 어머니들이 있지만 우리에게는 우리 어머니가 제일 훌륭합니다. 우리들의 어머니이기 때문입니다. 마찬가지로 우리의 근본과 전통은 우리의 것입니다. 많은 서양사람들은 동양을 알려고 합니다. 그리고 혹시 서양사람이 가르쳐 준 것이 유일한 진리라고 생각한다면 그러한 우물 안 개구리의 생각과 관념에서 벗어나야 합니다. 토마스 머튼은 갑자기 선불교에 흥미를 가진 것이 아닙니다. 머튼은 동양의 종교들이 인류문명에 보탬이 되는 가치가 있음을 깨달았고 수도원에서 많은 수도사들을 가르쳤던 학자로서 가톨릭 영성을 마스터 한 후에서야 선불교를 본격적으로 접하였으며, 참선은 그분의 영성을 획기적으로 전환시켰습니다. 머튼은 선가의 말을 인용합니다.

> 내가 선을 알기 전에는 산은 산이요 물은 물이었다. 그리고 내가 선을 접할 때에는 산은 산이 아니요 물은 물이 아니었다. 그러나 내가 선을 알고 난 후에는 산은 다만 산이요 물은 다만 물이다(부록 44, p. 140, ZBA).

이제 우리는 어떠한 기도를 할 것인가에 관하여 심각한 질문을 하여야 합니다. 개인 욕심이 도사리는 머리를 쓰는 직선적인 기도를 하시겠습니까? 아니면 우리 안에 이미 와 계시는 그리스도와 하나가 되는 기도를 하시겠습니까? 우리 안에 이미 와 계신 그리스도와 하나가 되는 기도를 해야 합니다. 선 수행을 통하여 마음속 깊은 곳에 있는 신비한 지혜를 전체적으로(holistic, wholistic) 일깨워 성스러운 순종 안에 그리스도를 만나는 기도를 해야 합니다. 거짓 나를 버리고 참 나를 찾아 그리스도와 함께, 그리스도 안에서 영성수련, 즉 '그리스도 안에 머무는 영성수련'을 해야겠습니다.

　성스러운 순종 안에 머물면 하느님의 은총이 우리를 깨우치기 때문에 우리가 가지고 있는 모든 것이 하느님의 은총임을 깨달아 감사하고 겸손하고 단순하며 무엇인가 항상 부족한 듯한 사람이 되려고 온몸으로 전인격적인 노력을 합니다. 영성은 무엇을 성취하거나(achieve) 무엇을 얻는 것이 아니라 끊임없이 찾고(search for) 수행하는 것입니다. 그리고 이웃을 사랑하는 자비스러운 마음 없이 하느님을 만날 수 없고 견성할 수 없습니다. 더구나 선사들에 의하면 맨 처음 견성은 쉽지만 그 견성을 자기 것으로 만드는 것은 길고 고된 여정이라고 합니다. 따라서 '지금 여기'에서 하느님을 만나려는 마음의 각오가 중요합니다.

　선을 통한 영성수련은 그리스도 안에 머무는 영성수련입니다. 선을 이용한 영성수련은 성스러운 순종 안에서 마음을 비워 성령의 역사하심에 우리를 맡기는 영성수련입니다. 우리 초보자들은 기도 중에 어떻게 맑고 고요한(성성적적) 삼매의 마음 상태를 유지하느냐에 신경을 써야 합니다. 성성 적적이라는 말은 캄캄한 밤하늘의 별들처럼 맑고 초롱초롱한(clarity) 지혜(*prajna*)를 가지고 적적한(stillness) 산중에서 홀로 묵상(*dhyana*)하는 이상적인 기도를 상상케 하는 말입니다. 그리고 기도 중에 하느님께 감사하는 마음으로 깊은 침묵 가운데 겸손하고 단순하며 무엇인가 부족한 상태에서 머무릅니다. 그리스도가 내 안에 계심을 믿고 내가 소중하고 신성함을 다짐하며 깊은 침묵 안에 머물며 깨어 있으면서 온몸으로 기도합니다.

선을 이용한 영성수련 순서

하느님의 현존 안에서 성스러운 순종을 음미하며 감사하는 마음으로 기도에 임한다.

1. 참선하는 자세를 취한다.
    - 앉는 자세(똑바른 척추)
    - 숨 쉬기(단전호흡)
    - 마음 정리

2. 그리스도가 내 안에 계심을 염두에 둔다. 내가 고귀하고 성스러움을 느낀다.
    - 성경구절의 윤곽이나 기도 요점을 생각한다.
    - 심호흡 3~4번

3. 고요한 마음(*samadhi*, no-mind)의 상태를 유지하기 위해
    - 단전호흡을 하면서 숨의 리듬을 따른다.
    - 들숨이나 날숨에 맞추어 10까지 셈을 한다.
    - 숨을 내쉴 때 "이 뭣고?"를 든다(의정, 의단).
    - 숨을 내쉴 때 "무!"를 든다.
    - 마음이 흐려지면 처음부터 다시 시작한다.

4. 성성적적한(맑고 고요한) 상태에서 아무 생각 없이 지금에 머문다.
    - 신정삼매에 머문다.
    - 기도 요점에 집중할 수 있다.
    - 예수 그리스도와 대화를 할 수 있다.

5. 끝맺음: 감사하는 마음으로 주님의 기도나 성모송을 바친다.

다음부터는 예수님의 말씀과 행적을 묵상하게 됩니다. 성경 말씀이나 강의 내용을 마음에 새긴 다음 맑고 고요한 침묵 안에 머무르십시오. 깊은 침묵 안에 예수님과 하나가 되어 있기 때문에 예수님을 믿고 오고가는 잡생각에 신경쓰지 마십시오. 마음을 열어 아무 생각 없이 그냥 앉아 있을 수 있으면 우리 안에 계신 그리스도가 우리의 모든 생각과 걱정을 대신하실 것입니다. 잡생각 없는 순간순간을 앉아 있을 수 있다면 그 동안에는 영원한 삶을 산 것입니다. 과거와 미래에 붙들리지 않고 우리 안에 와 계시는 그리스도 안에 머물고 있었습니다. 그리고 예수님처럼 살 수 있도록 하느님 은총에 감사하고 우리가 고귀하고 성스러운 사람임을 다짐하십시오.

묵상할 성경

루카 10, 25-37; 착한 사마리아인

마르 1, 21-28; 회당에서 더러운 영을 쫓아내시다.

제15강
그리스도의 탄생

하느님께서는 이 은총을 우리에게
넘치도록 베푸셨습니다.
(에페 1, 5)

우리가 받은 성령을 통하여
하느님의 사랑이
우리 마음에 부어졌기 때문입니다.
(로마 5, 5)

제 15 강 그리스도의 탄생

십자가의 성 요한의 그리스도 탄생에 관한 한 편의 시입니다.

> 아버지께서 하신 오직 한 마디 말씀
> 그분의 아들
> 그 말씀은 영원한 침묵이시니
> 내 영혼아, 침묵 안에 귀 기울여 보렴(부록 45).

그리스도의 탄생은 여러분이 잘 알고 있듯이 하느님이 사람이 되었다는 사실입니다. 하느님이 사람이 되었다는 사실은 인간의 모든 것이 하느님에게 속하게 되었다는 것을 의미합니다. 그래서 사람과 하느님 사이의 벽이 무너져 이제 사람은 하느님처럼 성스럽다는 것을 말해줍니다. 하느님이 사람이 된 것은 사람들이 하느님이 누구인지, 사람의 본질은 무엇인지, 삶의 의미가 무엇인지를 잘 알아서 의미 있고 훌륭한 삶을 산 후 그것을 하느님께 돌려드리기 위함입니다. 즉 하느님께서 사람을 귀하고 성스럽게 창조하셨다는 사실입니다.

성경에 나오는 그리스도 탄생기는 제일 나중에 쓰였다고 합니다. 나자렛 예수가 그리스도인 줄 깨닫고 난 후에 쓰였습니다. 부활하신 나자렛 예수가 분명히 사람이라면 다른 사람들처럼 세상에 태어나야 했기 때문에 탄생기가 쓰였습니다. 모든 인간을 구원한 나자렛 예수가 한 인간임을 강조하기 위함이었지요. 또한 하느님이 사람이 되었다는 것은 하느님에게만 있었던 우주의 중심이 사람에게로 옮겨왔으니 하느님과 사람은 서로 다르지만 영성적으로 분리할 수 없게 되었다는 뜻입니다. 초대교부들은

"하느님이 사람이 된 것은 사람이 하느님(the Divine)되기 위함이다."라고 했는데 이 말에서 두 번째 나오는 하느님은 아주 넓은 의미를 가지고 있습니다. 유일신으로서 하느님만이 가질 수 있는 성스러움이 아닙니다. 이원론에 익숙한 우리들은 하느님만이 성스럽고 사람은 그렇지 않다는 관념에 찌들어 있으나 신플라톤주의(Neoplatonism)가 성행했던 옛날에는 원죄의 개념이 없었기 때문에 사람도 성스럽다고 여겼답니다. 물론 사람이 하느님이라는 말은 존재 상으로 우리가 하느님이라는 뜻이 아니라 영성적으로 하느님처럼 성스럽다는 의미입니다(4강).

교회는 그리스도 탄생으로 인하여 "하느님의 아들이 각 개인과 융합했다."고 선포합니다(The Doctrine of New Man).[67] 그리스도 탄생은 나자렛 예수의 제한된 사건이라기보다 우리 모두에게 적용됩니다. 그리스도 탄생은 그리스도가 우리를 대신하여 우리의 원죄를 없애기 위한 것이 아닙니다. 어떻게 보면 이러한 신학은 사람의 욕심을 만족시키려는 이론입니다. 사람들이 자기가 저지른 죄를 스스로 책임지지 않고 아담과 하와에게 전가시키려는 의도가 있기 때문입니다. 그리스도 탄생은 우리를 죄에서 구원한다기보다 우리로 하여금 우리 안에 있는 그리스도를 되찾기 위함이라고 생각하면 어떨까요? 즉 우리가 성화되기 위함입니다.

교회는 예수 그리스도가 완전한 신이고 동시에 완전한 사람이라고 가르칩니다. 그러나 대부분의 사람들은 예수 그리스도를 하느님의 아들, 즉 신이라 여기고 있습니다. 그런데 놀랍게도 성경은 세례자 요한은 특별한 사람이고, 나자렛 예수는 보통 사람으로 기록하고 있습니다.

- 첫째, 출생 예고를 봅니다. 유다 성전에 가브리엘 천사가 나타나

즈카르야에게 세례자 요한의 출생을 예고합니다(루카 1, 11). 반면에 갈릴래아의 조그만 동네에 같은 천사가 나타나 시골처녀 마리아에게 그리스도 탄생을 예고합니다(루카 1, 26). 유다가 서울이라면 갈릴래아는 무주구천동입니다.

- 둘째, 출생을 비교해 봅니다. 세례자 요한이 태어났을 때는 친척들과 동네 사람들이 몰려와 축하해 줍니다(루카 1, 58). 반면에 나자렛 예수는 피난민으로서 외양간에서 태어나야 했고 동물들이 예수님을 반겼습니다(루카 2, 7).
- 셋째, 젊은 시절을 비교해 봅니다. 세례자 요한은 사막으로 가서 메뚜기를 먹으며 도를 닦습니다(루카 1, 58). 반면에 나자렛 예수는 캄캄한 시골인 나자렛에서 막일(목수)을 하며 자랐습니다(루카 2, 52).
- 마지막으로, 공생활을 비교합니다. 세례자 요한은 낙타 가죽옷을 입은 엘리야 같은 예언자로서 세상에 나타나지만(루카 3, 7), 나자렛 예수는 약한 사람과 죄인들과 같이 나타나고(루카 3, 21), 얼마 후 자기가 태어난 고향에서 쫓겨납니다(루카 4, 29).

이와 같이 세례자 요한은 특별한 인물로, 나자렛 예수는 가난한 시골사람으로 묘사되고 있는 이유는 나자렛 예수가 우리와 똑같은 사람임을 강조하기 위함이 아닐까요? 나자렛 예수는 우리들과 같이 제한되어 있고 구속을 받았기 때문에 더 알기 위해서 배워야 했고 어떤 때는 사람들에게 실수도 하였고 배고프고 목마를 때도 있었고 두려움, 기쁨, 그리고 배반과 사랑을 체험했던 사람입니다. 예수님은 나이가 들면서 지혜로워졌다고 성경은 기록하고 있습니다(루카 2, 52).

다음은 성가정을 살펴봅니다. 성가정은 너무나 성스러워서 우리들의 가정과 비교할 수 없이 전혀 다르고, 특히 마리아는 보통 여인과 아주 다른 성스러운 사람이라고 생각할 수 있습니다. 그러나 마리아는 하느님의 인류 구원사업이 언제 어떻게 이루어질 것인지 아무런 생각과 기대도 가지지 못한 채 간단한 대답으로 가능케하였습니다. 하느님에 대한 성스러운 순종의 모범을 보여주신 분입니다. 모든 사람들의 표본이 되는 믿음을 보여준 인류의 어머니, 즉 하느님의 어머니를 더 알기 위해서는 마리아가 어떠한 사람인지를 알아보아야 합니다.

성경에 의하면 마리아와 요셉은 나자렛 예수의 진정한 정체를, 즉 메시아인지를 모르는 가운데 기르셨습니다. 나자렛 예수가 열두 살 때에 일어난 일입니다. 마리아와 요셉은 예루살렘에서 돌아오던 중 예수님을 잃어버렸습니다. 성전에 있는 예수님을 사흘 후 다시 찾았을 때 예수님께서 "아버지 집에 있어야 하는 줄 모르셨습니까?"라고 했는데 부모님들은 그 말이 무슨 말인지 이해하지 못합니다. 그리고 "마리아는 이 모든 일을 마음속에 간직하고 곰곰이 되새겼다."는 성경구절은 마리아가 보통 어머니와 달리 하느님의 뜻을 이해하고 받아들이면서 깊은 관상에 빠져들어가는 것으로 해석하기 쉽습니다. 그러나 자세히 살펴보면 이 성경구절은 마리아는 세상이 어떻게 돌아가는지 논리적으로 터득한 것이 아니라, 우리들의 어머니처럼 자식 걱정 속에 깊이 파묻혀 있는 가운데 무엇인지 확실히 알 수 없지만 성스러운 순종에 잠기었다는 뜻이라고 생각됩니다. 성모님은 가브리엘 천사를 처음 만났을 때 "주님의 종입니다."라는 승낙을 즉시 할 수가 없었습니다. 우리가 성모님을 공경하는 이유는, 성모님께서 천사의 부탁을 즉시 수락하시지 못하고 의심과 두려움에 싸여 마음속으로 많은 고민을 하셨기 때문입니다.

그리스도의 탄생기는 나자렛 예수가 우리와 똑같은 사람이고 성가정도 우리들의 가정과 같다는 것을 성경을 통해 말해주고 있습니다. 그리스도의 탄생기는 정확한 역사의 기록이 아니라 창세기 같은 신화도 아니고 나자렛 예수가 우리와 똑같은 한 인간으로 태어났다는 믿음의 기록입니다. 성경에는 "우리가 하느님의 아들딸이다." 아니면 "우리가 하느님의 양 아들딸이다."는 말이 나오는데 야훼 하느님이 유일한 하느님이라고 믿는 유다인들에게는 예수님이 하느님의 유일한 아들이므로 우리는 양아들이 됩니다. 그러나 하느님이 모든 사람의 하느님이고 신과 인간의 합일성의 관점에서 우리들은 나자렛 예수와 함께 하느님의 아들과 딸입니다. 우리들이 그리스도라는 말도 같은 맥락입니다. 영성적인 면을 이야기하고 있습니다.

이제까지 우리는 나자렛 예수의 탄생을 인간적인 면에서 묵상해 왔습니다. 이것은 예수님이 하느님이라는 생각이 짙은 사람들에게는 이상하게 여겨질 것입니다. 그러나 인간적인 것을 강조한 이유는 예수님이 하느님의 아들이라는 신비, 즉 육화의 신비(the mystery of Incarnation)를 더 심각하게 받아들이기 위함입니다. 하느님이 사람이 되었다는 것은 머리로 이해할 수 없는 신비입니다. 진정한 믿음은 머리로 이해할 수 없는 것을 신비의 지혜로 받아들이는 것입니다. 우리들은 인식으로 알고 느끼지만 신비의 지혜는 지식으로 표현할 수 없는 '공의 세계'입니다.

사도신경에 보면 우리는 성부, 성자, 성령을 믿는다(*credere in*, believe in)라고 고백합니다. 이 말은 우리가 이해할 수 없는 하느님의 신비를 믿음으로 받아들인다는 뜻입니다. 그러나 교회를 믿는다(*credere*, believe)는 말은 'trust'한다는 의미가 있습니다. 하느님에 대한 믿음과 교회에 대한 믿음은 차이가 있습니다. 우리는 교회를 하느님처럼 믿지(believe in) 아니하고 교회 안에서(within) 교회와 함께(with) 교회를 믿습니다(trust). 교회가 아무리 신비스러워도 하느님이 아니며 또한 교회는 우리의 믿음의 목적이 아닙니다.[68]

그리스도의 탄생은 하느님이 누구인가를 말해주고 있습니다. 하느님은 당신의 아들이 사람이 되도록 하신 다정하고 인자한 하느님이십니다. 하느님은 이제 저 멀리 구름 뒤에서 우리들의 죄를 감시하는 엄격하고 위엄 있는 하느님이 아닙니다. 하느님은 아브라함, 이사악, 그리고 야곱만의 하느님이 아닙니다. 그리고 그리스도의 탄생은 나자렛 예수가 한 사람으로서 완전한 하느님의 사랑과 자비를 보여주었음을 의미합니다. 즉 사람은 하느님을 떠나 살 수 없고 하느님도 사람이 없다면 아무 의미가 없다는 것을 알려줍니다.

그리스도의 탄생은 사람이 무엇인가를 알려줍니다. 그리스도의 탄생은 사람이 하느님처럼 신성하다는 사실을 사람이 보여주는 것이 아니라 하느님 스스로가 보여줍니다. 그리스도의 탄생으로 말미암아 그리스도가 우리 안에 계시기 때문에 우리는 그리스도를 찾고 있습니다. 그리스도의 탄생은 하느님이 당신을 비워 사람이 되셨고 사람도 하느님이 될 수 있다는 가능성을 시사하고 있습니다. 하느님은 예수 그리스도의 탄생을 통하여 우리들의 인간성이 하느님의 신성과 하나가 될 수 있음을 보여주고 싶어 하십니다. 이것을 하느님과 인간의 합일성(theandric intuition, 6강)이라 합니다.

그리스도의 탄생으로 인하여 예수님이 받은 세례나 우리가 받은 세례는 -한 성령께서 역사하신- 똑같은 세례입니다. 세례로 인하여 우리들도 그리스도가 되었습니다(갈라 3, 27). 따라서 우리들의 신성과 그리스도의 신성은 똑같은 신성입니다. 그러므로 우리들의 신성을 향상시키려면 오직 예수 그리스도의 인간성을 통하여 가능합니다.

그리스도의 탄생으로 인한 하느님과 사람과의 관계를 사도 바오로는 잘 알려주고 있습니다(에페 1, 3-5). 예수 그리스도께서 두 번째(새로운) 아담으로서 세상에 다시 창조되었기 때문에 당신의 삶과 죽음이 하느님으로부터 인정을 받았으므로 우리들의 삶과 죽음도 예수 그리스도를 따라 하느님의 인정을 받습니다(로마 8, 11). 그러므로 우리는 예수 그리스도를 통하여 "하느님의 본성에 참여하게 되었으니"(2베드 1, 4), 나자렛 예수를 하느님의 아들인 그리스도를 믿는 것에 그치지 않고 나자렛 예수가 가졌던 하느님 아버지에 대한 신비한 체험을 우리의 삶에 실천해야 합니다. 이것이 그리스도 탄생의 목적입니다.

천지창조가 맨 처음 육일 만에 다 끝나버렸고 그 후로는 완전히 정지된 것이 아니라 지금도 계속되고 있습니다. 같은 맥락에서 볼 때 그리스도의 탄생도 계속되고 있습니다. 그리스도의 탄생은 하느님의 말씀이 사람이 된 것입니다. 우리들은 성찬의 전례 때마다 그리스도의 몸을 받아 모시면서 새사람이 됩니다(2코린 6, 7). 그리스도는 "어제도 오늘도 또 영원히"(히브 13, 8) 우리와 함께 계십니다. 그렇습니다! 인간적인 모든 것은 하느님을 향해 신성화되어 가고 있습니다. 제2차 바티칸공의회에 크게 공헌했던 쿵가(Yves Coungar)는 "하느님께서는 지금도 말씀을 창조하시고 또한 성령을 내려 보내십니다."라고 말했습니다.[69]

그리스도 탄생의 또 다른 실존적인 의미는 하느님이 당신의 특권과 영광을 비우고 한 가난한 인간이 되었다는 사실입니다(필리 2, 6-11). 나자렛 예수는 가장 낮은 곳에 있는 비천한 사람들, 버림받은 사람들, 힘없는 사람들, 아프고 병든 사람들과 같이 어울렸습니다. 이 사실은 우리가 예수 그리스도를 따르는 길이 무엇이고, 예수님처럼 기도하는 것이 무엇인가를 알려줍니다. '가난의 신비'는 물질적인 가난뿐 아니라 영성적인 가난을 의미합니다. 가난은 신비한 것입니다. 기도가 우리를 비우고 낮추는 것이라면 가난의 신비는 사람이 만든 법이 아니라 하느님의 진리입니다. 하느님이 가난하고 비천한 곳에 계시므로 우리는 마음을 열고 선을 이용한 영성수련에 들어가면 우리 마음 안에서 탄생하시는 예수님을 만나고 성가정의 삶이 우리 가정의 삶이 됩니다.

우리는 그리스도의 탄생을 해마다 기억하고 축하합니다. 무슨 이유로 해마다 그리스도가 오셔야 하나요? 그 이유는, 지구상에 항상 전쟁이 계속되고 있기 때문이며 헐벗고 배고픈 사람이 아직도 존재하기 때문입니다. 또한 우리들이 이 세상을 살고 있는 사람들의 얼굴에서 그리스도를 알아보지 못하고 있기 때문입니다. 그래서 그리스도의 탄생은 모든 사람과 만물을 위하여 오늘도 끊임없이 계속되고 있습니다.

묵상할 성경
루카 2, 1-40; 탄생기
요한 1, 1-18; 탄생기

제16강
하느님의 나라로 부르심

하느님의 나라는 너희 가운데에 있다.
(루카 17, 21)

나는 너희를 더 이상 종이라고 부르지 않는다.
나는 너희를 친구라고 불렀다.
(요한 15, 15)

제 16 강 하느님의 나라로 부르심

　예수 그리스도는 고별기도를 하실 때 "나는 너희를 더 이상 종이라고 부르지 않는다…나는 너희를 친구라고 불렀다."(요한 15, 15)라고 제자들에게 말씀하셨습니다. 여기에서 묵상하고 싶은 것은, 예수 그리스도의 이 말씀이 단순한 조언이나 부탁이 아니라 예수님도 정말 친구가 필요했었느냐는 점입니다. 예수님은 배반할 유다를 제자로 선택하셨습니다. 그리고 머리를 기댈 곳조차 없던 때가(루카 9, 58) 있었던 점을 고려한다면 예수 그리스도는 사람으로서 친구를 필요로 했을 것이 당연합니다. 우리들도 예수 그리스도를 친구로 여겨야 나자렛 예수의 인간성에 깊이 파고들 수 있고 나아가서 그리스도와 일치할 수 있습니다. 하느님이 사람이 된 것은 우리가 예수님을 숭배하기 위함이 아니라 우리가 예수님과 일치하도록 하기 위함입니다. 예수님을 친구라고 생각하기보다는 과연 우리들이 성숙한 신자로서 예수님을 친구로 여길 수 있는 내적 자유가 있는가 하는 질문입니다.

　하느님을 알 수 있는 유일한 길은 예수 그리스도입니다. 그리고 예수님께서 우리들의 다정한 친구가 되고 싶어 하심을 잊지 맙시다. 예수님을 친구로 대한다는 말은 법과 규정이 절대적이어서 무조건 순종만을 요구한다는 말이 아닙니다. 순종은 오직 부모와 어린이 사이에서만 가능합니다. 사도 바오로는 "내가 아이였을 때는 아이처럼 말하고 생각하고 헤아렸습니다. 그러나 어른이 되어서는 아이 적의 것을 그만 두었습니다."(1코린 3, 10)라고 말했습니다. 우리들은 영성적으로 어린아이들이 아닙니다.

　나자렛 예수의 근본적인 정체에 관하여 성경은 말해주고 있습니다. 공관복음에 의하면 나자렛 예수는 유다인으로서 유다인들에 대한 선처를 베푸는 경우는 있습니다. 그러나 나자렛 예수가 알려주신 하느님 아버지는 온 인류를 위한 하느님입니다. 그리고 나자렛 예수는 아버지 하느님과 분리될 수 없는 특별한 관계를 가지고 있었고 하느님의 뜻이, 즉 하느님의 나라가 이 땅에서 실현되도록 말과 행동으로 스스로 보여주셨습니다. 예수님의 개인적인 의견이나 사회적인 혹은 정치적인 발언은 성경에서 찾아볼 수 없고 오직 아버지 하느님의 뜻이 이 땅 위에 어떻게 실현되어 하느님의 나라를 어떻게 이루느냐는 것이 유일한 관심이었습니다. 그리고 온 인류가 하느님의 나라에서 축복받은 삶이 무엇인가를 스스로 보여주셨습니다.

나자렛 예수의 삶은 서른이 갓 넘어 끝나야 했고 공생활도 일년 정도 아니면 3~4년 정도입니다. 그러나 그 짧은 예수님의 공생활은 극적이었습니다. 비천한 사람들과 어울리시고 안식일에 병을 고쳐주신 것이 큰 문제가 된 것은 그 당시 사회의 모순점을 지적한 것입니다. 사회에서 비천하게 대우를 받던 많은 사람들은 나자렛 예수를 만남으로써 하느님 아버지를 알게 되어 삶의 굴레에서 해방이 되고 구원을 얻었습니다.

가나에서 있었던 결혼식에서 친구들과 함께 많은 포도주를 마시고 친교를 나눴던 것은 인류의 삶을 찬양하는 잔치였기 때문입니다. 이러한 극적인 나자렛 예수의 생활태도는 하느님의 꿈과 희망이 무엇인지를 알려주고 있습니다. 하느님의 꿈과 희망은 모든 사람들이 하나가 되어 온 피조물과 함께 하느님께 영광을 드리고 찬양하는 것입니다. 모든 사람들이 하느님과 하나가 되는 것이 하느님의 꿈과 희망입니다. 이것이 바로 나자렛 예수께서 우리에게 알려주는 하느님의 나라입니다.

하느님의 나라는 예수님의 모든 말씀과 행동을 한 마디로 표현한 말입니다. 나자렛 예수께서는 아버지 하느님과 신비한 관계를 가지고 있음을 분명히 하셨고 그 관계가 이 땅 위에 실현되도록 하느님의 나라에 사셨습니다.

나자렛 예수께서는 하느님의 꿈과 희망 그리고 우리들의 꿈과 희망을 실현하기 위해 우리들을 하느님의 나라로 부르십니다. 그리스도께서는 하느님의 나라가 무엇인지 보여주심으로써 우리들 마음에 깊이 새겨 놓으시고 우리들이 그렇게 살아가도록 원하십니다. 루카복음 4장 18-22절에 나오는 예수님의 말씀은 공생활을 시작하시기 전에 이사야 예언자에게 하셨던 하느님의 부르심에 응답하시는 말씀입니다. 가난한 사람들, 억울한 사람들, 눈먼 사람들, 고생하는 사람들, 억압받는 사람들…이 모든 밑바닥에 있는 사람들을 해방시켜 자유스럽게 하는 하느님의 나라가 지금 여기에서 예수님의 말씀을 "듣는 가운데 이루어졌습니다."

예수 그리스도께서 회당에서 하신 말씀은 하느님의 나라에 관한 성령이 충만한 말씀입니다. 하느님의 나라는 예수 그리스도의 모든 가르침을 한 마디로 함축한 말입니다. 사실 하느님의 나라는 정치적인 용어이고 예수 그리스도는 종교개혁자로서 하느님의 나라를 선포하셨습니다.

하느님의 나라에서는 사람 차별이 없고 신분의 구분이 없고 부자와 가난함의 분별이 없어 모든 것이 '하나로 전체'가 되는 나라입니다. 하느님의 나라는 우리들의 궁극적인 실제입니다. 하느님의 나라는 예수 그리스도의 양심입니다. 하느님의 나라는 그리스도입니다. 그래서 하느님의 나라는 이 세상의 가치를 뒤엎어 버립니다. 첫째가 꼴찌되고, 가난한 사람이 행복하고, 포로가 해방되고, 부자가 하느님 나라에 들어가는 것이 낙타가 바늘구멍으로 들어가는 것보다 어려운 것이 하느님의 나라입니다. 하느님의 나라는 하느님이 주관하십니다. 하느님의 꿈과 희망,

그리고 하느님의 사랑과 자비가 가득한 하느님이 다스리는 곳입니다. 하느님의 나라에서는 오직 하느님이 왕이시고 모든 피조물과 사람들, 로마 황제도 총독도 왕이 될 수 없습니다. 하느님이 왕이신 것은 참으로 기쁜 소식입니다.

예수님이 살던 세상은 험하고 흉측하였습니다. 수백 년 동안 피할 수 없던 외세의 침략은 로마의 정복으로 계속되고, 사회는 율법에 얽매어 부패되어 있어서 가난하고 아픈 사람들은 사람 취급을 받지 못하였습니다. 사람들은 메시아가 하느님의 나라를 세우시기를 고대했는데, 예수님은 "보라, 하느님의 나라는 너희 가운데 있다."고 말씀하십니다(루카 17, 21).

예수님은 안식일에 병든 사람들을 치료하시고, 간음한 여자를 용서하시고, 또한 성전에서 상인들과 사제들에게 화를 내신 모든 행동이 바로 하느님의 나라가 와 있음을 말해주고 있으니 보라고 하십니다. 이제 인간의 존엄성이 옹호되고 사회의 불평등과 차별에 반항하는 하느님의 뜻이 지금 실현되어 있으니 예수님은 보라고 하십니다. 불자들이 불성을 보듯이 머리로 생각하지 말고 관상기도를 하라는 말입니다. 예수님은 훌륭한 선사이십니다.

"하느님의 나라가 우리 가운데 있다."는 말은 그리스도가 우리 안에 계신다는 말과 같습니다. 하느님의 나라가 머나먼 어느 곳에 있다는 생각은 호수에 살고 있는 물고기가 물을 찾는 것과 비슷합니다. 성경에 "사람이 죽은 뒤에 영혼이 천당 간다."는 말은 쓰여 있지 않습니다. 이와 같이 영혼과 육신을 분리하는 이원론적인 말은 그리스 철학이 성경해석에 나중에 스며들어 생긴 말입니다.

하느님 나라가 우리 안에 있기 때문에 우리들의 깊은 마음속 양심이라고 부르는 곳에서 부활하신 그리스도를 만날 수 있으며 그곳에서 바로 하느님의 나라를 맛볼 수 있습니다. 하느님의 나라가 우리 안에 있다고 하는 것은, 예수 그리스도께서 우리들의 영혼이 천당에 갈 수 있도록 천당 문을 열어 놓으신 것이 아니라 하늘 멀리 구름 뒤에 있는 천당을 우리들이 살고 있는 지구 상에 끌어내려 우리들이 살고 있는 바로 이곳에, 우리 가운데에 이루어지도록 하신 것입니다. "하늘에서와 같이 땅에서도 이루어지소서."라고 기도하지 않습니까? 그리고 요한복음에는 '하느님의 나라'라는 말 대신 '영원한 생명'이라는 말이 나옵니다. 영원한 생명은 선을 이용한 영성수련을 통하여 잡생각이 없는 기도를 지금 여기에서 하는 가운데 하느님의 나라에 머물러 있는 순간입니다(9강). 그리고 그리스도께서는 당신의 "양들이 생명을 얻고 또 얻어 넘치게 하려고"(요한 10, 10) 우리 안에 이미 와 계십니다.

하느님의 나라가 우리 안에 있기 때문에 우리 아닌 어느 누구도 하느님의 나라를 완성시킬 수 없습니다. 우리 각자가 책임져야 할 일입니다. 하느님의 나라가 우리 안에 있기 때문에 우리가 세워야 할 일이지 하느님께 맡겨 놓고 우리는 가만히 있어서는 안 됩니다. 하느님의 나라는 우리 안에 이미 와 계신 그리스도와 함께 우리가 완성해야 합니다. 예수님이 우리 가운데 이룩하신 하느님의 나라는 아직 완성되지 않았습니다. 하느님의 나라는 종말론적인 성격이 있고 여기에 와 있으나 아직 완성되지 않았습니다(9강). 이젠 우리가 완성해야 할 차례입니다.

우리는 그리스도와 함께 새로운 세상을 창조하도록 부르심을 받았습니다. 하느님의 나라로 부르심은 우리의 죽음 후의 부르심이 아닙니다. 하느님이 살아 있는 자들을 위한 하느님이듯이(마태 22, 32), 하느님의 부르심 또한 살아 있는 우리 일상 삶 안에서의 부르심입니다. 그러나 이 부르심은 모든 것을 희생하고 기적을 이루는 거대한 부르심이 아닙니다. 사무엘이나 엘리야를 부르듯이 오히려 고요하고 자그마한 부르심(1열왕 19,13), 조용한 바람 사이로 들려오는 자그마한 부르심입니다. 아름다운 들판의 꽃들을 바라볼 때 들려오는 마음의 따뜻함 속에서 우리에게 주어지는 작은 평범한 소명입니다. 이러한 작은 소명을 통해 하느님은 항상 우리들을 일상에서의 성스러운 삶(everyday holiness)으로 이끌어 줍니다. 이러한 작고 평범한 부르심이 우리가 완전하고 성스러워지는 길입니다.

하느님의 나라에서 우리들이 법을 지키며 규정 안에 사는 것보다 더 중요한 것은 우리 모두가 자기의 양심대로, 즉 참 나의 양심대로 사는 것입니다(the primacy of conscience). 하느님의 나라에서는 인간사회의 법이 필요 없습니다. 서로 사랑하는 사람들이 살고 있기 때문입니다. 참으로 깨우친 사람들은 법이 필요 없습니다. 하느님의 나라에서는 오직 깨우친 사람들이 살고 있습니다.

하느님의 나라가 우리와 함께 지금 여기에 있기 때문에 우리들은 창세기와 요한 묵시록 사이에서 살고 있습니다. "주님, 어서 오소서, 마라나타."(1코린 16, 22) 하면서 희망을 가지고 살고 있습니다. "우리가 지금은 거울에 비친 모습처럼 어렴풋이 보지만 그때에는 얼굴과 얼굴을 마주 볼 것이기"(1코린 13, 12) 때문입니다. 우리들의 희망은 믿음과 떨어질 수 없습니다. 그래서 하느님의 나라는 아름답고 성스럽고 찬란합니다. 하느님의 나라는 엄숙하고 영광스럽습니다. 하느님의 나라는 요한묵시록에 나오는 새 예루살렘 성전입니다. 찬란하고 거룩한 새 예루살렘 성전에서는 빛이나 태양이 필요 없습니다. 빛이신 그리스도가 너무 찬란하기 때문입니다(묵시 21, 23).

하느님의 나라에서 걷고 있는 우리들의 신앙 여정은 나자렛 예수의 예루살렘을 향한 신앙 여정과 비교할 수 있습니다. 그 여정에서 예수님이 제자들을 부르신 것과 같이 우리들을 부르십니다. 제자들은 나자렛 예수와 같이 예루살렘 여정을 함께 하는 동안 그분이 그리스도인지 알아보지 못했습니다. 마찬가지로 우리들도 예수님이 하신 말씀을 잘 받아들이지 못합니다. 지금 우리들은 예루살렘 여정에 동참하고 있기 때문입니다. 그러나 예수님의 제자들은 자기들의 경험과 실수를 성경을 통하여 우리들에게 알려줍니다. 나자렛 예수의 예루살렘 여정은 극심한 고통과 죽음을 통해 결국은 승리의 부활로 끝났다는 사실을 말합니다. 따라서 우리들의 신앙 여정에도 죽음과 부활이 있을 것이므로 우리는 준비하여야 합니다.

하느님의 나라가 완성된 상태를 지복직관(beatific vision) 혹은 하느님의 나라(heaven)라고 불러왔습니다. 영성가들에 의하면 이런 상태의 직관은 우리들의 기도 안에서 가능하다고 합니다. 우리들도 기도와 묵상 안에서 부활하신 그리스도를 만날 수 있습니다. 우리들은 십자가의 죽음을 통하여 부활하신 예수 그리스도와 함께 하느님의 나라 안에 살고 있기 때문입니다. 바오로 사도에 의하면 "성령 안에서 누리는 의로움과 평화와 기쁨"(로마 14, 17)이 바로 하느님의 나라입니다.

천당과 지옥의 이원론적인 구분은 마태오복음에 나오는 하느님의 나라(the kingdom of heaven)를 잘못 이해했던 이유도 있다고 합니다. '하늘 나라'라는 단어는 천당이 구름 위에 멀리 있다는 믿음과 바로 연결이 됩니다. 유다인들의 전통이 강한 마태오 공동체에서는 하느님의 이름을 부르지 않기 때문에 하느님의 나라를 the kingdom of God보다 the kingdom of heaven이라고 표현했다 합니다. 한글 성경에는 '하느님의 나라'로 번역되어 다행입니다. 천당과 지옥은 어떤 장소가 아니라 의식 상태(the state of consciousness)를 의미합니다.

우리는 세례를 통하여 하느님의 자녀가 되었습니다. 이제 예수님이 가르쳐 주신 하느님에 대한 믿음을 가지고 이 땅 위에 사랑, 정의 그리고 평화를 실천하여 하느님의 나라를 이루는 것이 우리들의 사명이자 삶의 목적입니다. 그러나 하느님의 부르심은 침묵의 부르심입니다. 깊은 침묵 속에 스며드는 마음에서 마음(heart to heart)으로의 속삭임입니다. 그리하여 데레사 성녀나 뉴먼 성인은, 하느님은 "마음에서 마음으로 말하신다." 합니다. 깊은 침묵 속에 스며드는 하느님의 소명에 귀를 기울이시기 바랍니다.

묵상할 성경

　루카 4, 18-19; 예수님의 첫 강론
　루카 17, 20-37; 사람의 아들이 오면…

제17강
그리스도의 공생활

저는 이들에게 아버지의 말씀을 들려주었는데,
세상은 이들을 미워하였습니다.
제가 세상에 속하지 않은 것처럼
이들도 세상에 속하지 않기 때문입니다.
(요한 17, 14)

위에 있는 것을 생각하고
땅에 있는 것을 생각하지 마십시오.
여러분은 이미 죽었고,
여러분의 생명은 그리스도와 함께
하느님 안에 숨겨져 있기 때문입니다.
(콜로 3, 2-3)

제 17 강 그리스도의 공생활

　예수 그리스도는 하느님 아버지께서 이사야 예언자를 통하여 하신 말씀을 되풀이하면서 공생활을 시작하십니다. 예수님은 하느님의 뜻을 세상에 알리기 위해 선교를 나갑니다. 선교(mission)란 말은 선진국 사람이 후진국에 가서 그리스도를 모르는 사람들에게 "예수를 믿으라."는 것으로 착각하기 쉬우나 사실은 그 사람들과 관계를 맺어 하느님의 사랑과 자비를 나누는 것이 예수님의 공생활, 즉 선교입니다.
　토마스 머튼에 의하면 "크리스천의 선교(의무)는 그리스도를 온 세상에 태어나게 하여 모든 사람 안에 살아 있도록 하는 것입니다"(부록 16). 미국이 온 세계의 정신적인 중심이 되기 위해서는 흑인을 노예로 부린 역사에 대한 보속이 있어야 하고, 크리스천이티가 세계적인 종교가 되기 위해서는 유럽의 식민 정책에 대한 회개가 있어야 한다고 합니다. 예수님은 당신이 만든 종교를 전파하려 하지 않으셨고 오직 하느님의 뜻을 세상에 알리셨습니다. 하느님은 편파적이지 않으시니 그리스도를 믿는 사람만을 사랑하고 그렇지 않은 사람들을 미워하지 않습니다.
　그리스도는 모든 인류의 구원자이십니다. 계몽주의의 영향을 받아 '관계'라는 말에 익숙하지 못한 서양문명은 종교를 앞세우고 지난 몇백 년 동안 온 지구를 점령하여 식민정책을 펼쳤습니다. 그것과 별로 다를 것 없이 무슬림 국가나 아프리카에 선교 간다는 사람들을 보면 어떤 생각으로 선교를 떠나는지 염려가 됩니다. 선교의 목적은 위에서 말한 것처럼 오직 하느님의 사랑과 자비를 나누며 우리가 선교를 간 곳에서 하느님의 삶을 계속 살아가는 것이어야 합니다(부록 16). 그리스도를 모르는 사람들도 자기들 나름대로 하느님을 알고 있기 때문에 내가 알고 있는 하느님을 믿으라고 요구하거나 강요하지 않고 그들과 깊은 관계를 맺게 되면 내가 알고 있는 하느님의 다른 면을 배우게 됩니다. 마디 대레시는 힌두교인들을 가톨릭으로 전교시키지 않았고, 달라이 라마도 사람들에게 불교를 택하라고 권고하지 않았습니다. 하느님의 다른 면을 배우면 내가 가지고 있는 종교를 더 깊이 알 수 있습니다. 동시에 우리들은 보다 성숙한 신자가 될 수 있습니다.

그리스도께서는 하느님의 뜻을 전하기 위해 갈릴래아와 유다 지역뿐 아니라 이방인 지역까지 선교를 하셨습니다. 그리스도의 제자들도 하느님의 얼굴을 보여주신 예수 그리스도를 따르고 뜻을 전하기 위해 로마제국의 끝까지 선교하였으며 그 과정에서 성경이 쓰이고 성체성사를 기본으로 하는 교회가 생겼습니다. 그 후 교회는 로마의 정치와 손을 잡고 변하기 시작합니다. 좋은 예는, 동아시아 선교에서 있었던 중국 전례(Chinese Rite)입니다. 그 정책은 200년 동안 지속되어 수많은 우리 신앙의 선조들이 박해를 당하고 목숨을 잃었습니다. 한국 순교사를 읽을 때마다 지나간 역사를 너무 쉽게 비판하지만 그렇지 않았으면 얼마나 좋았을까요? 교회가 전통적인 가르침을 강요하지 않고 우리 조상들의 특수한 문화와 전통을 존중했었다면 얼마나 좋았을까 생각합니다. 이제는 교회도 순례자들의 교회이니 교회에서 가르치는 모든 것에 무조건 복종하는 태도를 벗어나 마음 깊은 곳에 그리스도가 계심을 알고 우리들의 양심을 맑고 깨끗이 보존하도록 노력해야 합니다. 우리들도 예수 그리스도의 제자들입니다. 하느님의 사랑이 얼마나 깊고 넓고 높으며, 사람들이 얼마나 존엄하며 신성한 지를 여러 사람과 나누기 위해 선교가 무엇인지 다시 생각해야 합니다.

지난 강의에서는 예수님이 '보라.'는 말을 사용하여서 예수님을 훌륭한 선사라 말했습니다. 오늘은 예수님이 사마리아 여인을 훌륭한 제자로 양성하여 사마리아 전체를 선교한 사실을 묵상합니다(요한 4, 1-42). 여러분이 아시다시피 사마리아 여인은 사람의 눈을 피할 수밖에 없는 사람들의 눈에 저주받은 사람입니다. 사람들의 눈을 피해 정오에 물을 길으러 나가야 했습니다. 예수님은 그 여인을 단 둘이 만납니다. 예수님이 낮은 자리로 내려오셔서 그녀에게 "물을 달라."고 하십니다. 그래서 그 여인과 천천히 대화를 합니다. 그 여인이 예수님을 부르는 호칭이 점차적으로 달라집니다. 예수님이 누구인지 천천히 알아가는 가운데 자신의 가치를 점점 깨우치기 때문입니다. 끝내는 물동이를 내동댕이치고 동네로 달려갑니다. 큰 깨우침을 얻은 것입니다. 하느님을 아는 새사람이 된 것입니다. 자기를 욕하고 싫어했던 사람들이 귀하고 성스러움을 깨달았습니다. 그래서 그 여인은 그리스도를 온 동네에 전교합니다. 비천한 사마리아 여인은 첫 번째로 훌륭한 선교사가 됩니다. 예수님은 많은 사람들을 깨우치게 하신 선사입니다(김 알퐁소 신부 피정).

예수님은 짧은 공생활을 통하여 하느님이 누구인가를 정확하게 알려 주셨습니다. 하느님과 특별히 가까운 관계를 가진 영성가로서 홀로 밤을 새우는 기도를 자주 하셨고, 마귀를 쫓아내셨고, 병을 낫게 하는 기적은 예수님이 하느님의 영(the Spirit)이심을 말해주고 있습니다. 그리고 예수님이 하신 "너희 아버지께서 자비하신 것처럼 너희도 자비스러운 사람이 되어라."(루카 6, 36)는 말씀은 하느님이 자비 자체이심을 알려줍니다. 하느님이 자비이심을 알기 때문에 예수님은 안식일에도 해야 할 일을 하셨고, 천한 사람들과 밥상을 같이 하셨고, 착한 사마리아 사람 그리고 돌아온 탕자 같은 비유를 들려주셨습니다. 예수님의 공생활은 사람들을 가르치시고, 병자를 낫게 하시고 그리고 예언자의 역할로 구분할 수 있습니다.

1) 그리스도의 가르침(루가 11, 1-13)

그리스도는 일정한 장소가 없이 떠돌아다니시며(itinerant) 사람들에게 하느님에 관한 지혜를 가르치셨고 이 성경구절은 우리가 잘 아는 '주님의 기도'를 가르치시는 내용입니다. 그리스도께서는 성령이 충만한 영성가로서 관상기도를 하셨는데 제자들이 세례자 요한을 따르는 사람들처럼 외우는 기도를 원하자 '주님의 기도'를 가르쳐 주셨다고 합니다. 주님의 기도는 관상하기에 좋은 기도입니다. 하느님에 대한 신비한 영성을 가진 예수님은 하느님을 '아빠'라고 부르시며 우리들에게 '하늘에 계신 우리 아버지'로 시작하라고 가르쳐 주셨기 때문에 우리들은 하느님의 자녀가 되었습니다.

청원기도의 중요성도 지적하셨습니다. 하느님께 우리가 필요한 것을 청원하는 것은 실존적인 필요성입니다. 청원기도를 함으로써 우리들의 부족함, 제한됨을 하느님과 나눌 수 있습니다. 그리스도는 말씀하셨습니다. "청하여라, 너희에게 주실 것이다 … 문을 두드려라, 너희에게 열릴 것이다"(루카 11, 9). 이 성경 말씀은 우리들이 스스로 노력하지 않으면 하느님의 은혜가 아무 효과가 없다는 것을 알려주고 있습니다. 즉 하느님의 은혜는 항상 우리들의 마음을 비움(emptiness, nada)을 전제로 하고 있습니다.

그리스도 예수님의 가르침은 논리적인 현대식의 가르침이 아니어서 선명하지는 않으나 신비스럽고 또 깊이 있는 비유를 통한 가르침, 즉 철저한 비이원론(non-dual)의 가르침입니다.

2)　　병자를 치료함(마르 1, 40-45)

　이 성경구절은 그리스도께서 나병환자를 측은히 여기고 낫게 해주시는 내용입니다. 성경에서는 예수님께서 많은 기적을 행하십니다. 대부분은 사람들을 치유(healing)하시고 또 병을 낫게 하시고(cure) 마귀를 쫓아내셨습니다(exorcist). 그리스도는 아픈 사람, 보잘것없는 사람, 고통받는 사람들을 사랑하시고 연민(compassionate)을 느끼셨습니다. 연민은 배에서 우러나오고 사랑은 마음속에서 일어납니다. 동양적인 'compassion'은 우리 어머니들이 베푸시는 사랑입니다.

　그리스도께서 많은 병자들을 낫게 해 주신 것은 그 사람들의 인간성(humanity), 즉 사람됨을 되찾아 주신 것입니다. 그리고 교회법이나 규정보다 사람들을 더 중요하게 여기셨습니다. 그리스도의 치유는 어떤 조건이 없는 치유였고 또 내일이나 훗날에 치료된다는 것이 아니라 바로 그 자리에서 당장 일어나는 치유였습니다. 또한 그리스도의 치유는 어떤 요술이 아니라 치유받는 사람의 믿음에 근거를 두고 있기 때문에 예수님은 "너의 믿음이 너를 구원하였다."(마르 5, 34)는 말씀을 자주 하십니다. 그리스도는 과거의 부담과 후회를 없애주시고 앞날의 걱정과 불안을 처리하십니다. 하느님이 "나는 있는 나다."(탈출 3, 14)라고 말씀하신 것은 하느님이 지금 이곳에 우리와 같이 계시는 하느님이라는 의미입니다. 나자렛 예수의 영성은 과거나 미래에 매어 있지 않은 현재의 영성입니다, 선 수행이 현재를 강조하듯이 말입니다.

3)　　예언자(마르 1, 21-28)

　예수 그리스도는 종말론적인 예언자, 즉 인류구원을 위한 하느님의 마지막 말씀이고 이 세상이 끝날 때까지 하느님께서 다시 말씀하지 않으신다는 예언자입니다(15강). 하느님 아버지의 얼굴을 보여주기 위해 예언자 역할을 철저히 하셨던 그리스도 예수님은 완전한 인간으로서 십자가에서 죽임을 당해야 했습니다. 그래서 하느님은 그리스도 예수님을 부활시키셨습니다.

그리스도는 예언자로서 이 세상의 모순과 부조리에 타협하지 않고 인간의 존엄성과 신성을 믿으며 사회의 고통과 악과 싸웠습니다. 그렇기 때문에 교회는 "그리스도 안에서, 그리스도와 함께, 진정한 인간의 위엄과 권위를 찾을 수 있다."고 선포합니다. 우리들은 영성적으로 성인이 되었으니 양심 있는 예언자들이 많이 나와 내면적인 통찰과 비판으로 우리 공동체를, 그리스도를 닮아가는 공동체로 만들 수 있습니다.

위와 같이 예수 그리스도는 이 땅에 하느님의 나라가 이미 와 있음을 행동으로 보여주시는 왕(가르침), 사제(병자를 치료함), 그리고 예언자입니다. 우리 모두도 세례를 통하여 그리스도와 똑같은 왕직, 사제직, 예언자직을 갖추었음을 잊어버리지 맙시다(갈라 3, 27). 평신도가 사제라니 이것이 무슨 말입니까? 그렇습니다. 세례를 받은 평신도도 예수님이 누리는 그리스도의 권위(baptismal priesthood)를 누립니다(1베드 2, 9). 성품성사를 받은 사제는 공동체의 머리로서 그리스도의 권위(ordained priesthood)를 누리며 똑같은 성유로 축복을 받습니다.[70] 우리 모두는 진리 안에 축복되어 예수님과 똑같이 이 세상에 파견된 그리스도입니다(요한 17, 17-18). 그리고 그리스도가 우리 안에 와 계시니 우리는 그리스도이고, 그리스도가 모든 사람 안에 계시니 모든 사람도 그리스도입니다(p.334, AJ). 마찬가지로 예수님께 세례를 주신 성령과 우리에게 세례를 주신 성령은 똑같은 성령입니다. 교회는 가르치고 있습니다. 성스러움에는 차별이나 계급이 없고 모두가 똑같은 성스러움에 불림을 받았습니다(2강).

  마지막으로, 예수님의 공생활은 철저한 비이원적인 삶이었습니다. 부자와 가난한 자, 건강한 자와 병든 자, 남자와 여자, 전통적인 유다인과 이방인, 노약자와 어린이, 어느 한 곳에 치우침 없이 모두를 사랑으로 대하고 그 사랑의 완성을 위하여 십자가의 죽음도 기꺼이 받으셨습니다. 깊고 높은 주님의 사랑은 이해하기 어려운 점도 없지 않습니다. 우리는 선을 이용한 영성수련을 통하여 성성적적한 삼매의 경지에서 그리스도의 끝없는 존재의 신비를 좀 더 깊이 가슴속으로 체험할 수 있습니다.

묵상할 성경

요한 4, 1-42; 사마리아 여인
마르 1, 40-45; 나병환자를 고치시다.
루카 15, 11-32; 되찾은 아들

제18강
그리스도를 따라서

(주)님께서 부르시면
가을날 노랗게 물들인 은행잎이
바람에 흔들려 휘날리듯이
그렇게 가오리다.
님께서 부르시면

호수에 안개 끼어 자욱한 밤에
말없이 재 넘는 초승달처럼
그렇게 가오리다.
님께서 부르시면

포근히 풀린 봄 하늘 아래
굽이굽이 하늘가에 흐르는 물처럼
그렇게 가오리다.
님께서 부르시면

파아란 하늘에 백로가 노래하고
이른 봄 잔디밭에 스며드는 햇빛처럼
그렇게 가오리다.
님께서 부르시면

(신석정)

제 18 강 그리스도를 따라서

　우리들은 예수 그리스도를 따르려 합니다. 그런데 왜 우리들이 그리스도를 따르려 합니까? 구원을 얻기 위해 따릅니까? 아니면 교회가 그렇게 하라고 해서 따릅니까? 아니면 죽은 다음에 영혼이 천당 가기 위해 그리스도를 따릅니까? 성경에 의하면 예수님께서는 당신을 따라야 천당을 갈 수 있다고 말씀하지 않으셨습니다. 우리가 그리스도를 따르는 이유는, 모세가 하느님의 얼굴을 보려고 그토록 애썼듯이 예수님이 하느님의 얼굴을 보여주셨기 때문입니다. 예수님이 이 땅 위에서 완전한 인간의 삶을 사심으로써 하느님의 은총으로 그리스도가 되어 하느님이 어떠한 하느님이신가를 우리들에게 알려주셨기 때문입니다. 이것을 '그리스도의 신비'라고 합니다. 그래서 우리는 그리스도를 따릅니다.

　그리스도의 신비를 믿는 우리들이 그리스도를 따른다는 것은 단순히 도덕적으로 선한 생활을 한다는 것을 넘어 그리스도 안에서 성령의 힘으로 하느님의 뜻을 알고 실천하는 것입니다. 그렇기 때문에 신약성경에 나오는 여러 서간들을 보면 착하고 선하게 살라는 부탁 후에 항상 '그리스도 안의 삶'을 명시하고 있습니다. 그리스도 안의 삶은 또한 '우리 안에 이미 현존하시는 그리스도와의 삶'이라 할 수 있습니다. 교회는 그리스도의 성사(sacrament)이므로 그리스도를 따른다는 것은 교회 안에서 부활하신 그리스도, 즉 성령의 삶을 여러 형제자매와 함께 나눈다는 뜻입니다. 모든 사람들이 삼위일체이신 하느님과 하나가 되어 크리스천 공동체를 이루는 것이 그리스도를 따르는 길입니다.

　예수님이 가르쳐주는 하느님에 관한 이미지가 무엇인가를 알아봅니다. 루카복음은 돌아온 탕자, 라자로, 착한 사마리아인 같은 아름다운 이야기들이 많이 있어서 문학적 가치가 높은 복음서입니다. 특히 예수님은 착한 사마리아인의 비유를 통하여 우리들에게 아버지 하느님이 누구인지를 보여주십니다(루카 10, 25-37). 여러분이 잘 아시는 이 이야기는 다음과 같은 순서로 되어 있습니다.

1. 사마리아인은 길가에서 죽어가는 사람을 정성껏 만납니다.
2. 측은한 마음을 갖습니다.
3. 그 자리에서 해야 할 일을 합니다.
4. 더 나아가 다른 사람을 끌어들여 그 일에 책임을 줍니다.

예수님이 들려주는 착한 사마리아인에 관한 비유는 하느님이 어떤 하느님인지 잘 알려주고 있습니다. 하느님은 착한 사마리아인처럼 자비스러운(mercy) 하느님입니다. 그런데 '자비'라는 말은 원래 compassion을 번역한 말이며 mercy보다 compassion이 더 합당한 말입니다. 돌아온 탕자의 아버지도 역시 자비스러운(compassionate) 하느님을 알려주고 있습니다(루카 15, 11-32). Com-passion은 고통을 같이 나눈다는 의미가 있습니다.

하느님이 사랑이라는 말은 그리스 철학이 가미된 말이고 원래 유다인들이 가진 하느님에 대한 이미지는 동양적인 사랑, 즉 compassion에 더 가까운 것 같습니다. 하느님의 사랑을 알려주는 예수님의 말씀들 중 다른 하나를 살펴봅니다.

백 마리의 양을 데리고 있다가 잃어버린 한 마리를 찾으러 간다는 비유입니다(루카 15, 3-7). 이 비유를 이해할 때, 백 마리 중 한 마리를 잃고 그 한 마리를 찾으러 가는 중에 아흔아홉 마리 중 또 다른 한 마리를 잃을 수도 있으므로 처음부터 잃어버린 한 마리를 찾아나서는 것이 멍청하고 현실성이 없는 이상한 이야기가 되어버릴 수 있습니다. 이것은 너무나 합리적인 해석입니다. 반대로 이 비유의 진정한 의미는 하느님의 사랑이 우리의 논리에 맞지 않게 그토록 합리적이 아님을 알려주고 있습니다.

착한 사마리아인에 관한 이야기는 예수님께서 사제와 레위인이 철저히 지켜왔던 성전을 위시한 정결예식에 대한 심각한 저항과 반대를 표시하고 있습니다. 안식일에 예수님께서 행하신 많은 기적들도 같은 맥락에서 이해할 수 있습니다. 예수님은 사람을 중요하게 여기시어 compassionate하셨기 때문에 자비가 없는 형식적인 정결예식을 그토록 철저히 반대하셨습니다. 사람들이 법과 규정에 너무나 시달렸었습니다. 착한 사마리아인의 마지막은 "너도 가서 그렇게 하여라."고 한글 성경에는 번역이 되었으나, 영어성경에는 "Go and do likewise"라고 되어 있습니다. 반드시 그대로 하라는 것이 아니라 처해 있는 형편에 맞추어 착한 사마리아인처럼 생각하고 느끼고 그리고 행동하라는 말씀입니다. 예수 그리스도가 하신 그대로 하는 것보다 그렇게 할 수 있도록 품성과 덕을 쌓아가는 것이 중요합니다.

덕과 품성을 쌓기 위해서는 인식이 변화되어야 합니다. 인식을 변화시키기 위해서 선을 이용한 영성수련을 하여야 합니다. 맑고 고요한 마음을 유지하도록 하여 분별 의식을 없애고 우리 안에 이미 와 계신 그리스도를 마음의 주인이 되도록 하여야 합니다. 그리고 측은한 마음을 가지고 근본적인 내면을 깊게 들여다봅니다. 측은한 마음은 예수님의 마음입니다. 측은한 마음은 하느님의 사랑 안에 고통을 같이 한다는 의미가 있습니다. 하느님의 크나큰 사랑과 측은한 마음을 느끼면 느낄수록 우리들의 신앙생활은 더욱 풍부해질 것입니다.

마태오복음서에는 하느님 사랑과 이웃사랑을 분리하며 두 개의 계명이라고 쓰여 있는데(마태 22, 34-40), 이것은 이원론의 (dualistic) 사고방식입니다. 이웃사랑과 하느님 사랑은 같은 사랑입니다. 사랑은 하나입니다. 이웃사랑은 하느님 사랑의 구체적인 표현이고, 따라서 하느님을 사랑하게 되면 이웃을 저절로 사랑하게 됩니다.

우리가 하느님과 하나가 된다는 말은, 밀가루와 물을 반죽하여 수제비 만드는 식으로 하나가 되는 것이 아니라 우리들이 그리스도를 따라가면 우리의 본성이 그리스도를 닮아가고 끝내는 하느님의 삶을 산다는 의미입니다. 그리스도를 닮아 그리스도와 같이 생각하고 느끼고 행동하기 위해서는 깊은 기도를 통하여 자신을 비워 참 나를 찾아야 합니다. 새로운 인식을 개발하여 덕윤리를 실천해야 합니다(9강).

그리스도를 따르는 것은 남이 하니까 따라할 수 있는 일이 아닙니다. 예수님은 "고생하며 무거운 짐을 진 너희는 모두 나에게 오너라. 너희에게 안식을 주겠다."(마태 11, 28)고 말씀하십니다. 이 성경말씀은 우리가 예수님을 따르면 예수님께서 우리의 무거운 짐을 당장 덜어주셔서 우리는 편안한 안식을 바로 얻을 것으로 쉽게 해석할 수 있습니다. 그러나 예수님은 "내 멍에를 메고 나에게 배워라."고 계속 말씀하십니다. 예수님을 진정으로 따르려면 예수님의 멍에를 메라는 말씀입니다. 십자가 말입니다. 그리스도 예수님께서 하신 "누구든지 내 뒤를 따라오려면 자신을 버리고 날마다 제 십자가를 지고 나를 따라야 한다."(루카 9, 18-24)는 말씀은 공관복음 모두를 한 마디로 함축한 말입니다. 자신의 십자가를 질 생각이 없으면 그리스도를 따르는 흉내를 낼 필요가 없습니다.

그리스도는 또한 "누구든지 나에게 오면서 자기 아버지와 어머니, 아내와 자녀, 형제와 자매, 심지어 자기 목숨까지 미워하지 않으면 내 제자가 될 수 없다."(루카 15, 26)고 하셨습니다. 이 말은 도대체 무슨 말씀입니까? 부모님께 효도해야 하는데 부모님을 버리고 아내와 자식까지 버리라니 이 말씀이 무슨 뜻입니까?

우리들은 나자렛 예수의 예루살렘 여정에 참여하고 있습니다. 우리들의 여정은 궁극적인 죽음을 향한 여정이고 죽음은 예수 그리스도가 우리들 각자를 부르시는 진정한 고향입니다. 마치 우리들이 어렸을 때 날이 어두울 때까지 밖에서 놀고 있는데 저녁밥 먹으라고 부르시는 우리들의 어머니처럼 그리스도는 우리들을 진정한 고향으로 부르고 계십니다. 우리들의 여정이 끝날 때에는 죽음이 우리를 기다리고 있기 때문입니다. 그리고 우리 각자가 죽음을 맞이할 때는 부모님이 옆에 계시지 않고 우리 혼자서 만이 그 죽음을 맞이하여야 합니다. 그렇기 때문에 그리스도께서는 당신을 따르는 것이 부모님보다 더 중요하다고 하셨습니다.

디트리히 본회퍼(Dietrich Bonhoeffer)는 히틀러 반대운동을 하다가 감옥에 갇혔고 연합군이 그 감옥을 점령하기 바로 며칠 전에 처형당한 감리교 목사입니다. 그의 옥중일기에는 이러한 대목이 있습니다. "그리스도가 우리들을 부르실 때에는 우리들 각자의 죽음으로 부르신다." 그리스도가 우리를 부르신다는 사실은 십자가 상에서 죽은 나자렛 예수처럼 우리들의 죽음을 준비하는 심각한 결단과 각오를 요구하고 있습니다. 또한 본회퍼는 값싼 은혜(cheap grace)와 비싼 은혜(costly grace)라는 말로 유명합니다. 아마도 우리들 대부분은 하느님의 값싼 은혜를 받으러 신앙생활을 하고 있지는 않는지요? 미사 때마다 하느님으로부터 비싼 은혜를 이미 받았는 데도 더 베풀어 달라고 구걸하기 때문입니다. 꽃동네 오웅진 신부의 말입니다. 그리스도가 우리 안에 머물게 하신 하느님의 은혜는 우리를 고귀하고 성스럽게 만든 비싼 은혜입니다.

히틀러 이야기가 나왔으니 그리스도교의 어두운 역사를 짚고 가야겠습니다. 독일은 사상과 철학에 있어서 훌륭한 나라입니다. 칸트의 철학은 '순수 이성 비판'으로 유명하고, 칼 라너의 초월 신학은 아우구스티노와 토마스 아퀴나스와 비교할 수 있을 만한 공헌을 남긴 신학입니다. 그리고 독일은 국민의 반이 가톨릭, 다른 반이 루터교인 그리스도교 국가입니다. 그러한 훌륭한 나라에서 어떻게 수백만 명이나 되는 유다인을 죽이는 일이 일어났을까요? 그리스도교는 이런 역사에 어떻게 영향을 주었나를 심각하게 생각해야겠습니다. 여러 이유가 있겠으나 가톨릭교와 루터교인들이 이원론(dualism)에 싸여 서로 비판하고 다투기만 했다는 사실도 중요한 이유 중 하나입니다. 서양문화에 이중성이 그렇게 깊게 뿌리 박혀 있는 이유는 초자연과 자연이 분리된 종교개혁과 계몽주의 탓이라 합니다.[71]

우리들이 예수 그리스도를 따르면 하느님을 만나 하느님의 사랑 안에 머물게 됩니다. 그러면 우리들의 생각과 행동에 혁명적인 변화가 일어나 인식을 새롭게 하여 들에 피어 있는 꽃이 아름답게 보이고 스치는 사람의 눈빛이 사랑스러워집니다. 아침 잠자리에서 일어날 때 즐겁고, 저녁 잠자리에 들 때 감사하고, 어떻게 주말을 보낼까 초조할 필요 없고, 무슨 책을 읽고 무엇을 먹을지 걱정하지 않고, 무엇이 안타깝고 무엇이 즐거운지 분명히 알게 됩니다. 그리고 기도와 묵상을 통하여 내면의 평화를 잃지 않기 때문에 생각이 자유롭고 평정한 마음을 유지할 수 있기에 외형적인 것에 흔들리지 않고 하느님의 눈을 쳐다보고 모든 사람을 사랑하며 살아갑니다. 이렇게 진리가 우리들을 자유롭게 합니다. 그래서 우리는 행복하고(blessed) 즐거운(joyful) 삶을 살고 있습니다. 이것이 바로 우리가 구원되었다는 표시입니다. 그리스도 안에서 우리가 구원되었습니다. 선을 이용한 영성수련은 정신적 질환이나 아픔을 치료할 수 있고 심리적으로 건전한 마음을 가질 수 있게 합니다.

묵상할 성경

루카 10, 25-37; 착한 사마리아인
요한 13, 1-20; 제자들의 발을 씻음
필리 4, 4-9; (덕 윤리)

제19강
그리스도의 마음

아버지께서 당신의 풍성한 영광에 따라
성령을 통하여 여러분의 내적 인간(마음)이
당신의 힘으로 굳세어지게 하시고,
여러분의 믿음을 통하여 그리스도께서
여러분의 마음 안에 사시게 하시며,
여러분이 사랑에 뿌리를 내리고
그것을 기초로 삼게 하시길 빕니다.
(에페 3, 16-17)

마음은 사랑의 잔이며 그릇이다.
그 마음이 그리스도의 마음일 때
그 영혼은 넘치고 넘치는 축복의 영혼이다.
(최근자)

제 19 강 그리스도의 마음

 우리는 그동안 예수님의 탄생부터 시작하여 말씀과 행동을 통해 예수님의 공생활을 묵상해 왔습니다. 이젠 예수님의 수난과 죽음을 묵상할 차례입니다. 그래서 예수님의 마음속으로 깊이 들어가 보아야 합니다. 우리가 예수님 마음 안에 머무르면 우리는 참으로 예수님의 제자가 될 수 있습니다. 죽음을 앞두고 아버지 하느님과의 관계는 어떠했나? 인류구원을 위해서 무엇을 하셨나? 사람들을 위한 애타는 정을 어떻게 표현하셨나? 그리고 곧 맞이하는 자신의 죽음을 어떻게 생각하셨나를 깊이 묵상해 보아야 합니다.

 요한복음에서는 예수님이 사람의 말을 하기보다 하느님의 말씀을 하십니다. 요한복음에 나오는 예수님은 하느님과 하나가 된 그리스도입니다. 그래서 하느님 같은 예수님을 감히 어떻게 묵상할 수 있나 의문을 가질 수 있습니다. 우리 대부분은 예수님을 사람이라기보다 하느님이라고 생각하기 때문입니다(closet Docetists).

 하느님과 일치하는 예수님을 묵상하는 이유는 우리 안에도 그리스도가 와 계시기 때문입니다. 예수님은 관상가이시고(3, 12강) 그리고 선사이심을 강조하였습니다(14, 16, 17강). 이제 우리는 예수님이 하느님과 하나이심을 염두에 둡니다. 우리 안에 와 계신 그리스도를 만나 그리스도가 스스로 기도할 수 있도록 가슴을 깨끗하게 비우고 간절하게 기도합니다. 아무 생각 없이 성성적적한 가운데 예수님을 가만히 쳐다봅니다. 그럼으로써 '예수님은 누구인가?' 그리고 '나는 누구인가?'를 더 심각하게 묵상할 것입니다. 요한복음에 나오는 고별연설을 중심으로 예수님의 마

음속으로 들어가 보기로 하겠습니다.[72]

1) "아버지와 나는 하나다."(요한 10, 30)

예수 그리스도는 하느님 아버지를 '아빠(Abba)'라고 불렀습니다(마르 14, 37). 이러한 칭호는 옛날 유다인 사회에서는 오직 어린아이만 할 수 있었답니다. 성인인 나자렛 예수가 그러한 칭호를 썼다는 것은 예수님과 하느님과의 관계가 그토록 가깝고 신비스러웠음을 말해 주고 있습니다. 예수님은 어떤 매개체를 거치지 않고 직접 하느님 아버지와 통교를 했습니다. 예수님이 한 사람으로서 그토록 하느님과 가까웠던 것은 무슨 이유일까요? 하느님은 우리를 감시하는 어떤 인물이나 무슨 객체가 아니라 절대적인 신비이고 모든 만물의 존재의 기반임을 상기하면서 예수님께서 당신 안에 이미 와 계신 그리스도를 알아보는 다음 성경구절에 귀를 기울여봅니다.

> 그때에 예루살렘에서는… "아무도 그들을 내 아버지의 손에서 빼앗아 갈 수 없다. <u>아버지와 나는 하나다.</u>" 그러자 유다인들이 돌을 집어 예수께 던지려고 하였다…예수님께서 그들에게 말씀하셨다. "너희의 율법에 '내가 이르건대 너희는 신이다.'라고 기록되어 있지 않으냐? 폐기될 수 없는 성경에서 하느님의 말씀을 받은 이들을 신이라고 하였는데, 아버지께서 거룩하게 하시어 이 세상에 보내신 내가 '<u>나는 하느님의 아들이다.</u>' 하였다 해서 '당신은 하느님을 모독하고 있소.' 하고 말할 수 있느냐? 내가 내 아버지의 일들을 하고 있다면 나를 믿지 않더라도 그 일들은 믿어라. 그러면 <u>아버지께서 내 안에 계시고 내가 아버지 안에 있다는 것을</u> 너희가 깨달아 알게 될 것이다."(요한 10, 22-39).

그리스도 예수님은 "아버지와 나는 하나이다."라고 말씀하십니다. "아버지는 나와 하나이다." 라고 말씀하신 것이 아닙니다. "아버지와 나는"이라는 말은 이미 '우리'라는 의미를 포함하고 있습니다. 그리고 "아버지와 나는 하나이다."라는 예수님의 말씀은 위에 있는 다른 두 말씀들("나는 하느님의 아들이다."와 "아버지께서 내 안에 계시고 내가 아버지 안에 있다.")과 같이 거의 3~4세기가 지난 후 삼위일체 교리를 확립하는 데 필요했던 성경구절입니다. 이러한 예수님의 주장은 유일신을 믿었던 유다인들이 절대로 받아들일 수 없었지요. 며칠 후 예수님은 죽은 나자로를 살려냄으로써 하느님을 모독한 죄인으로 확정됩니다.

당시 유다인들과 달리 나자렛 예수는 하느님이 멀리 계셔서 세상 만물을 조정하는 엄격하고 권위 있는 하느님이 아니었습니다. 예수님은 당신이 신성한 아버지 하느님의 아들임을 정확히 알고 계셨고 또한 아버지와 예수님은 다르지만 서로 분리될 수 없는 하나로써 완전한 조화를 이루고 있었음을 알고 있었습니다. 따라서 나자렛 예수는 완전히 남을 위한 희생의 삶을 살았으므로 하느님 아버지도 모든 것을 남을 위해 다 주시는 하느님입니다.

유다인들의 반발에 그리스도 예수님께서 "내가 이르건대 너희는 신이다."라고 하신 말씀은 유다인들도 하느님에 대한 이미지를 달리할 수 있었음을 시사하고 있습니다. 예수님은 참 나를 잃지 않으셨기에 마음속 깊이 내재하시는 하느님과 항상 소통하고 계셨습니다. 그래서 예수님은 자신을 완전히 비울 수 있었기 때문에 당신 안에 내재해 있는 그리스도, 즉 하느님을 그대로 보여줄 수 있었습니다. 예수님께서는 다른 유다인처럼 하느님을 멀리 구름 뒤에 두고 계시지 않으셨습니다. 그리고 예수님은 아버지 하느님이 다스리는 세상을 만들기에 힘을 쓰셨습니다. 예수님은 성령을 통하여 하느님의 나라가 바로 여기에서 이루어지도록 하셨습니다.

그래서 예수님이 말씀하신 "아버지와 나는 하나이다.", "나는 하느님의 아들이다." 그리고 "아버지께서 내 안에 계시고 내가 아버지 안에 있다."라는 말씀들은 마음 깊이 새기고 눈을 감고 가만히 들어야지 어떻게 말로 설명할 수는 없습니다. 말로 표현할 수 없는 신비한 것을 글자를 이용하여 상징적으로 써 놓았기 때문입니다. 하느님과 예수님은 주체와 객체로 구분할 수 없는 '하나의 전체'라고 할 수밖에 없습니다. 깊은 '선을 이용한 영성 수련'을 통하여 예수님을 알게 되면 하느님도 알게 됩니다. 나자렛 예수는 그분 안에 계신 하느님과 하나가 될 수 있었습니다. 그 예수님을 기도 안에서 만나 봅니다.

2) "나는 포도나무요 너희는 가지다."(요한 15, 5)

그리스도 예수님은 우리들에게 "내 안에 머물러라."라고 말씀하십니다(요한 15, 4). 성경에 나오는 '머문다(remain, abide)'는 말은 '같이 있다'는 뜻인데 그냥 같이 있는 것이 아니라 안과 밖으로 '하나로 전체'가 되어 같이 있다는 뜻입니다. 이것을 염두에 두고 다음 성경을 묵상합니다.

"나는 참 포도나무요 나의 아버지는 농부이시다. 나에게 붙어 있으면서 열매를 맺지 않는 가지는 아버지께서 다 쳐내시고, 열매를 맺는 가지는 모두 깨끗이 손질하시어 더 많은 열매를 맺게 하신다. 너희는 내가 너희에게 한 말로 이미 깨끗하게 되었다. 내 안에 머물러라. 나도 너희 안에 머무르겠다. 가지가 포도나무에 붙어 있지 않으면 스스로 열매를 맺을 수 없는 것처럼, 너희도 내 안에 머무르지 않으면 열매를 맺지 못한다. <u>나</u>

는 포도나무요 너희는 가지다. 내 안에 머무르고 나도 그 안에 머무르는 사람은 많은 열매를 맺는다. 너희는 나 없이 아무것도 하지 못한다…너희는 내 사랑 안에 머물러라. 내가 내 아버지의 계명을 지켜 그분의 사랑 안에 머무르는 것처럼, 너희도 내 계명을 지키면 내 사랑 안에 머무를 것이다"(요한 15, 1-10).

위 성경구절에 '머문다'는 단어가 열한 번 나오는데 오직 한 번 예수님이 하느님 아버지한테 머무르시고, 열 번은 예수님과 우리가 번갈아 서로 머물고 있습니다. 예수님은 포도나무와 같아서 우리들이 예수님 안에 붙어 있지 않으면 말라 버립니다. 예수님과 우리와의 관계는 우리들의 어떤 선택에 달려 있지 않고, 우리가 꼼짝달싹할 수가 없도록 모든 것이 예수님으로부터 시작해서 예수님으로 끝나는 느낌입니다(6강, 성스러운 순종).

우리가 왜 예수님 안에 머물러야 하는지요? 예수님은 전지전능하신 하느님의 유일한 아들이기 때문에 우리가 예수님 안에 머물러야 하는 것이 아닙니다. 이러한 맹신적이고 관료적인 대답보다 예수님이 우리를 위하여 하신 일이 무엇인가 생각하는 것이 더 중요합니다. 예수님은 하느님이 어떠한 하느님인지를 알려주었고, 우리가 어떻게 살아야 하는가를 스스로 보여주셨습니다. 예수님은 당신을 완전히 비우고 하느님과 항상 하나가 되어 하느님의 뜻으로 살으셨습니다. 따라서 하느님은 보이지 않고 오직 예수님을 통하여 만날 수 있기 때문에 우리가 하느님의 뜻대로 살려면, 즉 구원을 얻으려면 우리도 예수님을 따라 우리 마음을 비우는 삶을 살아야 합니다. 예수님은 나무 덩치이고 우리는 가지이며 하느님은 나무 뿌리입니다(김 알퐁소 신부 피정). 반대로 우리가 예수님 안에 머무르지 않고 우리 생각대로 우리 욕심대로 산다면 세상은 하느님의 사랑 안에 머물 수 없습니다.

우리가 예수님 안에 머무르면 동시에 우리가 살고 있는 세상도 예수님의 사랑 안에 머무를 수 있기 때문입니다.

'머문다'는 말은 요한복음 6장의 '성찬의 연설'에 나옵니다. 영성체는 우리가 '모시는 것'이 아니라 예수님의 몸과 우리의 몸이 하나가 되어 전체를 이룹니다. 우리가 피동이고 영성체는 수동이 아니라 피동과 수동이 없는 서로가 하나가 되는 것입니다. "내 살을 먹고 내 피를 마시는 사람은 내 안에 머무르고, 나도 그 사람 안에 머무른다."(요한 6, 56)라고 예수님이 말씀하셨습니다. 이 말씀은 예수님이 성녀 데레사에게 하신 말씀 "내 안에서 네 자신을 찾아라. 그리고 네 안에서 나를 찾아라."와 같은 의미입니다(3강). 또한 영성체는 우리들이 부활할 것이라는 사실을 알려줍니다. "내 살을 먹고 내 피를 마시는 사람은 영원한 생명을 얻고, 나도 마지막 날에 그를 살릴 것이다."(요한 6, 54)라고 말씀하셨기 때문입니다. '머문다'는 말은 '하나로 전체'가 된다는 비이원론적인 뜻이 있습니다.

예수님께서는 죽음을 맞이하는 순간에도 끝까지 우리들을 못 잊어 하시면서 당신을 다 내어 주십니다. 그리고 우리가 당신 안에 머물기를 간곡히 원하십니다. 우리들에 대한 예수님의 애타는 정을 감지할 수 있습니다. 우리들은 예수님이 우리 안에 머무실 때 우리의 참 나를 간직할 수 있습니다. 하느님이 우리 안에 계심을 깨닫고 우리의 자아(ego)를 비워 참 나를 찾아야 하겠습니다.

3) "내가 떠나는 것이 너희에게 이롭다."(요한 16, 7)

이제 예수 그리스도는 한 인간으로서 피할 수 없는 죽음이 다가옴을 느끼십니다. 우리들을 지극히 사랑하셔서 못 잊어하시며 성령을 보내시어 우리들을 보호해 줄 것을 약속합니다.

> "내가 처음부터 이 말을 너희에게 하지 않은 것은 내가 너희와 함께 있었기 때문이다. 이제 나는 나를 보내신 분께 간다. 그런데도 '어디로 가십니까?' 하고 묻는 사람이 너희 가운데 아무도 없다…내가 떠나는 것이 너희에게 이롭다. 내가 떠나지 않으면 보호자께서 너희에게 오지 않으신다. 그러나 내가 가면 그분을 너희에게 보내겠다. 보호자께서 오시면 죄의 의로움과 심판에 관한 세상의 그릇된 생각을 밝히실 것이다"(요한 16, 5-8).

예수님은 돌아가셔야 합니다. 그렇지 않으면 보호자이신 성령께서 오실 수 없습니다. 성령, 즉 그리스도의 영이 오셔야 우리들은 삼위일체이신 하느님을 경험하며 살아갑니다. 그리고 예수님이 한 사람이므로 사람의 생명은 그대로 영구히 보존될 수 없습니다. 왜냐하면 어느 생명이든 그 생명 자체가 다른 사람에게 그대로 주어질 수 없고 또 자기 마음대로 할 수 없습니다. 모든 생명체의 삶과 죽음은 하느님이 주관하십니다. 하느님의 모든 생명은 계속되는 하느님의 창조 안에 머무르게 될 것입니다. 그래서 삶과 죽음은 하나입니다. 살아가면서 죽어가고, 죽음으로써 다시 살아납니다. 삶(생명)은 하느님이 주신 선물입니다. 사람은 누구나 이 세상을 어느 기간 동안 살다가 하느님께 자기 생명을 돌려드려야 합니다. 예수님은 사람이십니다. 그래서 예수님도 떠날 때가 되었습니다.

우리들도 이 세상을 떠날 때가 올 것입니다. 몸이 병들어 아프면 다른 사람들의 도움을 받다가 몸이 다하면 사랑하는 사람들에게 폐끼침 없이 떠나야 되는 때가 올 것입니다. 그때가 오면 예수님의 생애가 우리들에게 좋은 표본이 될 수 있기를 바랍니다. 그때가 오면 십자가의 신비를 더 깊이 그리고 더 확실히 체험할 수 있기를 바랍니다. 생명은 하느님이 주신 선물입니다. 우리가 하느님으로부터 받은 선물, 즉 하느님께 도로 돌려드려야 할 선물입니다. 삶을 통해서만이 아니라 죽음을 통해서도 우리는 하느님의 삶(창조사업)에 참여합니다.

　예수님을 따른다는 것은 예수님의 마음을 내 안에 품는 것입니다. 이냐시오 영신수련의 원리와 기초에 나오는 중용의 마음입니다. 더울 때나 추울 때나, 비가 올 때나 가뭄이 닥칠 때나, 구름이 끼어 앞을 가릴 때나, 불 같은 태양이 뼛속까지 태울 때도 그리스도의 마음은 우리를 보호하고 같이 하십니다. 그리스도의 마음은 지금 이 자리에서만 우리에게 주시는 선물이 아니라 영원히 같이 하는 삶의 선물입니다. 지금 이 자리는 영원히 지속되는 하느님의 영역입니다.

묵상할 성경

　요한10, 22-39; (아버지와 나는 하나이다.)

　요한 15, 4-10; (나는 포도나무요 너희는 가지이다.)

　요한 16, 5-15; (내가 떠나는 것이 너희에게 이롭다.)

제20강
성체성사

그리스도만이 모든 것이며
모든 것 안에 계십니다
(콜로 3, 11)

누구든지 그리스도 안에 있으면
그는 새로운 피조물입니다.
(2코린 6, 17)

제 20 강 성체성사

피에르 샤딘(Pierre Teilhard de Chardin)은 20세기 초에 '북경인'을 찾아낸 유명한 고고학자이며 예수회 신부입니다. 중국 고비사막 근처에서 이른 새벽에 '세계 위에서 드리는 미사(The Mass on the World)'를 봉헌하면서 다음과 같은 말로 시작합니다.

> 주님, 이번에는 아이슨의 숲이 아니고 아시아의 대초원에서, 빵도 포도주도 제단도 없이 여러 상징들을 초월하면서 당신의 사제로서 이렇게 서 있습니다. 숭고한 만물의 권능을 실재 그 자체(the real itself)로 여기고, 장엄하게 펼친 이 지구 전체를 제단으로 삼아 이 세상의 모든 수고와 고통을 당신에게 봉헌합니다. 저기 지평선에서 막 떠오르는 태양은 동쪽 하늘 끝자락을 붉은 빛으로 물들이기 시작합니다. 그 타오르는 불길로 인하여 땅 위의 여러 생명들이 잠에서 깨어나 기지개를 켜며 또다시 치열한 생업을 시작합니다. 오 하느님, 이렇게 새 노동으로 거둬들인 수확물을 저의 성반에 놓고, 땅 위의 열매에서 짜낸 단액을 모아 저의 성작에 부어 담겠습니다(부록 46).[73]

이른 새벽 허허한 사막의 고지에서 대자연을 제단으로 하는 장엄한 성찬의 전례입니다. 지난 번에 물질과 영이 '하나로 전체'가 된다는 것을 이야기했는데(6강), 피에르 샤딘에게는 물질이 없으면 지적인 그리고 영성적인 것이 없습니다. 그분은 그리스도가 물질 안에 존재한다고 믿습니다. 그분은 물질을 찬양합니다 (Hymn of the Universe). 그래서 영성개발을 위해서는 물질이 있어야 합니다. 피에르 샤딘은 "모든 일에서 하느님을 찾는다(finding God in all things)."는 이냐시오 성인의 교훈을 지구 상에서 실천한 사람입니다. 그리하여 하느님과 지구와 삼위일체를 이루며 대자연 속에서 모든 만물과 함께 미사를 드립니다. 사도 바오로가 '우주적인 그리스도(the Cosmic Christ)'를 말했듯이, 피에르 샤 딘은 '우주적인 성찬의 전례(the Cosmic Eucharist)'를 말하고 있습니다. 예수님이 제자들과 함께 했던 최후의 만찬은 아마도 '우주적인 성찬의 전례'에 가까웠지 않을까요?

예수 그리스도께서는 잡히시기 전 날 마지막 성찬을 베푸시면서 제자들이 당신을 기억하고 따르고 그리고 하느님께서 이 세상을 주관하신다는 사실을 널리 알리도록 부탁하셨습니다. 공생활 중에는 사람들이 주정꾼이라고 할 만큼(마태 11, 19) 여러 사람들과 어울려 잔치를 벌이셨고 그러한 잔치들은 교회가 틀을 잡고 발전하는 데 발판이 되었습니다. 그리고 최후의 만찬은 교회가 베푸는 성찬의 전례가 되었습니다.

예수님이 베푸는 잔치는 그 규모가 보통이 아닙니다. 가나에서 베푸신 잔치는 온 동네 사람들이 마실 수 있는 150갈론이나 되는 포도주가 있었고 예수님이 베푸는 잔치에는 누구나 초대되었습니다(마태 22, 9). 제자들뿐만 아니라 병든 사람, 가난한 사람, 업신여김을 받는 사람, 죄 있는 사람, 심지어 당신을 배반할 사람을 포함해서 누구나 초대되었습니다. 예수 그리스도가 베푸는 잔치는 하느님이 주시는 은혜를 상징합니다. 예수님이 베푸는 잔치는 너무나 중요하였기 때문에 초대 크리스천들의 심벌은 물고기였고 3~4세기에 와서야 십자가로 변했답니다.

우리들의 요구, 필요 혹은 업적에 상관없이 하느님이 공짜로 주시는 선물이 하느님의 은혜입니다. 하느님의 은혜는 우리들의 무의식 세계를 깨우치게 하여 이 세상에 흔한 죄와 벌을 이겨내며 하느님의 삶을 살아가게 합니다. 우리가 선(good)해서 하느님이 은혜를 베푸시는 것이 아니라 하느님이 선하시기 때문에 우리에게 은혜를 베푸십니다. 하느님은 계속 주시고 우리는 받기만 하는 것이 하느님의 은혜인 것은, 우리들이 살아가는 동안 하느님을 위해 무엇을 한다고 애를 썼다 한들 이 세상을 떠날 때가 되면 모든 것이 하느님의 은혜임을 알 수 있기 때문입니다.

하느님의 은혜는 예수 그리스도가 잡히시기 전 날에 제자들에게 베푸신 최후의 만찬에서 절정을 이룹니다. 최후만찬 때 무슨 선물이나 계명을 주는 것이 아니라 당신 자신을 전부 주십니다. 하느님이 우리와 똑같은 사람이 되어 우리에게 오셨는데 이제는 하느님이 빵이 되어 우리의 양식이 되기 위해 우리에게 오십니다. 너무나 쉽게 다가오시는 하느님을 그리고 당신을 그토록 낮추시면서 다가오시는 하느님을 어떻게 맞이해야 할지 두고두고 묵상해야겠습니다. 성찬의 전례를 통하여 묘사할 수 없는 하느님의 은혜를 몸으로 느낄 수 있도록 준비해야 합니다.

우리가 미사 때마다 행하는 성찬의 전례는 나자렛 예수의 생애 그리고 죽음과 부활을 재현하여 우리들이 그리스도임을 확인하는 예식입니다. 그리스도의 몸과 피를 우리 안에 모심으로써 우리는 예수 그리스도와 하나가 됩니다. 성체와 성혈을 모심으로써 우리가 또 다른 그리스도가 되는 것이 아닙니다. 우리는 이미 그리스도가 되어 있습니다. 세상 창조 이전에 그리스도 안에서 선택되어 그리고 나자렛 예수의 죽음과 부활로 인하여 하느님의 자녀, 즉 그리스도가 이미 되어 있습니다(에페 1, 4-5). 우리뿐만이 아니라 모든 사람들과 삼라만상이 그리스도입니다(콜로 3, 7). 성체성사는 그리스도가 우리 안에 머물고 동시에 우리가 그리스도 안에 머물게 하여(요한 6, 56) 우리가 예수 그리스도와 하나가 되어 새사람으로 다시 태어나는 데 의미가 있습니다(2코린 5, 17). 그리스도를 모시는 사람은 그리스도로 말미암아 살게 됩니다.

성찬의 전례는 나자렛 예수의 탄생, 수난, 죽음, 그리고 부활을 성사로써 되풀이하는 예식입니다.[74] 그리스도의 권위로 축성한 빵과 포도주는 그리스도의 몸과 피를 상징하는 것이 아니라 그리스도의 몸과 피 자체입니다. 성사적으로, 존재힉적으로 그리스도의 몸과 피입니다. 칼 라너의 초월적인 경험에 속하는 그리스도의 몸과 피입니다. 그러나 축성된 빵과 포도주는 나자렛 예수의 몸과 피는 아닙니다. 그리스도의 빵과 포도주는 성찬의 전례를 통하여 우리의 밥이 됩니다. 성찬의 전례는 우리 안으로 들어오고 싶어 하시는 하느님의 사랑을 우리가 받아들이는 것입니다. 선불교에 있는 "부처를 보면 죽여라."는 말은 "그리스도를 보면 먹어라."는 말과 상통합니다. 불교가 몇천 년을 한결같이 이어온 이유는 수많은 경전이 아니고 산속에 있는 많은 아름다운 절도 아니며 훌륭한 스님들도 아니고 그것은 바로 불성이라는 말이 있듯이, 가톨릭이 수천 년을 이어온 것도 마찬가지로 성찬의 전례를 통한 그리스도의 몸입니다.

우리가 기도할 때 우리 안에 깊숙이 와 계신 그리스도가 기도합니다. 같은 맥락에서 보면 성찬의 전례는 그리스도가 성령 안에 당신 스스로를 희생하시는 전례입니다. 예수 그리스도는 하느님이시고 동시에 사람입니다. 하느님이시기 때문에 아버지 하느님의 뜻을 실천하였고 사람이기 때문에 그 희생에 우리가 참여할 수 있습니다. 성찬의 전례는 하느님이 당신을 참으로 겸손히 비워 우리에게 당신을 내어주시는 신비입니다. 성찬의 전례는 빵과 포도주를 나자렛 예수의 몸과 피로 변화시키는 어떤 묘기(trick)나 요술(magic)이 아니라, 그리스도가 빵과 포도주 안에 머무는(be actualized) 신비입니다. 그렇기 때문에 성체분배 때에 "예수님의 몸."이라 하지 않고 "그리스도의 몸."이라고 하면 우리는 "아멘." 하고 응답합니다(1강). 그래서 성체와 성혈을 모시기 전에 우리들은 "주님, 저는 주님을 제 지붕 아래로 모실 자격이 없습니다. 그저 한 말씀만 해 주십시오."라고 고백합니다. 주님과 우리의 관계를 재정립하기 위해 예수님께서 "나는 의인이 아니라 죄인을 부르러 왔다."(마르 2, 17)라고 말씀하셨기 때문입니다.

미사는 제사가 아닙니다. 유교 풍습에 익숙한 우리들이 미사가 제사라고 생각할 수 있는 것은, 우리말 미사경본에 '제사'라는 말이 있기 때문이 아닌지요? 영어 미사경본에는 '제사'라는 말 대신 '희생(sacrifice)'이라는 말이 있습니다. 사실 미사는 제사를 훨씬 초월한 신비입니다. 미사는 하느님 아버지와 예수 그리스도 사이에 일어나는 신비에 우리가 참례하도록 교회가 주관하는 예식이지만, 제사는 우리 조상을 기억하는 가족적인 행사입니다. 미사는 사람의 말과 몸짓으로 다 표현할 수 없는 영원한 신비입니다. 우리 조상님들은 돌아가셨으나 예수님은 부활하여 우리와 함께 계십니다.

성찬의 전례를 행할 때 하느님의 성스러움에 빠져들어가며 하느님의 은혜가 엄청 크다는 것을 새삼스럽게 느낍니다. 성찬의 전례는 그리스도의 탄생과 같은 맥락에서 비교할 수 있습니다. 나자렛 예수를 그리스도라고 받아들이는 믿음이나 축성된 빵과 포도주가 그리스도의 몸과 피라는 믿음은 똑같은 믿음입니다. 이것은 믿음이고 저것은 아니라는 논리는 신빙성이 없습니다. 예수님이 돌아가시기 전 날 들려준 마지막 유언임과 동시에 이천 년 동안 계속되어 온 역사적인 사실이기 때문에 우리는 그 유언을 실천합니다.

피에르 샤딘은 모든 곡식을 빵으로 여기고, 모든 과일에서 나오는 주스를 포도주로 여기고, 이 지구를 제단으로 하여 미사를 드렸습니다. 물질과 영은 서로 연결되어 있는 온 세상이 삼위일체의 원리 안에 들어 있습니다. 물질과 영이 서로 연결되어 있는 것이 과학적인 논리라고 생각할 수 있으나 사실은 모든 종교의 근본입니다. 왜냐하면 나자렛 예수가 하느님의 아들이라는 믿음, 그리고 예수 그리스도가 교회를 세우셨다는 믿음 그리고 축성된 빵과 포도주가 그리스도의 몸과 피라는 믿음은 모두 물질과 영의 연결에서 설명이 가능합니다. 하느님은 언제나 물질을 통하여 역사하십니다. 예를 들면, 교회는 그리스도의 성사로서 눈에 보이는 공동체입니다. 이것이 바로 우리들이 받아들여야 할 신비(*mythos*)입니다. 이러한 신비들은 사람들의 지성과 논리 혹은 교리와 문자를 훨씬 뛰어넘을 만큼 중요합니다. 예수님이 애초에 제정하신 신비를 머리로 이해하여 분석하지 말고 인간에게 필요한 원초적인 신비(archaic mystery)로 받아들이자는 말씀입니다. 예수님이 성찬의 전례를 설정하셨을 때 우리들처럼 합리적인 논리로 이해를 하지 않으셨고, 하느님의 뜻을 알고 모든 사람들이 귀하고 성스럽다는 지극한 신비를 성찬의 전례로 단순히 표현하셨습니다. 성체성사는 우리들의 해박한 지식과 체계적인 논리로 충분히 설명될 대상이 아닌 신비입니다. 신비는 신비로 놓아 두어야 합니다.

마지막으로, 성체와 성혈을 모시면서 하느님의 은총을 받기에만 익숙한 우리들은 눈을 감고 "아멘." 하면서 하느님께 감사합니다. 받는 것에만 익숙한 우리입니다. 사실 아우구스티노 성인의 말대로 "아멘." 하는 진정한 이유는, 우리 자신이 그리스도의 몸과 피를 모시면서 하느님의 은혜에 감사하고 즐거워함을 표현하는 것입니다. 더구나 성혈을 모시면서 이 세상의 슬픔과 고통에 참여할 수 있는 용기를 일깨워야 합니다. 성체와 성혈을 모시는 것은 우리가 그리스도로서 세상에 나아가 사람들과 관계를 맺으며 하느님의 나라에 살겠다는 의지를 확인하는 뜻입니다.

즉 그리스도를 모심으로써 우리가 새사람으로 다시 태어나 하느님의 창조사업에 참여하는 것이 성체성사의 근본적인 목적입니다. 하느님의 고마우신 은혜로 인하여 우리들이 새사람으로 태어나 하느님의 성스러운 창조사업에 참여하기 위해서입니다.

묵상할 성경
 루카 22, 7-23; 최후의 만찬
 1코린 11, 23-34; 바오로의 최후의 만찬

제21강
그리스도의 수난

> 아버지,
> 아버지께서 원하시면
> 이 잔을 저에게서 거두어 주십시오.
> 그러나 제 뜻이 아니라
> 아버지의 뜻이
> 이루어지게 하십시오.
> (루카 22, 42)

> 아버지,
> 저들을 용서해 주십시오.
> 저들은 자기들이
> 무슨 일을 하는지 모릅니다.
> (루카 23, 34)

제 21 강 그리스도의 수난

나자렛 예수께서는 최후의 만찬 때 잠시 후에 배반당하여 잡히고 죽임을 당한다는 것을 알고 있었습니다. 그렇기 때문에 최후의 만찬은 예수님이 희생제물이 되려는 십자가 상의 죽음을 향한 준비였습니다.

하느님 아버지의 뜻에 따라 이 땅에 하느님의 나라를 건설하려던 뜻은 제자들에게 전달되지 않았고, 나자렛 예수의 행동은 유다교 지도자들로부터 위험한 종교운동으로 낙인 찍혀 죽을 죄를 지은 것으로 판결이 났으며, 로마 통치자들로부터는 폭동을 일으킨다는 혐의를 받고 있었습니다. 심지어 나자렛 예수가 예루살렘에 입성하실 때 올리브 잎을 깔아 환영하던 사람들도 며칠 후에는 십자가에 처형하라고 고함을 지르지요. 예수님은 누구와도 타협을 하지 않으셨습니다. 이 모든 것을 몸으로 느낄 수 있었던 나자렛 예수는 그 아픔과 괴로움 때문에 애통해 하지만 결국은 "제가 원하는 대로 하지 마시고 아버지께서 원하시는 대로 하십시오."(루카 22, 42)라고 하며 당신의 수난과 죽음을 하느님 아버지께 맡겨 드립니다.

사실 그리스도 예수가 당하신 질투, 혐의, 폭동, 살인 그리고 전쟁은 끝없이 계속되고 있는 인류 역사의 비극입니다. 그렇다면 그리스도의 수난을 묵상하면서, 왜 인류 역사는 그런 비극의 연속이며 그리스도의 수난이 인류 역사를 어떻게 바꿀 수 있는가 하는 질문입니다. 달리 말씀드리면, 왜 나자렛 예수의 수난과 죽음이 인류를 구원했는 가를 깊이 묵상해야겠습니다.

여기서 짚고 넘어갈 것이 있습니다. 첫째, 나자렛 예수의 십자가 상의 죽음은 그 고통과 아픔만으로는 인류 구원을 위한 충분한 이유가 될 수 없습니다. 그 당시 수많은 사람들이 십자가에서 죽었으며 예수님은 육체적인 고통만으로 인류를 구원할 수 없습니다. 둘째, 우리들은 유다인이 아닙니다. 그래서 성경에 나오는 사도 바오로가 한 "하느님께서는 예수님을 속죄의 제물로 내세우셨습니다."(로마 3, 25; 히브 2, 18)는 말은 유다인들이 성전에서 사용하던 용어여서 우리들이 이해하기가 어렵습니다. 우리 조상들은 어린아이나 짐승을 성전에서 속제의 제물로 사용하는 습관이 없었기 때문입니다. 다시 말씀드리면, "예수님이 십자가에서 우리 죄를 구원하였다."는 말이 무슨 뜻인지 모르는 가운데 유다인의 관습에 따라 입으로 하는 신앙고백에 그치지 않고 우리 가슴속으로 십자가를 끌어들여 진정한 신비로 전환시켜야 합니다.

우리 말에 "사돈이 논을 사면 배가 아프다."는 말이 있습니다. 옆집 사람이 새 차를 사면 나도 사고 싶습니다. 누가 유행에 끌려 새 옷을 사면 나도 그렇게 하고 싶습니다. 친구가 새 집으로 이사를 가면 빚을 얻어서라도 새 집을 삽니다. 내 부인이 별로라고 생각하다가도 한 젊은 남자가 심상치 않게 쳐다보는 것을 알면 자기 부인을 달리 여깁니다. 한 어린이가 어떤 장난감을 집으면 다른 어린이가 바로 그 장난감을 뺏으려 합니다. 그것과 비슷한 장난감이 많이 있는 데도 말입니다. 옥신각신하다가도 다른 아이가 나타나면 두 어린이가 갑자기 한 편이 되어 그 어린이를 바보로 취급합니다.

르네 지라드(Rene Girard)에 의하면, 사람은 무엇을 자기 스스로 하기보다는 남이 하는 것을 따라 하기를 좋아합니다. '남을 따라 하려는 욕심(imitative 혹은 mimetic desire)'은 삼각관계의 혼돈과 경쟁뿐만이 아니라 나아가서는 폭동(violence)을 초래합니다. 폭동이 커지면 전쟁으로 비화됩니다. 그런데 이상한 것은,

사람들은 그 폭동 가운데서 서로 싸우고 다투는 중에도 아무도 모르게 무의식적으로 한 희생자를 찾아 그 사람을 속죄양(scapegoat)으로 만듭니다. 그래서 그 사람을 희생시키고 나면 평화스러워집니다. 그 후 시일이 지나면 남을 따라 하는 욕심이 또 발동하여 혼돈, 폭동, 희생양, 평화의 사이클이 계속 반복됩니다. 인류 역사는 이와 같이 욕심, 즉 남을 따라 하는 욕심으로 인한 폭동의 연속입니다.[75]

지라드는 원래 문학 평론가였습니다. 명작소설에 나오는 인물들의 행동과 심리를 연구함으로써 위와 같은 이론을 세운 후 성경을 보기 시작했습니다. 놀랍게도 성경은 인간이 '남을 따라 하는 욕망'으로 가득 차 있음을 보여주었습니다. 예를 들면, 베드로의 배반입니다. 우리는 세 번이나 예수님을 배반한 베드로를 사람이니까 어쩔 수 없지 하지만 그때의 상황은 제자들뿐만 아니라 모든 사람들이 예수님을 버리고 도망갔기 때문에 베드로도 '남 따르는 욕심'(군중심리)을 피할 수 없었습니다. 간혹 우리는 베드로가 도망가지 못한 것은 생각하지 않고 배반한 것만 가지고 베드로를 질책합니다.

간음하다 잡힌 여자를 데려와 돌로 쳐 죽여야 한다는 상황에서 예수님은 두 번이나 허리를 굽히고 땅에 무엇을 썼습니다. 이 대목이 성경에 있는 예수님이 글자를 썼다는 유일한 경우이기 때문에 예수님이 무엇을 썼나 궁금해하실 것입니다. 사실은 예수님이 허리를 굽힌 것은 바리사이들과 눈 맞춤을 피하기 위해서였습니다. 그렇지 않았다면 폭동이 일어나는 상황이었지요. 예수님은 그토록 현명하게 사태를 마무리하시는 비폭력주의자이십니다.

그런데 더 놀라운 것은 나자렛 예수에 관한 이야기입니다. 나자렛 예수는 많은 사람들의 남을 따르는 욕심으로 인하여 스스로 속죄양이 된 것입니다. 충분히 피할 수 있었는 데도 말입니다. 사람으로서는 자기 자신이 속죄양이 되었다는 사실을 알 수 없기 때문에 이 사실로 예수님이 하느님의 아들이라는 것이 증명됩니다. 그리고 예수님은 죽음을 피할 수 있었으나 순순히 그 죽음을 받아들였습니다. 이 진리를 알아낸 지라드는 즉시 식구들과 같이 세례를 받고 가톨릭 교회에 입교합니다. 그 후 미국 생활을 접고 불란서로 돌아간 지라드는 유명하고 드문 학술회원이 되어 활약합니다. 지라드의 원죄와 비슷한 이론이 인류학, 사회학, 문학, 종교학에 영향을 주고 있습니다.

나자렛 예수는 살아 생전에 철저한 비폭력주의를 실천하셨고, 죽음을 맞이하여서도 끊임없이 계속되는 남을 따르는 욕심을 버리도록 모범을 보여주셨습니다. 남을 따르는 욕심은 인간의 심성 안에 깊이 도사리고 있는 신비스러운 악입니다. 남을 따르는 욕심은 아담과 하와의 하느님과 같으려는 욕심입니다. 그러나 예수님은 남을 따르는 욕심에 휩쓸리지 않으시고 오히려 사람이나 동물을 희생시켜 속죄양을 만드는 행위를 인간 문명에서 단절시켜야 함을 몸으로 보여주셨습니다. 그래서 나자렛 예수의 십자가 상의 죽음은 그러한 원시적인 종교예식을 종식시키는 계기가 되었습니다. "당신의 피를 가지고 단 한 번 성소로 들어가시어 영원한 해방을 얻으셨습니다."(히브 9, 12)라고 히브리서는 전해주고 있습니다. 그리고 예수님은 인간 역사에서 폭력과 난동이 없는 세상이 올 수 있다는 희망을 간직하도록 당신의 부활로 보여주셨습니다.

십자가가 인류를 죄에서 구원하였다는 말은, 사람들이 하느님을 알고 서로 사랑하여 남을 따라 하는 욕심을 버리고 비폭력주의를 실천하며 살아야 한다는 모범을 예수님께서 십자가로 보여주셨음을 의미합니다. 그리스도께서 당신의 십자가로 참다운 삶과 죽음이 무엇인지를 보여주셨습니다. 그렇기 때문에 참다운 사람이 되려면 그리스도 예수님을 알고 따라야 합니다. 아니 우리들이 예수 그리스도로 변형되어야 합니다. 우리들은 십자가에서 오늘을 살아가는 의미를 찾을 수 있습니다. 예수 그리스도를 믿지 않는 사람도 십자가 아래서 묵상을 하면 놀라운 효과를 본다고 합니다.

예수 그리스도가 수난을 받으신 이유, 즉 남을 따라 하는 욕심에 기인한 인간사회의 혼란과 폭동을 항상 기억해야 합니다(로마 7, 15-19). 우리들은 자아(ego)가 있고 그 자아는 꾀가 많다는 것을 항상 기억해야 합니다. 우리들의 남을 따라 하는 욕심은 상대방을 희생양으로 만들고 싶어 합니다. 우리들은 우리 안에 깊이 도사리고 있는 악(evil)을 정직하게 쳐다보고 그 악을 솔직히 직면하여 구원(redeem)되려는 용기가 있어야 합니다. 왜냐하면 우리는 간혹 우리가 가지고 있는 악을 선이라고 잘못 알고 있기 때문입니다. 그리고 그 악을 우리도 모르게 남에게 뒤집어씌웁니다.

인류 역사에서 악을 근절할 수 없다는 것은 신비스러운 일입니다. 하느님이 우리 안에 계신다고 굳게 믿어도 어둔 밤이 찾아와 내 곁에 움츠리고 있으면 나는 바로 하느님을 잊어버리고 그 어두움을 쳐다봅니다. 이 신비를 토마스 머튼의 표현으로 다시금 되새길 필요가 있습니다.

> 우리 자신들이 악을 남한테 밀어붙이는 것이 굉장히 위험한 일이고, 우리는 그 악을 미워하고 그리고 어떠한 수단을 써서라도 없애버리려 한다는 것을 기억하여야 한다(p. 141, HGL).

우리는 이러한 생각에 사로잡혀 결국에는 폭동을 일으킬 수밖에 없다. 그래서 물건을 파괴하거나 어떤 사람을 해쳐야 한다. 그때가 되면 우리는 벌써 적당한 원수, 즉 죄를 뒤집어씌우기 위한 희생양을 찾아내어 우리가 가지고 있는 모든 악을 뒤집어 씌운다(부록 47, p. 113-114, NSC).

토마스 머튼은 루이빌의 회심 후에 다른 종교들에 대한 관심이 커졌으며 또한 그는 소련과의 냉전과 베트남 전쟁을 반대한 비폭력 평화 운동가였습니다. 머튼은 인간 역사의 근본적인 악이 무엇인지 잘 알고 있었으며 이 점에서 르네 지라드와 의견을 같이 합니다.

묵상할 성경

요한 8, 1-11; 간음하다 잡힌 여인
마태 26, 69-75; 베드로의 배반
루카 22, 39-46; 겟세마니에서 기도하시다.

제22강
십자가의 신비

사랑은 죽음보다 강하다.
(아가 8, 6)

그리스도는 십자가에서
모든 것을 잃으시고
온 세상을　구원하셨습니다.
(토마스 머튼)

제 22 강 십자가의 신비

　그리스도 예수의 수난과 죽음은 멀리 떨어져 있는 어느 한 사람의 삶과 죽음을 떠나서 우리들의 삶과 죽음에 직접적인 관계가 있습니다. 그러나 십자가는 말이 안 되는 모순입니다. 가난한 사람들과 어울려 살면서 하느님이 누구인지 보여준 사람을 그토록 처절하게 죽이다니, 그 사람이 어떻게 다시 살아날 수 있으며 또한 지치고 지친 가운데 피투성이가 된 그 사람이 하느님의 아들이라니! 십자가는 어둡고 부조리한 인류의 비극을 알려주고 있으나 그 사실이 바로 인류를 구원했으니 십자가는 믿기 어려운 모순투성이입니다.
　그리스도 예수의 십자가가 어떻게 인류를 구원했을까를 생각해 봅니다. 우리들이 흔히 쓰는 말 "그리스도가 우리 죄를 대신하여 십자가에서 돌아가셨다."는 말은 무슨 의미가 있는지요? 최근까지 받아들였던 이론, 하느님을 만족시키는 이론을 아주 간단히 정리하면 다음과 같습니다(Anselm's satisfaction theory). 아담과 하와가 저지른 원죄가 너무 크기 때문에 사람의 힘으로는 보속할 수가 없어 하느님이 당신의 아들이 사람이 되게 하시어, 즉 나자렛 예수가 인류를 대신하여 죽으심으로써 하느님께 용서를 빌었다는 것입니다. 하느님께서 나자렛 예수를 온 인류를 대신한 십자가의 희생제물로 만들었고, 나자렛 예수의 완전한 순응에 하느님이 만족스러웠기 때문에 인류를 원죄에서 구원하셨다는 이론입니다. 이 이론은 하느님께서 오래 전에 예수님의 수난과 죽음을 통하여 인류를 구원하려는 계획이 있었다는 사실을 전제로 합니다. 그리고 아담과 하와의 원죄를 철저하게 믿었던 중세기에 가능했던 신학입니다.

하느님은 그토록 희생을 강요하거나, 앙갚음을 원하거나, 과거의 죄를 잊어버리지 않으시는 옹졸하고 무관심한 하느님이 아닙니다. 더구나 사람은 하느님의 마음을 절대로 바꿀 수가 없습니다. 하느님께서 사람의 마음을 바꾸기 위해 예수님을 세상에 보내셨습니다. 우리들이 아담과 하와의 죄를 짊어졌다는 이론도 건강한 이론이 아닙니다. 그러한 하느님을 어떻게 사랑이라고 합니까? 이러한 하느님에 대한 이미지가 사람들로 하여금 난폭한 아버지들과 공포 속의 독재 정치인들을 만들지는 않았나요? 나아가 기독교가 인류의 역사에서 폭행과 전쟁을 일으키는 데 어떠한 역할을 했나 반성해야 합니다.

물론 나자렛 예수의 죽음은 고통이 심한 십자가 상의 죽음이었고 예루살렘 성 밖에서 이방인의 손에 죽임을 당한 것은 유다인으로서 큰 수치입니다. 그러나 이러한 육신의 고통 만으로 십자가가 온 인류를 구원하는 합당한 이유가 될 수는 없습니다.

십자가는 나자렛 예수의 삶의 당연한 결과입니다.[76] 예수님은 하느님의 자비와 사랑을 온전히 믿고 하느님의 뜻을 철저히 실행하는 삶을 사셨습니다. 그리하여 예수님은 유다교 지도자들로부터 당신이 하느님의 아들이라 일컬으며 이스라엘의 유일신을 부정하여 새로운 종교를 시작한다는 혐의를 받아 죽을 죄를 지었고 또 로마의 통치자들로부터 반란을 일으킨다는 의심을 샀습니다. 그러나 예수님은 권력을 가진 정치와 종교 지도자들에 대항하여 하느님 아버지의 뜻을 실천하셨습니다. 예수님은 죽음이 닥쳐오는 것을 알면서도 모든 사람을 받아들이고 용서하셨으며 무저항의 삶을 살으셨기 때문에 사람들의 희생양이 될 수밖에 없었습니다. 예수님은 스스로 어린양이 되어 폭동과 폭행을 없애는 방법을 보여주셨습니다. 예수님은 비폭력주의를 실천하셨고 죽음을 맞이하여서도 끊임없이 계속되는 인간의 그치지 않는

'남을 따르는 욕망'을 버리도록 모범을 보여주셨습니다. 예수님은 자유롭게 십자가 상의 죽음을 택하셨기에 하느님의 자유를 보존하셨고 그리고 우리가 어떻게 자유스러울 수 있나를 보여주었습니다. 십자가 상에서 "저의 하느님, 저의 하느님, 어찌하여 저를 버리셨습니까?"(마르 15, 34) 하시며 인간다운 죽음에 대한 두려움과 애통한 절규 가운데 자신을 온전히 비울 수 있었기 때문에 나자렛 예수는 인류를 구원할 수 있었습니다. 예수님은 인간으로서 자신을 비우고 모든 사람을 위한 무아의 삶을 사셨습니다. 예수님은 자신을 온전히 비울 수 있었기 때문에 하느님의 지혜(the wisdom of God)로서(10강) 십자가의 죽음을 받아들였습니다. 그래서 십자가가 인류를 구원하였습니다.

우리들은 십자가 상의 예수님을 '어린양'이라고 합니다. 그런데 이 말은 예쁘고 고상한 말이 아닙니다. 아무 생각 없이 할 수 있는 말도 아닙니다. 자기들의 죄를 대신 보속하기 위해 회개할 것 없는 어린양을 핑계 삼아 성 밖으로 내보내어 늑대의 먹이가 되게 하는 유다인의 풍습은 올바르지도 고상한 것도 아니었습니다(레위 16, 20-22). 미사 중에 "하느님의 어린양…"이라고 선포할 때마다 예수 그리스도의 죽음이 인류의 간사한 핑계에 근거했다는 사실을 기억하고, 그것이 바로 우리들의 마음에서 근절되어야 할 죄임을 반성하여야 합니다. 가슴을 치며 마음속 깊이 반성해야 될 기도입니다. 더구나 인류의 역사는 어린양들의 희생이 반복되는 과정이기 때문에 우리들의 형제자매를 희생양으로 만들지 말아야 합니다. 나의 욕심을 습관적으로 만족시키기 위해 남을 핑계 삼지 말고, 나의 약점과 결점을 남에게 뒤집어씌우지 말아야 합니다. 왜냐하면 어린양이신 그리스도 예수는 가장 사람다운 삶을 사셨기 때문입니다. 그리스도는 이 땅에 몸을 두셨지만 하느님의 나라에서 사셨습니다.

나자렛 예수는 수난 중에도 남을 저주하거나 원망하지 않았습니다. 십자가에 매달려 죽음을 맞이하는 동안 자신을 하느님 아버지께 완전히 맡기셨습니다(the divine passivity, 6강). 십자가 상에서 처절하고 혹독한 죽임을 당하시면서도 십자가를 용서의 상징, 순종의 상징, 사랑의 상징, 평화의 상징으로 변형시켰습니다. 아담과 하와는 참 나를 찾지 못하고 하느님과 똑같이 되려 하였으나, 나자렛 예수는 십자가 위에서 참 나를 잃지 않으셨습니다. 나자렛 예수는 당신의 마음을 완전히 비울 수 있었기에 대신 하느님 아버지의 뜻으로 가득 채워져 있었습니다. "네가 그리스도라면 내려와 보지!"라는 말을 듣고도 그냥 십자가에 매달려 있는 나자렛 예수는 그렇게 자신을 텅 비울 수 있었습니다.

필리피서에 나오는 그리스도 예찬(the Christ Hymn. 필리 2, 5-11)은 예수님이 돌아가신 바로 후에 예수님을 따르던 제자들이 예수운동(the Jesus Movement)을 일으키며 필리피 공동체가 불러왔던 유행가를 사도 바오로가 가다듬은 것이라 합니다. 아담과 달리 나자렛 예수는 참 나를 잃지 않으시고 십자가 상에서 자신을 모두 비웠기 때문에 십자가가 인류를 구원하였고, 나자렛 예수는 '두번째 아담'이라 불렸습니다. 새로운 천지창조의 새로운 아담, 즉 새로운 인간이라는 뜻입니다. 예수님은 새로운 인간으로서 자신을 완전히 비워 온 인류를 위해 내어준 텅 빈 무아의 삶을 사셨습니다. 예수님은 하느님-사람-땅의 완전한 조화를 이루며 인식의 영역이 아닌 공의 영역에서 사셨습니다. 예수님은 사람으로서 가장 인간다운 삶을 사셨기 때문에 예수님의 죽음은 삶의 끝이 아니라 삶의 완성이었습니다. 예수님의 삶은 남을 위한, 온 인류를 위한 희생의 삶이었기 때문에 십자가로 끝나야 했었습니다. 이 성경구절에 나오는 '비운다(*kenosis*)'는 말은 신약성경에서 오직 이 곳에만 나오며 불교와 통하는 말입니다다. 예수님이 돌아가신 후 겨우 30~40년 후에 쓰인 이 성경구절은 현대의 그리스도론과 거의 똑같습니다.

   십자가의 신비는 나자렛 예수 자신의 인류를 위한 비움, 즉 희생(sacrifice)입니다. 그래서 미사 때마다 영성체 예식에 들어가면 "형제자매 여러분, 우리가 드리는 이 제사(희생)를…" 하며 기도드립니다. 십자가의 신비를 재현할 때마다 우리는 우리 자신을 비워야 합니다. 십자가의 죽음에 관한 토마스 머튼의 말을 들어봅니다.

> 십자가의 말씀을 '받아들이는' 것은 그리스도가 우리를 위하여 죽었다는 교리를 단순히 받아들이는 것이 아니다. 그것은 '그리스도와 함께 십자가에 못 박힘으로써' 이제는 자아(ego-self)가 아니라 우리 안에 내재하는 그리스도가 우리의 행동을 규제하는 원리가 되는 것을 의미한다. "이제는 내가 사는 것이 아니라 그리스도께서 내 안에 사시는 것입니다"(갈라 2, 20). 십자가의 말씀을 '받아들이는' 것은 자기 자신을 완전히 비워(kenosis) 희생하신, '죽음에 이르기까지 순종하신' 그리스도와 일치하는 것이다(부록 48, p. 56, ZBA).

   마지막으로 묵상할 것은, 나자렛 예수가 십자가 상에서 돌아가실 때 하느님 아버지는 어디 계셨느냐 하는 질문입니다. 우리들은 논리로 전개되는 스콜라 신학(scholastic theology)에 익숙해 있어서 교회가 가르치는 교리가 머리로 이해가 되면 그것이 바로 믿음이라고 생각했습니다. 믿음(faith)과 신앙(belief)을 구별할 줄 모릅니다. 믿음은 하느님을 만나고 싶어 하는 우리의 양심이고 평생 동안 가꾸어야 합니다(5강). 반면에 신앙은 믿음을 어떤 현실에서 글자로 표현한 것입니다.

   우리는 사도신경을 잘 알고 있기 때문에 하느님 아버지는 전지전능하고 변함이 없으며 고통을 겪을 수 없다는 사실을 그대로 받아들입니다. 따라서 나자렛 예수는 홀로 십자가의 고통을 당하셔야 했습니다. 그러나 이러한 결론은 좀 이상하기 때문에 누구인가 십자가의 고통을 같이 하여야 했습니다. 그래서 교회의 전통에 의하면 성모 마리아가 여러 여인들과 함께 십자가 밑에서 예수님의 아픔과 고통을 나누었습니다. 이러한 신학은, 횡포와 난동을 부리는 아버지들과 정치인들 그리고 그것으로 인한 고통을 무조건 참고 받아들여야만 했던 어머니들을 배출하는 데 도움이 되지 않았는지요?

아버지 하느님께서 나자렛 예수가 십자가 상에서 돌아가실 때 같이 십자가에 매달려 있었다는 것이 더 신빙성이 있습니다. 예수님이 "저의 하느님, 저의 하느님, 어찌하여 저를 버리셨습니까?" 하고 인간적인 절규를 할 때 하느님께서도 그 아픔과 고통을 예수님과 같이 나누며 십자가에 계셨습니다. 아버지 하느님은 십자가의 침묵 속에 계셨습니다. 그렇지 않으셨다면 하느님은 우리의 슬픔과 고통을 외면하는 하느님이십니다. 물론 하느님은 인간의 고통과 죽음을 함께 당해야 하는 하느님이십니다. 특히 그 고통과 죽음이 당신 아들에 대한 사랑이라면 하느님도 예외가 될 수 없습니다. 그래서 하느님이 당신 아들의 고통과 죽음에 참여하는 것은 당연합니다. 그리고 삼위일체의 하느님은 서로 분리될 수가 없습니다. 아버지 하느님은 멀리서 세상만사를 감시하고 우리가 죄를 짓나 안 짓나 쳐다만 보고 있는 하느님이 아닙니다. 우리는 새삼스럽게 십자가의 신비를 다시금 되새깁니다.

- 십자가는 하느님이 어떠한 하느님인지 알려주고 있습니다.
- 십자가는 하느님께서 인간의 고통과 죽음에 참여하고 있음을 알

- 십자가는 하느님의 마음을 변화시키기 위한 것이 아니라 사람들의 마음을 변화시켜 줍니다.

십자가는 사람이 상상할 수 없는 하느님의 사랑을 보여줍니다. 그러나 사실상 나자렛 예수의 십자가는 멍청한 사랑(the folly of love)이며 바보의 사랑입니다. 그렇기 때문에 십자가는 "유다인들에게는 걸림돌이고 다른 민족에게는 어리석음입니다"(1코린 1, 23). 그러나 말이 안 되는 이 멍청한 사랑을 받아들이는 사람은 엄청난 힘으로 신비스러운 새생명을 얻게 됩니다. 이것이 십자가의 원리(the Law of the Cross)입니다.[77]

십자가의 원리는 세 단계로 되어 있습니다.

1. 죄는 죽음을 초래하지만,
2. 그 죽음을 사랑으로 받아들이면,
3. 그러한 희생은 새로운 삶을 가져다줍니다.

십자가의 원리는 우리들의 삶입니다. 믿음 없이 자주 화를 내는 남편과 살면서도 희망을 잃지 않고 가정을 잘 꾸려 나가는 가정 주부들, 사회 정의에 눈을 떠 정권의 압박에 저항하는 젊은이들, 하느님의 사랑을 참으로 느낀 후 너무나 세상적인 교회의 방침에 불편한 신학자들, 자기 이익만을 추구하는 사람들을 뻔히 알면서도 사목하는 본당 신부들, 넉넉하게 살지 못하면서도 교회의 살림에 인색하지 않는 신자들… 이런 사람들은 자기 나름대로 십자가를 지고 희생의 삶을 살아가고 있습니다. 그리고 그 십자가는 그들을 부활로 인도할 것입니다. 이러한 사람들의 고통과 희생은 하느님과의 관계를 맺어주는(redemptive) 구원(salvific)의 도구가 될 것입니다. 그들은 이 세상을 살아가면서도 이 세상에 속해 있지 않은 사람들입니다.

십자가의 원리는 신비입니다. 그리고 십자가는 고통과 죽음입니다. 따라서 고통과 죽음은 신비입니다. 고통과 죽음은 크리스천에게만 있는 것이 아닙니다. 불성에 도달하는 깨우침도 죽음 뒤에 옵니다. 자신의 존재에 대한 죽음이며 비움입니다. 자신의 존재 모두가 깨지고 없어지는 죽음의 고비가 없다면 깨우침도 없으며 부활도 없습니다.

이냐시오 영신수련에서는 우리들이 슬픔, 동정 그리고 부끄러움(sorrow, compassion, shame)을 가지고 묵상하기를 권고합니다(Exx 193). 십자가를 오래오래 바라보노라면 우리들의 가슴속 깊이 묻힌 아픔, 고통, 아쉬움 그리고 억울함이 사라집니다. 고난을 받으시는 예수님과 하나가 되면 우리들은 내적인 힘이 생겨 용기를 얻고 자유스러워집니다. 우리들이 고난을 받으시는 예수님을 진실로 동정할 수 있다면 세상 사람에게도 그렇게 할 수 있습니다. 십자가와 하나가 되어 나자렛 예수의 인간성에 일치하면 우리 안에 계신 그리스도께서 우리와 함께 하시고, 우리를 위하여 우리들의 참된 인간성을 찾아 주실 것입니다. 이것이 바로 십자가의 신비입니다.

우리들은 살기에 바빠서 죽음을 거의 생각하지 않고 부지런히 살아가고 있습니다. '생즉사'라는 불교 용어가 저의 뒤통수를 크게 친 적이 있습니다. 삶과 죽음이 분리되어 있지 않고 하나라니! 사실 죽음은 우리들 존재에 그리고 삶에 피할 수 없는 구성원입니다. 생즉사라는 말은, 죽음이 나와 떨어진 주체-객체의 관계가 아닌 나의 존재 전체의 한 구성원이라는 성스러운 순종의 원리를 깨닫게 합니다. 사람은 그저 죽을 뿐 죽음을 경험할 수는 없습니다. 죽음은 삶과 함께 우리가 태어날 때부터 우리를 포함하고 있습니다. 그러므로 죽음은 몸짓이 아니라 몸으로 이해해야 된다는 말입니다(6강). 프란치스칸 수사신부인 리차드 로어에 의하면, 삶과 죽음이 떨어져 있지 않고 하나가 되어 있음을 알면 그때부터 비이원론(nonduality) 원리를 알기 시작하여 우리의 모든 것이 변화된답니다. 그리고 그것은 누구도 가르쳐줄 수 없다고 합니다.[78]

그리스도의 수난기를 하루에 한 번씩 전체적인 윤곽을 파악하면서 묵상하십시오. 며칠 동안 그렇게 하신 후 가슴에 와 닿는 구절이나 장면을 순서대로 묵상하십시오. 그리고 묵상할 때는 너무 감정에 쏠리지 마십시오. 마음 깊은 곳에서 묵상하십시오. 예수님이 수난을 당하고 십자가에서 죽음을 맞이하는 동안 제자들은 어디에서 무엇을 하나 상상하십시오. 그리고 우리는 어디에서 무엇을 하고 있나 스스로 질문해 보십시오.

묵상할 성경

요한 18, 1 – 19, 42; 그리스도 수난기

제23강
그리스도의 부활

유다인도 그리스인도 없고,
종도 자유인도 없으며,
남자도 여자도 없습니다.
모두 그리스도 예수님 안에 하나입니다.
(갈라 3, 28)

마음은 하나
내 마음이 따로 있고
네 마음이 따로 있는 것이 아니다.
마음은 하나이다.

한 뿌리에서 파생된 가지가
곧 내 마음이고 당신의 마음이다.

불우한 사람의 이야기를 들으면
우리가 눈물짓는 것도 그 때문이다.
(우주 자체가 하나의 마음이다).
(법정)

제 23 강 그리스도의 부활

 예수 그리스도의 부활이 어떻게 일어났던 가에 대한 자세한 내용은 성경에 기록되어 있지 않지만 빈 무덤 이야기, 부활하신 예수님을 만났다는 체험담, 예수님이 제자들에게 하신 말씀은 성경에 기록되어 있습니다. 부활하신 예수님은 유다인 성전 지도자들과 본시오 빌라도에게는 나타나지 않으셨으나 가까운 제자들에게 나타나셨습니다.
 그리스도의 부활은 나자렛 예수가 스스로 이룬 것이 아니라, 하느님이 예수님을 부활시킨 것입니다. 그리스도의 부활은 칼라너가 말하는 초월적 경험에 속하여 사람들의 감각과 지식의 대상이 아니라 희망과 믿음의 대상입니다. 그리스도의 부활은 예수님이 인간적인 죽음을 당했으나 그 죽음을 건너 하느님의 삶을 살고 있다는 믿음과 희망입니다. 그리스도의 부활은 새로운 세상이 시작되었다는 의미가 있습니다. 부활성야의 캄캄한 어둠 가운데 부활초 밑에서 부르는 부활노래(the Exsultet)는 새로운 세상을 알리고 바로 이어서 창세기 처음에 나오는 천지창조가 읽어집니다. 새로운 세상이 또다시 창조되었습니다.
 사도 바오로는 예수님의 죽음과 부활을 합쳐진 하나의 단어로 표현하였고, 어떤 학자들도 예수님의 죽음과 부활을 하나로 취급합니다. 그래서 예수님의 죽음이 바로 예수님의 부활입니다. 이냐시오 영신수련에서는, 예수님의 죽음에서는 예수님의 신성이 감추어져 있었고(Exx 196) 예수님의 부활에서는 예수님의 신성이 나타납니다(Exx 223).
 예수 그리스도의 부활은 21세기에 살고 있는 우리들이 가지고 있는 사상과 관념으로 이해하기보다, 예수님을 따르던 유다인

제자들의 부활에 대한 기대와 희망으로 이해하여야 합니다. 그리스도의 부활은 죽었던 예수님의 몸이 어떻게 되었느냐보다, 예수님의 제자들에게 예수님의 부활이 어떠한 의미가 있느냐가 더 중요합니다. 따라서 예수 그리스도의 부활은 이천 년 전에 중동에서 일어났었던 과거의 사건이거나 우리들이 죽은 다음에 일어날 미래의 사건이라기보다는 현재 이 순간 우리들에게 어떠한 의미가 있느냐가 더 중요합니다.

그리스도의 부활은 예수님의 억울한 십자가의 죽음에 대한 하느님의 정의로운 보답이 아닙니다. 그리스도의 부활은 하느님이 예수님의 수난과 죽음에 동참하셨다는, 즉 하느님께서 나자렛 예수의 삶을 받아들이고 인정하셨음을 의미합니다. 그리스도의 부활은 이 세상의 모든 악과 권력과 부조리를 죽음으로 이겨내신 나자렛 예수의 삶을 하느님이 받아들인 것입니다. 그리스도의 부활은 나자렛 예수의 삶이 십자가의 죽음을 물리치고(1코린 1, 55), 하느님 아버지와 같이 새로운 삶을 살고 있다는 사실을 말해줍니다. 그리스도의 부활은 예수 그리스도의 십자가가 보여준 하느님의 사랑이 모든 인간을 죄와 죽음에서 구원하신다는 믿음과 희망을 알려주고 있습니다. 그리스도의 부활은 우리의 머리로 이해할 수 없는 하느님의 영역에 속하는 '초월적인 경험'입니다(6강).

예수님은 살아생전에 아버지 하느님과 특별한 관계를 가지고 험한 세상에서 양심을 잃지 않고 정의와 평화의 하느님의 나라를 이루려 노력하셨습니다. 예수님은 하느님의 뜻을 정확히 아시고 사람들을 지혜롭게 하고 하느님의 나라가 이 땅에 오심을 가르치셨습니다. 예수님은 사람들의 아픔과 고통을 껴안으시며 병든 사람을 낫게 하시어 모든 사람이 하느님께 소중하다는 것을 보여주셨습니다.

우리들도 예수님처럼 다른 사람들을 위한 삶을 살아간다면 하느님께서는 우리들을 부활시켜 주실 것입니다. 그렇습니다. 우리도 나자렛 예수를 따라 부활의 삶을 살 수 있습니다. 그러나 부활의 삶을 살기에는 항상 십자가가 전제조건입니다. 왜냐하면 그리스도와 함께 죽지 못하면 그리스도와 함께 부활할 수 없기 때문입니다. 십자가와 같이 우리는 하느님의 삶에 초대되었고, 십자가 안에서 하느님의 사랑을 나눌 수 있고, 십자가를 통하여 우리는 부활할 수 있습니다(1코린 15, 20-23).

　부활은 살아 있는 우리와 죽은 뒤의 우리가 하느님 안에 연관되어 있다는, 즉 우리들의 정체, 우리들의 자유, 우리들의 인격이 하느님 안에 완성된다는 하느님의 약속입니다. 부활은 죽음 뒤에 오는 어떤 새로운 삶이 아니라 현재 살고 있는 삶이 완성되는 것입니다. 넓은 의미의 부활은 해방됨, 자유로워짐, 선불교의 깨우침 같은 의미가 있습니다. 종말론적으로 먼 훗날에 일어난다기보다 이미 이루어진 상태를 말합니다. 사도 바오로의 제자들이 썼을 것으로 알려진 에페소서는 부활하신 예수님을 맞이하기 위하여 정신을 차리고 깨어 있기를 바라는 내용입니다. "잠자는 사람아, 깨어나라. 죽은 이들 가운데서 일어나라. 그리스도께서 너를 비추어 주시리라"(에페 5, 14). 이 구절은 넓은 의미의 부활을 하라는 조언입니다.

　부활은 하느님의 사랑과 권위가 이 세상에 넘쳐흐른다는 것을 알려줍니다. 부활은 우리 모두가 하나가 된 하느님의 귀중한 아들과 딸임을 알려줍니다. 사도 바오로는 그리스도의 부활로 인하여 "유다인도 그리스인도 없고, 종도 자유인도 없으며, 남자도 여자도 없습니다. 여러분은 모두 그리스도 예수님 안에서 하나입니다."(갈라 3, 28)라는 신앙고백을 합니다. 같은 이치로, 장자가 꿈에서 나비와 하나가 되는 것도 부활입니다(8강). 법정 스님은 우주 지체가 하나의 마음을 가지고 있음을 갈파하였는데, 그 한 마음이 바로 부활하신 우주적인 그리스도입니다(the Cosmic Christ). 따라서 그리스도의 부활은 이 땅 위에 사는 모든 사람들이 서로서로 그리고 삼라만상과 하나가 되어 행복한 세상을 살아갈 수 있다는 하느님의 약속입니다. 그리고 우리 크리스천들에게 그리스도의 부활이 가장 기쁜 소식인 이유는, 우리들이 예수님과 같은 삶을 성령 안에서 살아갈 수 있는 믿음과 희망을 보장하기 때문입니다.

그리스도의 부활로 인하여 우리 모두가 하느님과 하나임을 머튼의 기도로 다시금 상기합니다.

> 오! 하느님, 우리는 당신과 하나입니다. 당신께서 우리를 당신과 하나로 창조하셨습니다. 우리가 서로 마음을 열면 당신이 우리 안에 계신다고 가르쳤습니다…. 오! 하느님, 우리가 마음을 활짝 열어 서로 온전히 받아들이면 당신이 우리를 그대로 안아 주십니다. 우리의 존재와 영이 당신 안에 같이 있으므로 우리는 당신께 감사하고 당신을 찬양하고 당신을 사랑합니다 (부록 49).

그리스도의 부활은 지금도 계속되고 있습니다. 부활하신 예수님은 상처를 그대로 가지고 나타나시어 제자들에게 아무런 질책도 하시지 않는 가운데 입김을 불어넣으시면서 평화를 주십니다. 그리고 예수님이 보여준 상처는 토마스가, 즉 우리 각자가 부활할 수 있는 근거입니다. 우리들이 부활할 때 우리도 삶의 상처를 그대로 보존할 것입니다. 천지창조가 다시금 일어나고 있습니다. 예수님의 부활은 기독교의 가장 중요한 사건입니다. 예수님의 부활이 없었다면 나자렛 예수는 그리스도가 아니었습니다. 예수님의 부활이 없었다면 성령께서 오실 수 없었습니다. 예수님의 부활이 없었다면 그리스도가 우리 안에 계실 수 없습니다. 예수님의 부활이 없었다면 우리들은 고귀하고 성스러운 하느님의 자녀가 아닙니다.

성경에 나오는 부활하신 예수님에 관한 이야기 중에 엠마오로 가는 길은 부활이 무엇인지 잘 이야기해주고 있습니다. 예수님이 십자가 상에서 처형되자 절망에 싸인 두 제자가 고향인 엠마오로 돌아가던 중 어떤 사람이 나타납니다. 그 사람은 성경을 풀이하면서 메시아가 고통을 받고 십자가 상에서 죽을 수밖에 없다는 사실을 설명해 줍니다. 그때 두 제자는 그 사람이 누구인지 모르고 있었습니다. 저녁이 되어 그 사람과 두 제자는 주막에 들렀는데, 그 사람이 식탁에서 빵을 들고 찬미를 드린 다음 떼어 그들에게 나누어 주실 때에야 제자들은 눈이 뜨여 그 사람이 바로 부활하신 예수님임을 알아보았습니다. 바로 그때에 그리스도 예수님은 사라져 버리시고 제자들은 말하기를 "길에서 성경을 풀이할 때 우리의 속 마음이 타오르지 않았던가?" 하며 조금 전 길에서 일어났던 일을 회상합니다.

한 가지 질문은, 얼마 전 길에서 제자들이 예수님과 같이 있었을 때는 부활하신 예수님을 알아보지 못했었는데 왜 속 마음이 타올랐을까요? 그 이유는, 제자들이 머리로는 모르고 있었을지라도 마음속으로는 무슨 일이 일어나고 있는지 알고 있었던 것입니다. 즉 길에서 느꼈던 희미하지만 신비한 신앙체험이 저녁 식탁에서야 구체적인 믿음으로 인식되었습니다. 무엇인가 희미하게 알고 있었던 이유는 제자들 마음속에 부활하신 예수 그리스도, 즉 성령이 계셨기 때문입니다. 우리 마음속에 이미 머물고 계신 그리스도 말씀입니다(로마 2, 15). 두 제자의 마음 안에 계신 그리스도는 부활하신 예수님을 알아보시고 제자들의 속 마음을 타오르게 하였고 그 희미한 무의식이 구체화되어 부활하신 예수님을 뚜렷이 알아볼 수 있게 하였습니다.

부활하신 예수님이 사라져 버리신 사실은 그리스도가 우리 안에 계심을 알려줍니다. 그래서 우리는 그리스도입니다(p. 161, NM). 우리는 하느님을 떠나서 존재할 수 없고 모든 인간사가 하느님의 은총 안에 이루어지고 있습니다.

우리들의 신앙 여정은 엠마오로 가는 길과 같습니다. 부활하신 예수님은 자주 우리 앞에 나타나시고 다시 사라지십니다. 사실은 부활하신 예수님이 우리 안에 항상 함께 계시는데 우리가 그렇게 느끼지 못하는 이유가 있습니다. 한편으로는, 우리가 죄 지을 가능성을 항상 가지고 있어서 우리 마음이 구름낀 하늘같은 까닭이요 다른 한편으로는, 하느님이 우리 안에 너무 가까이 계셔서 우리가 하느님을 못 알아보는 까닭입니다.

우리가 부활을 경험하기 위해서는, 하느님의 신비가 우리 안에 계신 그리스도이고(1코린 1, 30) 또한 "성령을 통하여 우리 마음은 하느님의 사랑으로 가득 차 있다."(로마 5, 5)는 사실을 확실히 알고 있어야 합니다. 부활하신 예수님은 우리들보다 항상 먼저 갈릴래아에 가 계실 것입니다. 거기서 우리들의 부활을 기다리고 계실 것입니다.

묵상할 성경

루카 24, 13-3 5; 엠마오 가는 길

1코린 15, 1-58; 바오로의 그리스도 부활

제24강
마리아 막달레나

여러분의 마음속에
그리스도를 주님으로 거룩히 모십시오.
여러분이 지닌 희망에 관하여
누가 물어도 대답할 수 있도록
언제나 준비해 두십시오.
(1베드 3, 15)

호수
얼굴 하나야 손바닥 둘로
폭 가리지만
보고 싶은 마음 호수만 하니
눈 감을밖에
(정지용)

제 24 강 마리아 막달레나

　알렐루야! 예수님이 부활하셨습니다. 하느님께서 나자렛 예수를 부활시켜 그리스도가 되게 하신 것은 하느님께서 인간적인 모든 것을 당신의 것으로 거두어들이셨음을 의미합니다. 나아가 예수님의 부활은 우리들의 불공평, 불평등 그리고 부조리가 언젠가는 공평, 평등 그리고 조리 있는 것이 됨을 의미합니다. 우리의 궁극적인 구원을 말합니다. 이것이 부활하신 그리스도가 주는 평화입니다. 그러나 사람들이 그리스도의 평화를 받아들이는 데는 오랜 시간이 걸립니다. 인류의 역사에서 사람을 노예로 부리는 것을 멈춘 것이나, 여성들이 투표할 수 있는 권리를 허용한 지는 겨우 한 세기 정도 되었습니다. 그리고 인류의 역사는 그치지 않는 전쟁으로 항상 진통을 앓고 있습니다. 갈 길은 멀기만 합니다. 예를 들면, 인간의 평등함과 여성들의 권위 신장입니다. 일반적으로 신앙심이 강한 사람들은 여성들입니다. 한국사회에서는 더욱 그렇습니다. 이런 관점에서 부활하신 예수님을 처음으로 만난 성녀 마리아 막달레나를 묵상합니다.
　예수님이 잡히실 때 제자들은 두려워 뿔뿔이 흩어져 버렸고 아니 모두 도망 가 버렸고 예수님이 십자가에서 돌아가실 때에도 무덤에 묻히실 때에도 열한 제자들 중 아무도 곁에 있지 않았습니다. 그러나 성모 마리아와 마리아 막달레나를 포함한 몇 여인들은 예수님의 십자가 곁에 있었습니다. 예수님의 부활은 모든 믿는 사람들에게 가장 중요한 사건이지만, 부활하신 예수님을 처음으로 만나고 또 그 소식을 숨어 있는 제자들에게 전해준 사람은 마리아 막달레나입니다.

"마리아 막달레나는 제자들에게 가서 '제(내)가 주님을 뵈었습니다.' 하면서 예수님께서 자기에게 하신 이 말씀을 전하였다"(요한 20, 18).

이 성경구절은 마리아 막달레나가 부활하신 예수님을 만나고 예수님이 시키는 대로 제자들에게 가서 예수님이 부활하셨다는 기쁜 소식을 알리는 구절입니다. 예수님을 보았을 때 마리아 막달레나의 마음은 어땠을까요? 부활하신 예수님께서 왜 마리아 막달레나 여인에게 먼저 나타나셨을까요?

루카복음에 의하면 '갈릴래아에서부터 그분을 따라온 여자들'이란 구절이 나옵니다. 이 여인들은 예수님이 숨을 거두실 때 십자가 밑에 있었고(루카 23, 49), 예수님의 시신을 따라 묘지에 갔었고(루카 23, 55), 그리고 주간 첫날 새벽 일찍 세상이 새롭게 시작될 때에 예수님의 빈 무덤에 가서 예수님을 찾다가 부활하신 예수님을 만납니다(루카 24, 1-12). 다른 복음서에도 예수님이 십자가에서 돌아가실 때 또 부활하실 때 비슷한 여러 여인들이 나오고, 그들의 이름이 서술될 때는 마리아 막달레나가 항상 포함되어 있습니다(마태 27, 61). 요한복음에는 십자가 밑에 성모 마리아, 이모 그리고 마리아 막달레나가 있었습니다.

마리아 막달레나는 어떤 사람일까요? 많은 사람들은 마리아 막달레나는 창녀라고 생각합니다. 예수님께서 어떤 바리사이 집에 가셨을 때 한 죄인인 여자가 향유를 들고 와서 예수님의 발을 눈물로 적시고 자기 머리카락으로 예수님의 발을 닦았던 창녀가 바로 마리아 막달레나라고 생각합니다(루카 7, 36-50). 아니면 어떤 사람들은 마리아 막달레나는 간음하다가 잡혀 끌려온 여자라고 생각합니다. 법대로 돌로 쳐 죽여야 하는데 예수님이 죄를 용서해주고 집으로 돌려보낸 여자 말입니다(요한 8, 1-11). 그러나 성경에는 두 경우에 '어떤 여자'라고만 기록되어 있을뿐 이름을 밝히지는 않았습니다. 교황 그레고리오께서 서기 591년 이 성경구절에 나오는 '어떤 여자'가 마리아 막달레나라고 강론을 한 후부터 마리아 막달레나는 정결하지 않은 여인으로 역사에 남게 됩니다. 또 어떤 사람들은, 마리아 막달레나는 예수님이 사랑했거나 아니면 예수님의 부인일 것이라고 생각합니다. 마리아 막달레나는 정말 그런 여인일까요? 혹시 그렇게 생각하는 사람들은 자기네들의 어두움과 수치스러움을 마리아 막달레나에게 덮어씌워 버리지나 않았는지요?

성경에 의하면, 마리아 막달레나는 원래 갈릴래아 호숫가에 있는 어업으로 부흥했던 막달라라는 도시 출신으로 일곱 마귀의 시험에서 벗어난 후(새사람이 되어) 요안나와 수산나와 함께 예수님을 따랐습니다(루카 8, 1-3). 그때가 바로 예수님이 열두 제자들과 같이 갈릴래아 사목을 시작하시던 때입니다. 그 여인들은 "자기들의 재산으로 예수님의 일행에게 시중을 들었다."라고 성경은 기록하고 있으나 한국어로 번역된 '시중'이라는 말은 옳지 않은 번역입니다. 이 말의 원래 의미는 성찬을 돕고 또 말씀을 선포하는 뜻도 포함한다 합니다. 그때는 예수님께서 열두 제자들을 뽑아 갈릴래아 사목을 하던 때이므로 부유한 마리아 막달레나도 다른 두 여인과 함께 열두 제자들과 같이 예수님을 도왔습니다. 적어도 마리아 막달레나는 갈릴래아 사목의 재정적인 기둥이었습니다. 더구나 막달레나는 예수님의 십자가의 고통과 죽음에도 같이 있었으며 그리고 부활의 기쁜 소식을 다른 제자들에게 제일 처음으로 알려주었습니다. 마리아 막달레나는 그리스도의 말씀을 사도들에게 처음으로 전해준 '사도 중의 사도'입니다. 이 명칭은 토마스 아퀴나스 성인이 쓰기 시작했습니다.

이제 우리는 마리아 막달레나를 묵상할 수 있습니다. 부활하신 예수님을 새로운 에덴동산에서 제일 처음 만났던 마리아 막달레나를 말입니다(요한 20, 1-18). 마리아 막달레나는 밤새 눈을 붙이지 못한 채 아직도 어두운 이른 새벽에 예수님 무덤으로 달려갔습니다. 텅 빈 무덤을 보고 놀라며 제자들에게 그 사실을 알리고 난 후 무덤 밖에서 흐느끼며 울고 있었습니다. 그때에 에덴동산의 정원사로 보이는 부활하신 예수님이 나타나셨습니다. 마리아가 그분이 누구인 줄 모르는 중에 예수님이 "누구를 찾느냐?"고 물으십니다. 공생활을 막 시작할 때 요르단강 언덕에서 두 제자에게 던진 질문 "무엇을 찾느냐?"를 대신해주는 질문입니다. 아마도 마리아는 예수님을 붙잡으려 했겠지요. 그러자 예수님은 이제는 당신이 온 세상을 위해 존재하시는 분임을 상기시킵니다. 마리아는 나자렛 예수가 온 우주를 위한 완전한 그리스도가 되었음을 알아차립니다. 그리스도는 마리아에게 제자들에게 가서 부활의 소식을 전하라고 하십니다. 제자들이 빈 무덤에 들어갔을 때 예수님의 시체를 보지 못하고 흩어진 수의와 예수님의 머리를 싸맸던 수건이 잘 개어져 있는 것을 보고도 그냥 자기들 집으로 가버렸으니 갑갑한 사람들이지 않습니까? 상대적으로, 마리아 막달레나가 예수님이 부활하셨다는 기쁜 소식을 제자들에게 전한 사도들 중의 사도입니다.

예수님의 열두 제자들은 대체적으로 둔하여 항상 주저하고 의심하였습니다(마르 16,11-13). 때로는 개인 이익을 추구했고, 심지어 예수님의 가르침을 부정하고 반대하고 배반합니다. 아마도 제자들은 자신들을 비우지 못하고 머리만을 써서 예수님을 이해하려 했었습니다. 이것에 비해 마리아 막달레나는 가슴깊은 곳에 예수님에 대한 열성과 친밀감이 있었고 또한 사랑했습니다. 그 열성과 사랑이 부활하신 예수님을 제일 먼저 알아볼 수 있도록 하였습니다. 갈릴래아에서부터 나자렛 예수를 따랐던 마리아 막달레나는 드디어 새로운 에덴동산에서 새로운 아담이신 그리스도를 만납니다. 이 그리스도는 부활하신 예수님, 즉 온 세상을 주관하시는 우주적 그리스도(the Cosmic Christ)입니다. 예수님의 부활, 즉 하느님의 계시는 감각이나 지성으로만 받아들이기가 어려웠습니다. 그러나 마음을 비운 마리아 막달레나에게는 가능하였습니다.

마리아 막달레나를 새롭게 인식할 수 있는 근거는 최근에 일어난 여성운동 신학자들의 공훈입니다.[79] 그분들이 마리아 막달레나를 부활시킴으로써 몇 가지 느끼는 점이 있습니다.

하나는, 인류문명에 공헌하는 여성의 역할에 관해서입니다. 여러 가지 지혜가 있는데 어떤 지혜는 태양같이 빛나고 어떤 지혜는 달같이 고요하답니다. 우리들이 부부생활을 하면서 달과 같은 여성적인 지혜에 많이 의존하듯이 사도들도 그렇게 마리아 막달레나의 도움이 필요하지 않았나 하는 생각이 듭니다. 아니면 사도들은 머리를 써서 부활을 이해하려 했으나, 마리아 막달레나는 가슴으로 부활을 대하였습니다.

다른 하나는, 사랑에 관한 직선적인 사고방식입니다. 에로스와 아가페를 이원론적으로 분리해 놓고 어떤 사람은 아가페 사랑만을 해야 되고 어떤 사람은 에로스 사랑만 해야 된다고 강요합니다. 예수님이 마리아 막달레나를 사랑했었다면 무엇이 이상합니까? "하느님이 사랑이다."는 성경구절에 나오는 사랑은 시대와 전통에 따라 그리고 사람의 신분과 처지에 따라 달라지는 사랑입니까? 사랑이 없는 사람은 정상적인 사람이 아닙니다. 가톨릭 교회는 성 윤리를 죄와 직접 연결해 놓고 독신은 결혼한 사람보다 더 성스럽다는 생각을 오랫동안 버리지 못하였습니다. 우리가 살고 있는 지구는 좁아지고 있는데 우리들의 생각은 언제 자유스러워져 이 지구상의 모두를 포용할 수 있을까요?

프란치스코 교황께서는 2016년에 마리아 막달레나의 기념일을 축일(7월 22일)로 격상시킴으로써 '사도 중의 사도'인 마리아 막달레나를 다른 사도들과 똑같은 반열에 드디어 올려 놓았습니다. 더 나아가 예수님이 당신의 부활을 맨 처음 마리아 막달레나에게 보여주셨기 때문에 요한세자와 같은 대축일의 계열에 올리는 것이 바람직하다는 의견도 있습니다. 교회 성인들의 축일은 서열이 있기 때문입니다(memorial, feast, solemnity). 그렇게 함으로써 마리아 막달레나에 대한 존경뿐만이 아니라 여성들의 권위 신장에 속도를 가할 수 있기 때문입니다.

부활하신 예수님이 제일 처음 만나는 사람은 당연히 어머니이신 성모 마리아입니다. 성모신심이 중요하지 않아서가 아니라, 마리아 막달레나를 중심으로 하는 문제들이 현시대의 중요한 과제이기 때문입니다. 또한 막달레나의 모습은 우리의 모습이며 막달레나의 이야기는 우리의 이야기입니다. 이러한 면에서 마리아 막달레나를 묵상하였습니다.

묵상할 성경

요한 20, 1-18; 그리스도의 부활

제25강
모든 것에서 하느님 만남

자기가 믿음 안에 살고 있는지
여러분 스스로 따져보십시오.
스스로 시험해 보십시오.
예수 그리스도께서
여러분 안에 계시다는 것을
깨닫지 못합니까?
깨닫지 못한다면
여러분은 실격자입니다.
(2 코린 13, 5)

우리는 올바른 방식으로 기도할 줄 모르지만,
성령께서 몸소 말로 다할 수 없이 탄식하시며
우리를 대신하여 간구해 주십니다.
(로마 8, 26)

제 25 강 모든 것에서 하느님 만남

　선을 이용한 영성수련의 마지막 강의입니다. 그동안 예수 그리스도의 인간성에 중점을 두고 제자들이 전하는 예수님의 말씀과 행적을 묵상해 왔는데, 하느님이 그리스도를 통하여 우리들에게 주신 모든 은혜가 하느님으로부터 시작되었고 하느님에서 끝난다는 것이 묵상의 요점입니다.

　예수 그리스도의 삶과 죽음과 부활로 인하여 우리들은 하느님이 사랑이심을 알았고, 그래서 우리들이 새삼스럽게 고귀하고 신성함을 깨달았습니다. 예수님은 하느님의 얼굴을 보여주셨고 (신성), 또한 사람으로서 어떻게 참다운 삶을 살 수 있는지(인간성) 그 길을 가르쳐 주셨습니다. 그동안 우리는 기도 안에서 하느님을 만나려 노력했습니다. 하느님의 얼굴을 보지는 못하였지만 엘리야처럼 잔잔한 바람 같은 속삭임에서 하느님을 만났으리라 생각됩니다. 어쩌면 모세처럼 하느님의 뒷모습이라도 보았으리라 생각합니다.

　성경의 처음 부분에는 하느님이 우리들을 당신의 모습으로 창조하였다고 쓰여 있으며, 성경의 마지막 부분에는 요한복음서가의 다음과 같은 말이 있습니다. "사랑하는 여러분, 이제 우리는 하느님의 자녀입니다. 우리가 어떻게 될지는 아직 드러나지 않았지만, 그분께서 나타나시면 우리도 그분처럼 되리라는 것을 알고 있습니다"(1요한 3, 2). 그러므로 성경 전체가 알려주는 요점은 다음과 같습니다. 하느님이 우리를 고귀하고 신성하게 창조하셨고, 이 세상이 끝날 때에는 하느님은 한없는 영광 안에 "우리와 함께 머무르고 우리 안에 계실"(요한 14, 17) 것입니다.

　하느님이 하실 수 있는 일은 다 하셨습니다. 이젠 우리가 할 일만 남아 있습니다. 하느님의 말씀을 전해주었던 이사야도 예레미야도 오래된 하느님에 관한 이야기입니다. 예수님의 탄생, 공생활, 수난과 죽음도 이천 년 전의 하느님에 관한 이야기입니다. 성경에 기록된 인류 구원사의 모든 일은 현재에도 일어나고 있는 하느님에 관한 이야기입니다. 예수님이 부활하셔서 우리와 함께 우리 안에 계시기 때문에 오직 남아 있는 것은 사랑이신 하느님뿐입니다. 너와 나, 성경과 교회, 오늘과 내일, 하늘과 땅, 이 모든 것들이 살아계신 하느님이신 성부, 성자, 성령 안에 포함되어 있습니다. 성부는 이 세상의 모든 신비를 침묵으로 간직하시고, 성자 그리스도는 완전한 사랑으로서 성부의 얼굴을 보여주시고, 성령은 성부와 성자를 하나로 하여 사랑 안에 우리와 항상 함께 계십니다. 그리고 성령, 즉 그리스도의 영은 세상 끝까지 우리와 함께 계실 것입니다.

그리스도는 이 세상 모든 만물의 시작이요 끝이며 이 세상의 모든 것을 움직이고 변화시키는 능력이고 에너지입니다. 그리스도는 하느님이 사랑이심을 보여주셨습니다. 사랑은 이웃 간의 행동으로 나타납니다. 하느님의 사랑이 우리 안에서 행동으로 나타나면(contemplation in action) 우리는 하느님의 사랑 바로 그 자체가 됩니다. 우리가 그리스도가 됩니다. 그래서 우리는 사랑을 얻을(to attain love) 뿐만 아니라 이웃사람들에게 하느님의 사랑을 전하는 사람(agent)이 됩니다. 우리가 가지고 있는 하느님 닮은 사랑은 우리로 하여금 우리들의 울타리 밖으로 나아가 매일매일의 삶에서 하느님의 사랑을 모든 사람뿐만이 아니라 모든 만물에서 느끼게 하고 또한 모든 만물에서 살아계신 하느님을 만나게 합니다(to find God in all things). 이것이 바로 우리가 이루려는 하느님의 나라입니다.

이제 우리는 세상을 바라보는 눈이 달라졌습니다. 우리는 하느님의 사랑에 초점을 맞춘(contemplation to attain love) 관상가입니다. 우리 안에 그리스도가 계심으로써 우리들은 소중하고 신성함을 알고 있습니다. 그래서 우리는 그리스도를 만나고 싶어 합니다. 우리 안에 계시는 그리스도를 만나려면 거짓 나를 버리고 참 나를 찾아야 합니다. 참 나를 찾는 것은 말과 생각으로는 불가능하고, 깊은 마음속에서 우러나오는 고독한 침묵의 관상기도로서 '지금 여기'에 머물러야 합니다. 관상기도를 통하여 거짓 나를 버리고 참 나를 찾으면 우리 안에 이미 와 계신 그리스도를 만날 수 있습니다. 그리스도는 우리 안에 계시기 때문에 우리가 누구인지 아는 만큼 그리스도를 알게 되고 또 우리 안의 그리스도를 아는 만큼 우리는 사랑이신 하느님께 가까이 갈 수 있습니다.

우리 안에 이미 와 계신 그리스도는 성령이십니다. 이제 우리는 "하느님의 사랑이 우리 마음에 부어진 성령으로 인하여"(로마 5, 5) 모든 사람과 세상 만물에서 하느님을 만나게 됩니다. 그럴 때마다 우리는 마음 깊은 곳으로 들어가 성스러운 순종 안에서 참 나를 찾아 살아계신 그리스도를 만나 하느님의 삶을 살아갈 것입니다.

토마스 머튼은 인도 다람살라(Dharamshala)에서 달라이 라마를 만난 후, 차탈(Chartal)이라는 티베트불교 승을 만났습니다. 두 영성가는 만나는 순간부터 서로 마음이 통했는데 머튼은 그 장면을 다음과 같이 기술하고 있습니다.

> 차탈은 부탄 자켓을 입은 늙은 농부같이 보였다…우리는 두 시간 넘게 여러 가지 이야기를 나눴고…어떤 때는 크리스천 교리와 불교를 비교하기도 하고…그는 삼십 년 넘어 홀로 관상기도를 해왔으나 아직도 완전히 마음을 비우지 못하였다고 말하였

다. 나도 똑같은 처지라고 하였다……우리들의 대화는 어떤 때는 말로 표현할 수 없었고, 어떤 때는 반절쯤 표시되는 것이었으나 서로를 다 주려는 시도임을 알고 있었고 또 충분한 이해를 통하여 상대방의 가슴속으로 깊이 파고드는 것이었다. 그것이 우리 만남의 은혜였다. 차탈을 또 보고 싶다(부록 50, p. 143, AJ).

두 사람은 서로 종교가 달라도 영성적으로 완전히 하나가 될 수 있었습니다. 그럴 수 있었던 것은 두 사람이 깊은 기도를 할 줄 알았던 이유가 아닐까요?

기도를 통하여 참 나를 찾는 것은 어떠한 과정이지 성취하여야 할 어떤 목표가 아닙니다. 그 과정은 사람마다 다르기 때문에 자기 스스로 개발하여야 하고 그렇게 하는데 한 평생이 걸립니다. 왜냐하면 하느님은 존재의 바탕(本性)이고 궁극적인 관심이기 때문에 우리가 기도를 통하여 하느님께 나아가는 것은 끝도 없이 항상 저 건너 지평선에 계시는 하느님을 찾아가는 것과 같습니다. 토마스 머튼은 말합니다.

> 우리는 기도에 신입생임을 좋아하지 않는다. 그러나 우리가 평생 동안 신입생으로 남아 있을 수밖에 없다는 사실을 받아들여야 한다(부록 51).

우리가 신입생으로 남을 수밖에 없는 이유는, 성경에 쓰여 있는 모든 이야기들이 지금 바로 우리에게 일어나고 있기 때문입니다. 우리들은 때로는 이집트에서 나오지 못하였음을 알아차릴 때가 있을 것이고, 때로는 홍해를 건넜으나 시나이 사막에서 헤매고 있음을 느낄 때가 있을 것이고, 때로는 필립보처럼 하느님을 보고 있으면서도 보여달라고 할 때도 있을 것이며, 때로는 마리아 막달레나처럼 큰일을 하고도 누명을 쓸 때가 있을 것입니다. 우리가 이렇게 영성의 사막을 거닐 때에는 예수님이 십자가에서 죽으시고 부활하셨음을 항상 기억해야 합니다.

우리는 선을 이용한 영성수련의 첫 강의를 다음과 같은 말로 시작하였습니다:

> 예수 그리스도는 자신을 완전히 비워 하느님의 나라를 이 땅 위에 건설하심으로써 하느님의 얼굴을 보여주었습니다. 그리고 당신의 삶과 죽음으로 사람답게 사는 것이 무엇인가를 보여주심으로써 온 인류를 구원하셨습니다. 그래서 우리가 하느님을 알려면 그리스도를 알아야 합니다. 또한 우리가 사람답게 살려면 그리스도를 따라야 합니다.

그리스도의 제자는 그리스도를 가슴 안에 품고 사는 사람입니다. 토마스 머튼은 1968년 12월 10일 태국 방콕에서 열린 세계수도자회의에서 연설을 마치고 자기 방으로 돌아가던 중, 어떤 사람이 조금 전 연설 중에 왜 그리스도 선교에 관한 아무런 언급이 없었느냐고 물었답니다. 머튼은 다음과 같이 대답하였습니다.

> 우리가 해야 하는 일은 그리스도에 관한 이야기를 하는 것이 아니라 그리스도를 우리 안에서 살게 하는 것이다. 사람들은 우리 안에서 그리스도가 어떻게 살고 있는지를 봄으로써 스스로 그리스도를 발견할 것이다(부록 52).

이 말은 바로 머튼이 이 세상에서 한 마지막 말이었고, 또한 머튼의 생은 오직 그리스도를 좀 더 확실히 만나려는 여정이었음을 알려주고 있습니다(부록 16). 이 말에 담긴 머튼의 여정은 우리 모두가 따라야 할 '영성의 사믹'입니다.

이냐시오 성인의 '봉헌의 기도(suscipe)'를 마침기도로 바치면서 우리의 여정을 끝내고, 이제부터는 여러분 각자의 새로운 여정을 시작하도록 합시다.

봉헌의 기도(Suscipe)

주여, 나를 받으소서.
나의 모든 자유와 나의 기억력과
지력과 모든 의지와 내게 있는 것과
내가 소유한 모든 것을
당신께 도로 드리나이다.

모든 것이 다 당신의 것이오니,
온전히 당신의 의향대로
그것들을 처리하소서.
내게는 당신의 사랑과 은총을 주소서.
이것이 내게 족하나이다(Exx 234).

묵상할 성경

콜로 1, 15-20; 그리스도는 하느님의 지혜
콜로 3, 1-11; 그리스도와 함께 하는 새로운 삶

후 론

　이 책자가 '선을 이용한 영성수련'이라고 저자는 말하고 있습니다. 이 수련서의 내용을 곰곰이 읽으면서 제일 먼저 떠오른 생각은, 견진교리서로 쓰면 참 좋겠다는 생각이었습니다. 그 이유는 성령의 활동 속에 '참 나'를 깨달을 수 있는 기회를 찾을 수 있도록 인도되는 나를 느낄 수 있었기 때문입니다. 참 나를 깨닫기 위하여 자신을 성령께 양보할 수 있는 길이 담겨 있습니다.
　그리스도 중심의 삶을 원하는 사람들의 공통적인 고뇌는 나를 찾는 것이겠지요. 이 길이 그리스도를 찾는 길이고, 그리스도를 찾는 길이 나를 찾는 길이라고 저자는 우리를 편안하게 이끌어주고 있습니다. 불교적인 단어가 결코 불교에 국한되어 있는 것이 아니고 한국적인 우리 심성의 한 부분임을 되새겨 주며 우리 안에서 그리스도를 보라는 권고는 고마움이었습니다.
　"우리는 그리스도를 만나고 싶어 합니다. 우리 안에 계시는 그리스도를 만나려면 거짓 나를 버리고 참 나를 찾아야 합니다. 참 나를 찾는 것은 생각이나 개념만으로는 불가능하고, 깊은 마음속에서 우러나오는 고독한 침묵의 관상기도로서 '지금 여기'에 머물러야 합니다. 기도를 통하여 거짓 나를 버리고 참 나를 찾으면, 우리 안에 이미 와 계신 그리스도를 만날 수 있습니다"(본문강의 25). 이로써 우리 신앙인의 정체성을 찾아 회복하도록, 그 길을 함께 걷도록 서로 이끌어주며 주님을 만나자는 간절한 부르짖음도 이 수련서에서 들을 수 있었습니다.
　저자는 주님을 찾아 나서는 삶을 '영성의 사막'이라고 이렇게 말하고 있습니다. "우리들은 때로는 이집트에서 나오지 못하였음을 알아차릴 때가 있을 것이고, 때로는 홍해를 건넜으나 시나이 사막에서 헤매고 있음을 느낄 때가 있을 것이고, 때로는 필립보처럼 하느님을 보고 있으면서도 보여달라고 할 때도 있을 것이고, 때로는 마리아 막달레나처럼 큰일을 하고도 누명을 쓸 때가 있을 것입니다. 우리가 이렇게 영성의 사막을 거닐 때에는 예수님이 십자가에서 죽으시고 부활하셨음을 항상 기억해야 합니다"(25강).

또 하나의 제 욕심은, 이 책을 성령세미나에 응용할 수 있으면 좋겠다는 생각이 간절합니다.

저자는 현재 완료형이 아닌 현재 진행형의 충고로 수련서를 마무리하고 있습니다. "하느님이 하실 수 있는 일은 다 하셨습니다. 이젠 우리가 할 일만 남아 있습니다"(25강).

지혜이신 성령 하느님께서 삼위일체의 삶에 참여하도록 격려해주시고 이끌어주시며 영원히 진행하시는 도우미로 존재하심을 다시금 일깨워주는 수련서임을 의심치 않습니다.

어스틴, 텍사스
김세을 신부

▌감사문

코로나 바이러스로 인하여 반 년이 넘게 집 안에 있으면서 이 책을 준비했습니다. 가난한 사람들, 일자리 없는 사람들, 아픈 사람들을 기억하며 온 세상을 뒤흔드는 이 어려움이 빠른 시일 내에 완화되기를 기도하고 있습니다. 앞으로 사회적인, 종교적인, 인류학적인 변화가 있을 것인데 여기 실린 내용들이 형제자매님들의 영성 발전에 조금이라도 도움이 되었으면 합니다.

영성의 길은 거칠고 외로운 길입니다. 그러나 영성은 우리의 삶을 풍요하게 합니다.

달라스 성 김대건 성당에서 있었던 이냐시오 영성세미나의 자료를 타자로 모아준 이 한나 자매님께, 그리고 미숙한 원고를 읽고 고쳐주신 이 소피아 수녀님과 백상렬 에드몬드 형제님께도 고마움을 전합니다. 또한 집안 식구처럼 가까운 김세을 신부님과 김 알퐁소 신부님께서 과찬의 말씀까지 써주시니 감사할 따름입니다. 특히 교정과 편집에 많은 정성을 쏟아 훌륭한 작업을 끝내신 박정윤 다니엘라 편집장님께 특별한 감사를 드립니다.

우리 부부는 이 책을 만드는 과정에서 서로 생각을 모았습니다. 최근자는 영성을 다루었고, 정호안은 신학적인 관점을 연결했습니다. 표현이 서툴고 부족한 점이 많지만 함께 읽어주심에 진심으로 감사드립니다. 저희를 이끌어 주신 다른 모든 분들께도 감사드리며, 모든 것을 가능하게 하신 하느님께 찬미와 영광드리며 이 모두를 봉헌합니다.

아빌라의 성녀 데레사 축일
정호안, 최근자

부 록

1   This obsession with doctrinal formulas, juridical order and ritual exactitude has often made people forget that the heart of Catholicism, too, is a living experience of unity in Christ which far transcends all conceptional formulations. (p. 39, NSC)

2   For me to be a saint means to be myself. Therefore, the problem of sanctity and salvation is in fact the problem of finding out who I am and of discovering my true self. (p 31, NSC)

3   The inner self is as secret as God and, like Him, it evades every concept that tries to seize hold of it with full possession. It is a life that cannot be held and studied as object, because it is not a "thing." (p. 7, IE)

4   The shallow "I" of individualism can be possessed, developed, cultivated, pandered to, satisfied: it is the center of all our strivings for gain and for satisfaction, whether material or spiritual. But the deep "I" of the spirit, of solitude and of love, cannot be "had," possed, developed, perfected. It can only *be*, and *act* according to deep inner laws which are not of man's contriving, but which come from God. They are the Laws of the Spirit, who, like the wind, glows where He wills. This inner "I," who is always alone, is always universal: for in this inmost "I" my own solitude meets the solitude of every other man and the solitude of God. Hence it is beyond division, beyond limitation, beyond selfish affirmation. It is only this inmost and solitary "I" that truly lovs with the love and the spirit of God. This "I" is Christ Himself, living in us: in me, in Him, living in the Father. (p. 207, DQ)

5   We are living in a new era in the spiritual evolution of humanity. This newness is the universal search or quest for authentic spiritual experieces. Our experience of God comes through acceptance

of oneself, through reconciliation to self and a healing process. Only then, forgiveness, reconciliation and healing to others are possible. First you have to forgive yourself before you try to forgive others. The reconciliation of oneself will make one free and it will help to lead to the forgiveness of oneself and the healing to face a new life. In the world today, there is a mystical hunger for Divine presence in our lives. A mystical wind has begun to blow over us. This mystical hunger is awareness, to be awakened or to be enlightened. We all are hungry for God who reside inside of each of us. It is time for all of us and, more than ever, we are seeking a mystical experience of the Divine or an experience of God. (p.55, *Forgiveness and Healing through the Practice of Zen* by Alfonso H. Kim)

6   I entered into the innermost part of myself…and saw with my soul's eye an unchangeable light… as though that light by its great power would fill the whole universe. (Augustine's *Confessions*, Book 7, chapter 10)

7   God sustains every soul and dwells in it substantially, even though it may be that of the greatest sinner in the world…God communicates Himself more to the soul more advanced in love, that is, more conformed to His will. (*The Ascent of Mount Carmel*, Book II, Chapter 5, 3 & 4).

8   The term "self-communication" is really intended to signify that God in his most proper reality makes himself the inner-most constitutive element of man. (p. 116, *Foundations of Chrisitian Faith* by Karl Rahner)

9   Christ living in me is at the same time Himself and myself… I remain the singular person that I am. But mystically and spiritually Christ lives in me from the moment that I am united to Him in His death and resurrection, by the sacrament of Baptism and by all the moments and incidents of a Christian life… Christ mystically identifies

His members with Himself by giving them His Holy Spirit. (Because Christ lives in me,) to know myself fully, I must know Christ. And to know Christ I must know the Father, for Christ is the Image of the Father. (pp. 168-170, NM)

10   The Christ we seek is within us, in our inmost self, *is* our inmost self, and yet infinitely transcends ourselves. We have to "be found in Him" and yet be perfectly ourselves and free from the domination of any image of Him other than Himself. You see, that is the trouble with the Christian world. It is not dominated by Christ (which would be perfect freedom), it is enslaved by images and ideas of Christ that are creations and projections of men and stand in the way of God's freedom. But Christ Himself is in us as unknown and unseen. We follow Him, we find Him…and then He must vanish and we must go along without Him at our side. Why? Because He is even closer than that. *He is ourself.*" (p. 564, HGL)

11   We must never forget that Christianity is much more than the intellectual acceptance of a religious message by a blind and submissive faith which never understands what the message means except in terms of authoritative interpretations handed down externally by experts in the name of the Church. On the contrary, faith is the door to the full inner life of the Church, a life which includes not only access to an authoritative teaching but above all to a deep personal experience which is at once unique and yet shared by the whole body of Christ, in the Spirit of Christ. (p. 56, ZBA)

12   You cannot be a man of faith unless you know how to doubt. You cannot believe in God unless you are capable of questioning the authority of prejudice, even though that prejudice may seem to be religious. Faith is not blind conformity to a prejudice – a "pre-judgment." It is a decision, a judgment that is fully and deliberately taken in the light of a truth that cannot be proven. It is not merely the

acceptance of a decision that has been made by somebody else. (p 105)···Faith is not just conformity, it is *life*. (p 137, NSC)

13   What we call the Western tradition is formed by two major influences, Hebraic and Greek, and both these inleuences are proudly dualistic in spirit. That is, they divide reality into two parts and set one part off against from the other. The Hebrew makes his division on religions and moral grounds: God absolutely transcends the world, is absioslutey separate from it;···The Greek, on the other hand, divides reality along intellectual lines···the world of the intellect and the world of the senses. (p. ix, *Zen Buddhism* by William Barrett).

14   At the center of our being is a point of nothingness which is untouched by sin and by illusion, a point of pure truth, a point or spark which belongs entrirely to God, which is never at our disposal, from which God disposes our lives···This little point of nothingness and of *absolute poverty* is the pure glory of God in us. (p. 158, CGB)

15   Our faith ought to be capable of filling our hearts with a wonder and a wisdom which see beyond the surface of things and events, and grasp something of the inner and "sacred" meaning of the cosmos which, in all its movements and all its aspects, sings the praises of its Creator and Redeemer. (p. 131, S; p. 345, LE)

16   The duty of the Chrisitan is to see Christ being born into the whole world and to bring Him to life in all mankind. (p. 159, S; p.197, SFS)

17   The root of Chrisitan love is not the will to love, but the faith that one is loved. The faith that one is loved by God. That faith tht one is loved by God although unworthy – or, rather, irrespective of one's worth! (p. 75, NSC)

18   The search of reason ends at the shore of the known; on the immense expanse beyond it only the sense of the ineffable can glide. It

alone knows the route to that which is remote from experience and understanding. Neither of them is amphibious: reason cannot go beyond the shore, and the sense of the ineffable is out of place where we measure, where we weigh. We do not leave the shore of the known in search of adventure or suspense or because of the failure of reason to answer our questions. We sail because our mind is like a fantastic seashell, and when applying our ear to tis lips we hear a perpetual murmur from the waves beyond the shore. (pp. 8-9, *Man Is Not Alone* by Heschel)

19   Cartesian thought began with an attempt to reach God as object by starting from the thinking self. But when God becomes object, he sooner or later "dies," because God as object is ultimately unthinkable. God as object is not only a mere abstract concept, but one which contains so many internal contradictions that it becomes entirely nonnegotiable except when it is hardened into an idol that is maintained in existence by a sheer act of will. (p. 23, ZBA)

20   You cannot arrive at an unconditionally loving God or an unconditionally loving self with the dualistic mind, because there will always be contrary evidence that puts you back into some kind of worthiness contest. (p. 82, *The Naked Now* by Richard Rohr)

21   As long as people are attached to the dualistic neng-so (능소) construction, they are prevented from seeing that they themselves are already perfect Buddhas and therefore seek Buddha outside themselves, believing only that they have the potential to become a Buddha. (p. 35, *Buddhist Faith and Sudden Enlightenment* by Sung Bae Park)

22   Daulism transforms this aspiration into a nightmare. The abyss cannot be corssed. Man, thus becomes discouraged, weary of the pilgrimage that fails to satisfy his restlessness. (p. 34, *Christophany* by Raimon Panikkar).

23   The union of the two natures in the one Person of the Word, in Christ, is a union that is ontologically perfect amd indestructible… The union of my soul with God in Christ is not of this ontological or inseparable charater. It is, on the contrary, an accidental union: yet it is more than just a moral union or agreement of hearts…is a mystical union in which Christ Himself becomes the source and principle of divine life in me. (pp. 158-159, NSC)

24   Zen therefore encourages a certain type of 'authentic metaphysical intuition which is also existential and empirical' (ZB:38), for the Zen practionaer sees 'what is right there and does not add any comment, any interpretation, any judgment, any conclusion' (ZB:53). Thus Zen provided a means for Merton whereby he could articulate 'a breakthrough, an explosive liberation from one-dimensional conformation, a recovery of unity which is not the suppression of opposites but a simplicity beyond opposites' (ZB:140) – a breakthrough, or revolution, not just for the practioner but to the whole of a culture dominated by the dead-ends of objectification and reification: The inner self is as secret as God and, like Him, it evades every concept that tries to seize hold of it with full possession. It is a life that cannot be held and studied as object, because it is not a "thing" (p. 7, IE). (p. 162, *The Pursuit of the Soul* by Peter Tyler)

25   Buddhist meditation, but above all that of Zen, seeks not to explain but to pay attention, to become aware, to be mindful, in other words to develop a certain kind of consciousness that is above and beyond deception by verbal formulas or by emotional excitement. (p. 38, ZBA)

26   The taste of Zen in the West is in part a healthy reaction of people exasperated with the heritage of four centuries of Cartesianism: the reification of concepts, idolization of the reflexive consciousness, flight from being into verbalism, mathematics, and rationalization.

Descates made a fetish out of the mirror in which the self finds itelf. Zen shatters it. (p. 285, CGB)

27   Nondual action is spontaneous (because free from objective intention), effortless (because free from a reified "I" that must exert himself), and empty (because one wholly is the action, there is not dualistic awareness of an action). (p.10, *Nonduality* by David Loy)

28   Since our inmost "I" is the perfect image of God, then when that "I" awakens, he finds within himself the Presence of Him Whose image he is. And, by a paradox beyond all human expression, God and the soul seem to have but one single "I." They are (by divine grace) as though one single person. They breathe and live and act as one. "Neither" of the "two" is sen as object. (p 18, IE)

29   Buddh*ata*, therefore, is not really something *possessed* by an individual. It is, rather, one way of expressing the idea that we are all part of one another. Our buddha nature is our participation in the cosmos and is the cosmos participating in us. It is the spiritual dimension of existence: 'the other power.'…Buddhta is a self-transcending tendency rather than self-actualizing one…According to Buddhism, neurosis derives from self-seeking. Its cure is a quest for original simplicity…If we are all part of one another, then the actualization of our true nature will be something which intrinsically createa harmony. (p. 34, *Zen Therapy* by David Brazier.)

30   There is only one problem on which all my experience, my peace, my happiness depend: to discover myself in discovering God. If I find him I will will find myself and if I find my true self I will find him. (p. 36, NSC)

31   The full maturity of spiritual life cannot be reached unless we first pass through the dread, anguish, trouble and fear that necessarily accompany the inner crisis of spiritual death in which we finally

abandon our attachment to our exterior self and surrender compleletly to Christ. (pp. 147-148, CMP)

32   In the Louisville, at the corner of Fourth and Walnut, in the center of the shopping district, I was suddenly overwhelmed with the realization that I loved all these people, that they were mine and I theirs, that we could not be alien to one another even though we were total strangers. It was like waking from a dream of separateness, of spurious self-isolation in a special world, the world of renunciation and supposed illness…This sense of liberation from an illusory difference was such a relief and such a joy to me that I almost laughed out loud. And I suppose my happiness could have taken form in the words: "Thank God, thank God that I am like othe men, that I am only a man among others…" I have immense joy of being a man, a member of race in which God Himself became incarnate…there is no way of telling peole that they are all walking around shining like the sun… I suddenly saw the secret beauty of their hearts, the depths of their hearts where neither sin nor desire nor self-knowledge can reach, the core of their reality, the peron that each one is in God's eye. (pp. 156-158, CGB)

33   Contemplation is a mark of a fully mature Christian life…The reality of God is known to us in contemplation in an entirely new way. When we apprehend God thorugh the medium of concepts, we see him as an object separate from ourselves, as a being from whom we are alienated, even though we believe that He loves and that we love Him. In contemplation this division disappears, for contemplation goes beyond concepts and apprehends God not as a separate object but as the Reality within our own reality…The experience of contemplation is the experience of god's life and presence within ourselves not as object but as the transcendent source of our own subjectivity. Contemplation is a mystery in which God reveals Himself to us as the very center of

our own most intimate self – *intimlor intimo meo* as St. Augustine said. When the realization of His Presence bursts upon us, our own self disappears in Him and we pass mystically through the Red Sea of separation to lose ourselves (and thus find our true selves) in Him. Conteplation is the highest and most paradoxical form of self-realization, attained by apparent self-annihilation. (pp.17-19, NM)

34   The power of a direct and simple contact with Him, not as with an *object* only, a "thing" seen or imagined, but in the transsubjective union of love which does not unite an object with a subject but *two subjects in one affective union.* (p. 153, NSC)

35   Contemplation is the awareness and realization, even in some sense experience, of what each Christian obscurely believes: "It is now no longer I that live but Christ lives in me." (p. 5, NSC)

36   It is indeed by going out of thyself and out of all things with an irresistible leap, free and pure, that thou shalt raise thyself up to the pure and superessential ray of the divine darkness, after abandoned all things and having liberated thyself from them all…Then, delivered from all objects and from the very organs of contemplation (the contemplative) penetrates into the truly mystical Cloud of Unknowing…and united in the most noble union with Him Who is utterly unknowable…in this total unknowing he now knows with a knowledge that is beyond understanding (the touch of divine knowledge). (pp. 71-72, IE)

37   Through grace a man can have great knowledge of all other creatures and their works, and even of the works of God Himself, and he can think of them all; but of God Himself no man can think. I would therefore leave all those things of which I can think and choose for my love that things of which I cannot think. And why is this so? He may be well loved, but he may not be thought of. He may be reached and held

close by means of love, but by means of thought never. (p.72, *The Cloud of Unknowing* trans. by Ira Progoff).

38 To reach satisfaction in all, desire its possession in nothing.
To come to possesses all, desire the possession of nothing.
To arrive at being all, desire to be nothing.
To come to the knowledge of all, desire the knowledge of nothing.
To come to the pleasure you have not, you must go by a way in which you enjoy not.
To come to the knowledge you have not, you must go by a way in which you know not.
To come to the possession you have not, you must go by a way in which you possess not.
To come to be what you are not, you must go by a way in which you are not. (*The Ascent of Mount Camel,* Book 1, 13, #11, by St. John of the Cross)

39 I am not asking you now to think of Him, or to form numerous conceptions of Him, or to make long and subtle mediation with your understanding. I am asking you only to look at Him. (*The Way of Perfection*, 26.3)

40 The "reality" through which the contemplative "penetrates" in order to reach a contact with what is "ultimate" in it is actually his own being, his own life. The contemplative is not one who directs a magic spiritual intuition upon other objects, but one who, being perfectly unified in himself and recollected in the center of his own humanity, enters into contact with reality by an immediacy that forgets the division between subject and object. In a ceratin sense, by losing himself and by forgetting himself as an object of reflection, he finds himself and all other reality together. (pp. 151-152, IE)

41	If you consciously put up for yourself a goal or objective that you wish to attain, and then direct yourself toward that, then you are actually separating yourself from it by doing so···Then in that very thought we are already dividing ourselves, separating ourselves from the True Way. That very thought of wanting to attain the Way becomes a hindrance to realizing it. (pp. 70-71, *Be Still and Know* by Luben Habito)

42	Thus the Buddhist enters into the self-emptying and enlightenment of Buddha as the Christian enters into the self-emptying (crucifixion) and glorification (resurrection and ascension) of Christ. The chief difference between the two is that the former is existential and ontological, the latter is theological and personal. (p. 76, ZBA)

43	In the Christin tradition the focus of this "experience" is found not in the individual self as a separate, limited and temporal ego, but in Christ or the Holy Spirit "within" this self. In Zen it is Self with a capital S, that is to say precisely not the ego-self. This Self is the Void. (p 74, ZBA)

44	Before I grasped Zen, the mountains were nothing but mountains and the rivers nothing but rivers. When I got into Zen, the mountains were no longer mountains and the rivers no longer reivers. But when I understand Zen, the mountains were only mountains and the rivrs only rivers. (p. 140, ZBA)

45	One Word the Father spoke; it was His Son.
	The Word speaks always in eternal silence.
	And in silence the Word should be heard by the soul.
	(*The Ascent of Mount Camel,* Book 2, 22, #4, by St. John of the Cross)

46	Since once again, Lord – though this time not in the forests of the Aisne but in the steppers of Asia – I have neither bread, nor wine, nor altar, I will raise myself beyond these symbols, up to the pure majesty of the real itself; I, your priest, will make the whole earth my altar and on it will offer you all the labors and sufferings of the world. Over there, on the horizon, the sun has just touched with light the outermost fringe of the eastern sky. Once again, beneath this moving sheet of fire, the living surface of the earth wakes and trembles, and once again begins its fearful travail. I will place on my paten, O God, the harvest to be won by this renewal of labor. Into my chalice I shall pour all the sap which is to be pressed out this day from the earth's fruits. (*Hymn of the Universe*, by Pierre Teilhard de Chardin, p. 19).

47   We have to remember the terrible danger of projecting on to others all the evil we find in ourselves, so that we justify our desire to hate that evil and to destroy it in them in any way we can. (p. 141, HGL) We drive ourselves mad with our preoccupation and in the end there is no outlet left but violence. We have to destroy something or someone. By that time, we have created for ourselves a suitable enemy, a scapegoat in whom we have invested all the evil in the world. (p. 113-114, NSC)

48   To "receive" the word of the Cross means much more than simple assent to the dogmatic proposition that Christ dies for our sins. It means to be "nailed to the Cross with Christ," so that the ego-self is no longer the principle of our deepest actions, which now proceed from Christ living in us. "I live, now not I, but Christ lives in me." (Ga 2, 20) To receive the word of the Cross means the acceptance of a complete self-emptying, a *Kenosis*, in union with the self-emptying of Christ "obedient unto death.") (p. 56, ZBA)

49   Oh God, we are one with You. You have made us one with You. You have taught us that if we are open to one another, You dwell in us...Oh God, in accepting one another wholeheartedly, fully, completely, we accept You, and we thank You, and we adore You, and we love You

with our whole being, because our being is in Your being, our spirit is rooted in Your spirit. (pp. 318-319, AJ)

50   Chatral looked like a vigorous old peasant in a Bhutanese jacket… We must have talked for two hours or more, covering all sorts of ground…but also taking in some points of Christian doctrine compared to Buddhist…He said he had meditated in solitude for thirty years or more and had not attained to perfect emptiness and I said I hadn't either. The unspoken or half-spoken message of the talk was our complete understanding of each other who were somehow on the edge of great realization and knew it and were trying, somehow or other, to go out and get lost in it – and that was a grace for us to meet one another. I wish I could see more of Chatral. (p. 143, AJ)

51   We don't want to be beginners (at prayer). But let us be convinced of the fact that we will never be anything but beginners, all our life. (Internet?)

52   What we are asked to do at present is not so much to speak of Christ as to let Him live in us so that people may find Him by feeling how He lives in us. (p. 29, RTM)

참고문헌

Thomas Merton's Books

CMP	*The Climate of Monastic Prayer* (1969)
AJ	*Asian Journal* (1973)
CGB	*Conjectures of a Guilty Bystander* (1966)
DQ	*Disputed Questions* (1960)
HGL	*The Hidden Ground of Love* (1965)
IE	*Inner Experience* (2003)
LE	*The Literary Essays of Thomas Merton* (1981)
SFS	*A Search for Solitude* (1996)
NSC	*New Seeds of Contemplation* (1962)
S	*Sophia: The Hidden Christ of Thomas Merton* (2009) by Christopher Pramuk
EB	*Thomas Merton's Encounter with Buddhism and Beyond* (2019) by J. A. Park
RTM	*A Retreat with Thomas Merton* (2011) by Esther de Waal

1. Louis J. Puhl. *The Spiritual Exercises of St. Ignatius* (Chicago, Loyola Press, 1951).
   Joseph A. Tetlow. *Choosing Christ in the World* (Missori, The Institute of Jesuit Resources, 1989).
   Michael Ivens, *Understanding the Spiritual Exercise* (Herefordshire, Gracewing, 1998).
2. Marcus J. Borg. *Meeting Jesus Again for the First Time* (HarperSanFrancisco, 1994).
3. Richard Rohr. *The Universal Christ* (New York, Covergent, 2019).
4. Raimon Panikkar. *Christophany: The Fullness of Man* (New York, Orbis Book, 2004).
5. Roger Haight. *Spiritual and Religious: Explorations for Seekers* (New York, Orbis Books, 2016).

6 William Johnston, "In Mystic Silence: Where East and West Can Meet," *America,* Nov. 19, 2007, pp.19-21: *Mystical Theology: The Science of love* (New York, Orbis Books, 2004).
7 Ronald Modras. *Ignatian Humanism: A Dynamic Spirituality for the 21st Century* (Chicago, LoyolaPress, 2004).
8 Vatican II, *Dogmatic Constitution on the Church (Lumen Gentium),* chap. 4.
9 Ewert H. Cousins. *Christ of the 21st Century* (Rockport, MA, 1992).
10 Bruno Barnhart. *Second Smimplicity: The Inner Shape of Christianity* (New Jersey: Paulist Press,1999), p. 41-42.
11 Vatican II, Pastoral Constitution on the Church in the Modern World (*Gaudium et spes*), #4.
12 Alfonso H. Kim, *Forgiveness and Healing through the Practice of Zen: As Practiced by Women Religious in Korea* (Doctor of Ministry Dissertation to the Catholic Theologial Union at Chicago, March 2017), p. 55.
13 Augustine Ichiro Okumura. *Awakwning to Prayer* (Washington DC, ICS Publications, 1994).
14 St. Teresa of Avila. *The Collected Work of St. Teresa of Avila,* v. 3, Seeking God, Poetry #8 (ICS Publications, Washington, D.C., translated by K. Kavanaugh and O. Rodriguez).
15 Andrew Tallon. *Head and Heart; Affection, Cognition, Volition as Triune Consciousness* (New York, Fordham University Press, 1997).

16 Vatican II, *Dogmatic Constitution on the Church (Lumen Gentium),* #16.
17 Raimon Panikkar. *The Rhythm of Being: The Unbroken Trinity* (New York, Orbis Books, 2010), pp. 232-253.
18 Karen Kilby. *Karl Rahner: A Brief Introduction* (New York, The Cross Publishing, 2007), p. 8.

19 Roger Haight. "Spirituality, Evolution, Creator God," *Theological Studies*, v. 79(2), 2018, pp. 250-273.
20 Elizabeth A. Johnson. *Quest for the Living God* (New York, Continuum, 2007), pp. 183-184: *Abounding in Kindness: Writings for the People of God* (New York Orbis Books, 2016), pp. 80-81.
21 St. Augustine. *Confession,* Book 10, p. 38.
22 Karl Rahner. *Foundations of Christian Faith: Introduction to the Idea of Christianity* (New York, Crossroad, 1978), p. 116.
23 Cathereine Mowry LaCugna. *God for Us: The Trinity and Chrisitian Life* (HarperSanFrancisco, 1993).
24 J. K. Kadowaki. *Zen and the Bible* (New York, Orbis, 2002).
25 Donald De Marco. *The Incarnation in a Divided World* (Virginia, Christendom College Press, 1988).
26 William Barrett ed. *Zen Buddhism: Selected Writings of D. T. Suzuki* (Doubleday, New York, 1996), p. ix.
27 Raimon Panikkar. *The Cosmotheandric Experience: Emerging Religious Concsiousness* (New York, Orbis Books, 1993).
28 Raimon Panikkar. *Christophany: The Fullness of Man* (New York, Oris Books, 2004).
29 Ewert H. Cousins. *Christ of the 21st Century* (Rockport, MA, 1992), pp.73-104.
30 Raimon Panikkar. *Christophany: The Fullness of Man* (New York, Oris Books, 2004).
31 Raimon Panikkar. *The Rhythm of Being: The Unbroken Trinity* (New York, Orbis Books, 2010), p. 335.
32 Sung Bae Park. *Buddhist Faith and Sudden Enlightenement* (Albany, State University of New York Press, 1983): *One Korean's Approach to Buddism, the Mom/Momjit Paradigm* (SUNY Press, 2009).
33 Abraham Joshua Heschel. *God in Search of Man: A philosophy of Judaism* (New York, Farrar, Straus and Giroux, 1955).

34 Abraham Joshua Heschel. *Man Is Not Alone* (New York, Harper & Row, 1966), pp. 8-9.
35 Richard Rohr. *The Naked Now: Learning to See as the Mystics See* (New York, A Crossroad Book, 2009).
36 Richard Rohr. *The Naked Now: Learning to See as the Mystics See* (New York, The Crossroad Publishing Company, 2009), p. 82.
37 Sung Bae Park. *Buddhist Faith and Sudden Enlightenement* (Albany, State University of New York Press, 1983), p. 35.
38 Raimon Panikkar. *Christophany: The Fullness of Man* (New York, Oris Books, 2004), p. 34.
39 Peter Tyler. *The Pursuit of the Soul: Psychoanalysis Soul-Making and the Christian Tradition* (New York, Bloomsbury T&T Clark, 2016), pp. 158-167: *Christian Mindfulness, Theology and Practice* (SCM Press, London, 2018), pp.105-106.
40 David Loy. *Nonduality: A Study in Comparative philosophy* (New York, Humaniy Books, 1988), p. 10.
41 Walter Kasper, *The Gospel of Jesus Christ, The Collected Works of Walter Kaper*, v. 5, (Paulist Press, New York, 2015). pp. 143-152.
42 Daniel J. Harrington. and James F. Keenan. *Jesus and Virtue Ethics* (New York, A Sheed & Ward Book, 2002): *Paul and Virtue Ethics* (New York, A Sheed & Ward Book, 2010).
43 David Brazier. *Zen Therapy*, (New York, John Wiley & Sons, 1996) p. 34.
44 Ruben I. F. Habito. *Be Still and Know* (Orbis, 2017) pp. 79-100.
45 Richard Rohr. *Immortal Diamond: The Search for Our True Self*, (Jossey-Bass, 2013), pp. 189-192.
46 Vatican II, *Declaration on the Relation of the Church to Non-Chrisitan Religions (Nostra Aetate)*, #2.
47 John of the Cross, *The Ascent of Mount Camel*, Book II, Chapter 5.
48 Harvey D. Egan. "Christian Apophatic and Kataphatic Mysticisms," *Theological Studies*, 39, 1978, pp.399-426.

49 Gregory of Nyssa, *The Life of Moses*, translated by Abraham J. Malherbe and Everett Ferguson, The Classics of Western Spirituality, (New York, Paulist Press, 1978).
50 *The Cloud of Unknowing*, translated by Ira Progoff (Dell Publising, New York, 1957), p. 72.
51 St. John of the Cross, *The Ascent of Mount Camel*, Book 1, Chapter 13.
52 Thomas Keating. *Open Mind, Open Heart: The Contemlative Dimension of the Gospel* (New York, Amity House, 1986).
 Cynthia Bourgeault. *The Heart of Centering Prayer: Nondual Christianity in Theory and Practice* (Boulder, Shambhala, 2016).
53 John Main. *The Inner Christ* (London, Darton, Longman and Todd, LTD, 1987): *The Way of Unknowing* (Norwich, Canterbury Press, 2011).
54 Cynthia Bourgeault. *The Heart of Centering Prayer: Nondual Chrisitanity in Theory and Practice* (Boulder, Shambhala, 2016), p.32.
55 John Main. *The Way of Unknowing* (Norwich, Canterbury Press, 2011), p. ix.
56 Louis Roy. "Meister Eckhart's Construal of Mysticism," *The Way*, 56/1, 2017, pp.77-88.
57 Paul Knitter and Roger Haight, *Jesus & Buddha* (New York, Orbis Book, 2015).
 John P. Keenan. *Grounding Our Faith in a Pluralistic World* (Wiph & Stock, Eugebe, Oregon, 2009).
 James L. Fredericks. *Buddhists and Christians: Through Comparative Theology to Solidarity* (Orbis Books, New York, 2004).
58 Kusan Sunim, *The Way of Korean Zen* (Boston & London, Weather Hill, 1985). P. 61.
59 Raimon Panikkar. *The Rhythm of Being* (New York, Orbis Books, 2010), pp.61-62.

60 Park Sung Bae. *Buddhist Faith and Sudden Enlightenment* (Albany, State University of New York Press, 1983), p. 6.
61 Ruben Habito. *Living Zen, Loving God* (Boston, Wisdom Publications, 2004), p. 56 and p.77.
62 Raimon Panikkar. *Christophany: The Fullness of Man* (New York, Oris Books, 2004), pp. 34-35.
   Sung Bae Park. *Buddhist Faith and Sudden Enlightenement* (Albany, State University of New York Press, 1983), p. 35.
   Richard Rohr. *The Nake Now: Learning to see as the Mystics See* (New York, The Crossroad Publishing Company, 2009), p. 82.
63 Ruben L. F. Habito. *Be Still and Know* (New York, Orbis Books, 2017), pp. 70-71.
64 James Finley. *Merton's Place of Nowhere* (Indiana, Ave Maria Press, 1978), pp. 56-58.
65 Park Sung Bae, *Buddihist Faith and Sudden Enlightenment*, pp. 11-18.
66 *The Cloud of Unknowing and The Book of Privy Counseling* translated by William Johnston (New York, Image, 2004).
67 Vatican II, *Pastoral Constitution on the Church in the Modern World (Gaudium et spes)*, #22.
68 Walter Kasper, *The Gospel of Jesus Christ, The Collected Works of Walter Kaper*, v. 5, (Paulist Press, New York, 2015). pp. 211-222.
69 Elizabeth Teresa Groppe. "The Contribution of Yves Congar's Theology of the Holy Spirit, "*Theological Studies*, 62, 2001, pp. 451-478.
70 Mark O'Keefe, *In Persona Christi: Reflection on Personal Identity and Holiness* (Indiana, Saint Meinard School of Theology, 1998).
71 Richard Rohr. *The Naked Now: Learning to See as the Mystics See* (New York, A Crossroad Book, 2009). pp. 109-110

72 Raimon Panikkar. *Christophany: The Fullness of Man* (New York, Orbis Books, 2004).
73 Pierre Teilhard de Chardin. *Hymn of the Universe* (New York, Harper Torchbooks, 1965). P. 19.
74 Robert Sokolowski. *Christian Faith and Human Understanding: studies on the Eucharist, Trinity, and the Human Person* (Washington DC, The Catholic University of America Press, 2006): "Phenomenology and the Eucharist," *Theological Digest*, 49:4, 2002, pp. 347-358.
 John H. McKenna. "Eucharistic Presence: An Invitation to Dialogue," *Thelogical Studies*, 60, 1999, pp. 294-317.
 Bernard P. Prusak. "Explaining Eucharistic "Real Presence": Moving beyond a Medieval Conundrum," Theological Studies, 75 (2), 2014, pp.231-259.
75 Rene Girard. *Violence and the Sacred: I See Satan Fall Like Lightening* (New York, Orbis Books, 2009): *The Girard Reader*, ed. By James G. Williams (New York, A Crossroad Herder Book, 1996).
76 Christopher Bottigheimer. "Does God demand sacrifice? Interpreting Jesus' death as a sacrifice," *Theological Digest*, 54 (2), 2010, pp.117-128.
77 William P. Lowwe. "Lonegan and the Law of the Cross: A Universalist View of Salvation," *Anglican Theological Review*, 59, 1977, pp. 162-174.
78 Richard Rohr. *Immortal Diamond: The Search for Our True Self* (San Frncisco, Jossey-Bass, 2013).
79 Cynthia Bourgeault. *Mary Magdalene* (Boston, Shambhala Publications, 2010).
 Richard Rohr. *The Universal Christ* (New York, Covergent, 2019), pp. 190-194.